语言学与英语翻译教学的多维探究

聂爱明　刘　婷　杨　萍◎著

经济管理出版社
ECONOMY & MANAGEMENT PUBLISHING HOUSE

图书在版编目（CIP）数据

语言学与英语翻译教学的多维探究 / 聂爱明，刘婷，杨萍著. -- 北京 : 经济管理出版社，2023. 12

ISBN 978-7-5096-9582-1

Ⅰ. ①语… Ⅱ. ①聂… ②刘… ③杨… Ⅲ. ①英语—翻译—教学研究 Ⅳ. ①H315. 9

中国国家版本馆 CIP 数据核字(2024)第 027872 号

组稿编辑：张馨予
责任编辑：杜 菲
责任印制：许 艳
责任校对：王淑卿

出版发行：经济管理出版社
（北京市海淀区北蜂窝 8 号中雅大厦 A 座 11 层 100038）
网 址：www. E-mp. com. cn
电 话：（010）51915602
印 刷：北京晨旭印刷厂
经 销：新华书店
开 本：720mm×1000mm/16
印 张：13
字 数：241 千字
版 次：2024 年 9 月第 1 版 2024 年 9 月第 1 次印刷
书 号：ISBN 978-7-5096-9582-1
定 价：98. 00 元

前　言

21世纪以来，我国大学英语教学改革速度逐渐加快，力度日益加大。毫无疑问，我国大学英语教学经过一系列改革取得了丰硕的成果，如大力推进教育信息化进程，建立以计算机多媒体和网络技术为支撑的新型大学英语教学模式，强调学习者能力的培养，提高听说能力和独立学习能力等。在考核方式上，倡导形成性考核与终末考核相结合的新形式。这些成果的取得，自然离不开国内外专家、学者和教育家的潜心研究和实践。时代在不断发展，我们不能故步自封。在未来大学英语教学的发展和改革过程中，我们应该如何把握正确的趋势？准确把握大学英语教学未来发展趋势，离不开对现代大学英语教学理论、实践和发展的研究。

伴随社会的进步以及知识全球化的到来，世界各国之间的交流变得频繁起来，各国人们获取各种信息知识主要借助了英语翻译。随着研究领域的逐步拓宽，人们开始认识到语言学知识对于英语翻译的重要作用和意义，英语翻译不仅是两种语言文字的转换，而且是一种社会文化的交际行为。随着社会对于英语翻译需求的增加，给英语翻译提出了新的要求，需要人们对翻译的研究更加深入。而今，我们不仅要对源语和译语两种语言系统进行研究，还需要从语言学的方向进行探索。

本书共分为六章，第一章概述了语言学的定义、起源和发展、内涵和外延以及特征和功能；第二章概述了英语翻译教学的现状、目标与内容、课程设置与教材选用、发展趋势以及英语翻译教学研究的重要性和意义；第三章概述了语言学在英语翻译中的作用、语言学方向的英语翻译教学、英语翻译过程中的语言学模式以及语言学在英语翻译中的应用策略；第四章概述了语境的基本理论、语境与语言人文教学、语境视角下翻译教学探索；第五章概述了英语翻译教学模式的构建、英语翻译能力的认知与培养、英语翻译能力的测试以及英语翻译教学评价体系的构建；第六章概述了英语翻译教学的本体、跨文化视角下的英语翻译教学、英语翻译教学的互动以及英语翻译教学的实效性和艺术性。

本书由山东工商学院聂爱明老师、济南幼儿师范高等专科学校刘婷老师和哈尔滨师范大学杨萍老师共同撰写完成。全书共计约 23 万字。其中，聂爱明老师撰写第一章和第五章，约 10 万字；刘婷老师撰写第三章和第六章，约 10 万字；杨萍老师撰写第二章和第四章，约 6 万字。本书在撰写过程中参考了大量的资料与文献，同时得到了许多专家学者的帮助和指导，在此表示真诚的谢意。

由于编者水平有限，书中难免有不足与疏漏之处，恳请专家和读者批评指正。

目　录

第一章　语言学概述

语言是文明的媒介，当文明发展到一定程度时，人们自然会关注语言并研究它。在这种情况下，研究语言的目的是如何正确书写语言，如何正确解释书面语言。换句话说，随着人们使用语言和研究语言，我们开始关注语言的规则。①

第一节　语言学的定义

一、语言和语言学

（一）语言的定义

“每一个生理和心理上没有缺陷的人都会说话，并且说话就如同呼吸和行动一样自然，几乎已经成了不自觉的下意识的本能。说话就是使用语言。”②

要学习和研究语言，就会产生一个简单的问题：“语言是什么?”语言最贴近人的本质。语言是思想的声音表达，语言通过思维展示出思维的过程。语言的最本质目的在于交际。语言是一系列的暗示，听者必须要从这些暗示中构建说话人的意图。语言就是一种有意义的声音。

一个人的心理特征（mental individuality）与他的语言密切相关，语言在生物特征、社会文化和认知心理三个方面使人与动物区分开来，而且语言用于人类交

① ［日］佐久间纯一．这就是语言学［M］．广州：广东经济出版社，2021.

② 胡明扬．语言和语言学（修订版）［M］．北京：语文出版社，2004.

流（human communication）。即唯有语言才使人与植物和动物相区别。语言是思想构建和形成的工具。智力活动通过语言进行，使人们能够感知。语言用于区分人类与动物，它反映了生物性、社会文化性和认知性三个特征，并用于人类交流。

语言是“a social product of our language faculty”（社会产物），也是“a body of necessary conventions”（一系列必要的规约）。即语言是人的言语机能的社会产物，同时也是为使人的言语机能有效运行的一整套必不可少的规约。可见语言是人类区别于其他动物的重要特征之一。

为进一步认识语言，下面来观察在日常生活中，人们如何使用“语言”这个词。例如：

（1）我明白，她会讲几种语言——这些书似乎是由一位智慧而博学的读书人所收集。（伊迪丝·华顿《元旦》）

（2）于我而言，用“他们的语言”来理解我，非常困难。我和他们的语言是截然不同的。（三岛由纪夫《金阁寺》）

（3）多么古怪的语言！他们一直在说话，可是，沙复明使用的其实是“外语”。（毕飞宇《推拿》）

（4）我只能用最刻板的语言（日记可以重写）来描述洛的特征。（弗拉基米尔·纳博科夫《洛丽塔》）

语言符号有时表现为有意义的声音，是一种听觉符号形式，例（1）中的“语言”指语音符号；例（2）中的“语言”指言语风格；例（3）中的“语言”指视觉符号形式，如文字、手势语；例（4）中的“语言”指文字符号。从语言角度看，任何人类的语言都是先有口语，然后才有书面语，并且世界上仍然存在有口语而无书面语的语言。语言既能被个人使用，可以说“我的语言”，又可以被不同的社会群体所掌握，指“他们的语言”。通过“古怪的语言”，可了解人际意义和社会文化等信息。因此可以说，语言是一种人类特有的可共享的有意义的符号，产生于人类个体与他人的信息交流过程中。

（二）语言的本质

1. 语言的社会性

“语言是一种社会现象”这一说法是对语言社会性的具体说明。语言和社会的关系是相互依存、相互关联的。社会中存在的语言限制了社会，也受到了社会的限制。如果没有社会，语言则无法存在；同理，没有语言，社会也会崩溃。不讨论语言与社会的关系，语言也可以被描述为一种社会现象，因为语言符号具有任意性。语言是声音和意义的组合，但声音和意义结合起来，形成语言的构建模式，这是由“商定的”社会习俗和惯例决定的。任何一种语言的词汇语法，与世界上存在的诸多其他语言一样，都是不同的社会群体的个体约定的必然结果。

语言是一种非常特殊的社会现象。说它“特殊”，是因为语言作为一种交流工具，无差别地服务于整个社会，使人们能够相互理解，规范人类活动。

2. 语言的符号性

符号由人类感觉器官感知的形式和由形式表达意义的内容组成。有许多不同类型的符号，如标志、信号和文字是视觉符号，军号和警报器是听觉符号，盲文是触觉符号等。

19 世纪末 20 世纪初，索绪尔①提出语言是符号系统的观点。语言不是物质的声音，不是纯粹的物理事物，而是这种声音的精神印记，是声音的表征，我们的感官为我们提供了线索。它属于感觉，有时称为“物质”，仅在这个意义上，与另一个联想元素（一般而言更抽象的感觉）相反。“声音图像是语言符号的形式，即语音，表达一定内容的声音；概念是语言符号的内容，即语义。我们建议保留单词符号作为一个整体，分别用指代和行动来代替概念和声音形象。”这种语言符号的特点是什么？第一，符号的随意性。语言符号的能指（音）与所指（义）之间的关系是任意的，具有不可论证性，由社会约定俗成，因而这种音义之间的任意性关系又叫约定性。第二，符号的线条性。线条性是指语言符号的能指（音）在时间上呈线性排列，顺着时间先后依次出现。能指（音）只能在时间的线条上绵延，但是不能在空间的面上铺开。

3. 语言的工具性

语言是人类区别于其他动物的重要标志。语言是在人类活动的协调中产生的。人类为了生存，必须进行生产性的斗争，而在这些共同的活动中必须有一种工具来协调其成员的行动，而语言就是这样一种工具。

语言不仅是交流工具，也是思维工具。这里的“思维”是指抽象思维，即人们对客观事物进行抽象概括，形成概念，并运用概念进行判断和推理的一种心理过程。语言是形成和表达思想的重要工具。人类对事物的认识离不开语言，同

① ［瑞士］费尔迪南·德·索绪尔．普通语言学教程［M］．北京：商务印书馆，2009.

时必须以语言的形式（单词、句子）来体现，所以人类因语言而存在。人类历史发展中所产生的思想是通过语言来记录和保存的。正是通过语言的词语句子，思想才能清晰而充分地展开，也只有通过语言的词语和句子，概念和认知才能相互比较进而联系起来，形成对事物的判断或者推理，从而发展成一种丰富的思想。

4. 语言的系统性

“系统”是相互关联、相互控制的事物的集合。语言是一个由元素和单元组成的非常复杂的系统。索绪尔①将语言现象分为 langage、parole 和 langue，它们既相关又不同。什么是语言？在我们看来，语言和言语活动不应该混为一谈，语言是言语活动的组成部分，当然也是重要的一部分。它既是言语功能的社会产物，也是社会群体为使个体能够行使这一功能而采用的一套必要的组成部分。因此，言语活动的研究包括两部分：一是主体，旨在研究语言，语言的本质是社会性的，独立于个人，纯粹是心理的；二是次要要素，涉及言语活动的个体部分，即语音，包括发音，既是心理的又是生理的。言语是所说内容的总和，包括说话者意志的单独组合及发音行为，后者也与意志有关，是实现这些组合所必需的。言语不是集体的，其表现为个人的、暂时的。简而言之，言语活动是人们运用语言进行说话的过程，言语是个体语言的行为和结果，语言是从言语中总结出来的被社会接受的词语和规则的集合。

语言的系统性表明语言是一个层次系统。语言可分为低级语言和高级语言。下层是一组音素和音素的音位组合。上层是音素语义组合、符号和符号序列。第一层是语素，它是造词的材料；第二层是单词，它是造句的材料；第三层是句子，它是交际的基本单位。层次与层次之间存在着密切的关系，低层单元通过规则形成高层单元，最终形成复杂的语言层次结构。

语言的系统性特征还体现在语言符号的组合和综合上。同一级别分组的不同单位之间的关系就是组合的元音。例如，单词“好”和“书”可以组合起来形成两种结构：“好书”和“书好”。第一个是偏向结构，第二个是主谓结构；组合的整体性质也不同，前者是修饰语，后者是陈述语。在语言结构中的某一点上可互换且具有相同功能的单元之间的关系称为加法关系。加法关系由相似的成分组成。例如，“书很好”的语言结构可以用“人”“笔”“文章”“药”“纸”等

① ［瑞士］费尔迪南·德·索绪尔．普通语言学教程［M］．北京：商务印书馆，2009.

来代替“书”，它们既可以互换，也有一定的语法意义，具有共同的功能，如充当主体。在“好”的位置，可以用“多”“贵”“好看”“有趣”等代替，两者可以互换，有相同的语法功能，可以用作谓词。因此，这两组词形成两个单独的聚合体。

语言的系统性同时表现在语言的各个单位之间是相互关联的，并且是基于其特定的具体单位的比较。国际象棋的状态可以与语言的状态相媲美。棋子的个体价值取决于它们在棋盘上的位置。同样，语言的每个元素只有在与其他所有元素相对立时才有价值。在语言等符号系统中，元素按照一定的规则保持有序的关系，并且平等的概念经常与价值观念合并，反之亦然。

（三）语言的内部要素和外部要素

我们对语言的定义旨在排除一切与语言组织、语言系统无关的事物，简而言之，是与我们所说的“外部语言学”无关的事物。但外部语言学是对非常重要的事物的研究，这也就是我们在开始研究语言活动时所需要考虑的。

第一，语言学和民族学之间存在着所有的接触点，语言史与民族或文化史之间存在着所有可能的联系。这两段历史总是混合、交织在一起。这有点像内部语言现象之间的对应关系。一个民族的风俗习惯和传统往往反映在其语言中，此外，语言又在很大程度上构建了此民族。

第二，语言与政治史有着重要的关系。历史上的一些重要事件，如罗马人征服其他民族，对许多语言关系产生了不可估量的影响。殖民将语言转移到不同的环境中，从而导致语言发生变化。我们可以举出各种事实来证明这一点。例如，挪威在与丹麦政治统一时采用了丹麦语，但如今挪威人确实摆脱了这种语言的影响。国家的内部事务对于语言的生命同样重要：一些政府，如瑞士，允许多种语言共存；而另一些政府，如法国，则希望语言统一。又如，高水平的文明鼓励某些语言（法律语言、科学术语等）的发展。

第三，语言与教堂、学校等机构的关系。教堂、学校等机构与语言的发展密切相关，这是一种与政治历史密不可分的普遍现象。

第四，一切与语言地理分布、方言划分有关的问题都属于外部语言学。毫无疑问，外部语言学和内部语言学之间的区别在这一点上似乎是最不合理的，因为地理现象与每种语言的存在密切相关，但实际上并不影响语言的内部功能。

相关专家认为，要把上述问题从语言研究中真正地分离出来是不可能的。正如植物根据土壤和气候等外部因素改变其内部功能一样，在语言变化的背景下，语法功能不也常常依赖于外部因素吗？语言中的许多技术术语和外来词如果不考虑其来源，似乎就无法得到充分解释。是否有可能区分语言的自然、有机发展和由于外部因素而形成的人工形式（如文学语言的情况）？我们不是经常看到通用语言和当地方言并行发展吗？

现在对外部语言现象的研究已经取得了一定的成效，这对于内部语言现象的研究也有启发意义。我们可以认识到它们绝不是语言生活中的一个恒定因素。在一些偏僻的山谷里，有一些方言从未接受过外界的人工词汇，我们是否可以说这些语言处于正常的语言活动条件之外，无法解释语言活动，并且正因为它们不受干扰，所以必须对其“不正常”加以研究？但如果你在系统中放入一个外来词，它就不是一个外来词，而是与任何母体符号一样，仅存在于与其关联的单词中并与其相对应。一般来说，没有必要知道语言是在什么背景下进化的。在某些语言中，如禅德语和古斯拉夫语，我们甚至不知道过去谁说这些语言，但这并不影响我们从内部研究它们并了解它们所经历的变化。

对于内部语言学来说，情况则截然不同：它不允许任意安排。语言是一个只知道其内部顺序和规则的系统，其与国际象棋的比较会让这一点变得更清楚。在这里，更容易区分外部和内部：国际象棋从波斯传入欧洲这一事实是外部的；相反地，对系统和规则来说重要的是内部的。例如，将木制棋子换成象牙棋子，这种变化与系统无关；但当棋子数量减少或增加时，这种变化将深刻影响国际象棋的规律。诚然，做出这种区分需要谨慎。例如，在任何情况下，人们都会质疑现象的本质，为了解决这一问题，必须遵守一条规则：无论以何种方式改变系统，都是内部的。

（四）语言学

讨论了语言的定义和本质之后，我们回到语言学本身，并简要讨论什么是语言学以及它作为一门学科的地位。语言学通常被定义为语言科学或语言科学研究，是一个丰富而令人兴奋的领域。

然而，关于语言学是否是一门科学一直存在争论，特别是当语言学最初作为一门科学出现时。现在争论早已结束，语言学已经牢固地确立了自己作为社会科学的一个主要分支的地位。作为一门公认的学科，语言学是一个具有无限探索潜力的领域，是一个每年产生大量专著、学位论文和学术论文的博大精深的专业领域。相关的重点关注并急需解决问题都有专业期刊刊登，如《语言》（*Language*）、《语言学杂志》（*Journal of Linguistics*）、《语言》（*Lingua*）、《应用语言学》(*Applied Linguistics*) 等。

通过上述讨论，语言学快速发展的原因就显而易见了。语言对个人而言如此重要，对于人类社会的正常运作至关重要，其结构深刻和复杂，必然会引起大量理性的关注。这种关注势必会催生具有重大现实意义的研究（如言语治疗、教育、翻译方法以及更多的实际需求等），语言学的研究也必将在学术和经济上受到欢迎。例如，索绪尔①提出的结构主义就影响了文学研究、社会研究等相关社会科学。中国的语言研究有着悠久的历史，但当代语言学家要取得突破还有很长的路要走。

作为一门科学，语言学已拥有自己的一套理论、方法和分支。随着计算机技术的进步，语料库语言学也得到了迅速发展。人们认识到直觉和语料库各有优势，因此关于直觉和语料库的争论已经平息。今天，我们期望定性研究方法和定量研究方法能够在语言研究中平等而均衡地运用，相辅相成、互为补充。

二、语言学的任务和主要分支

（一）语言学的任务

我们早已深入到普通语言学之中。关于如何开展具体语言研究的问题，很多研究者提出了自己的观点。它并非仅仅适用于这种或者那种语言的研究，而是适用于所有语言。同样，关于语言历史谱系学研究所提出的那些基本原理，也并非只是针对具体某个语系，而是适用于所有语系。此外，我们所提出的观点也并非仅仅源自某一具体的语言领域，而是基于对问题本质的思考或者最广泛的经验。对于某个具体语言的研究而言，普通语言学具备指导性意义，说明具体语言研究的对象应该是什么，在具体情况下需要注意哪些问题。

显然，这还没有穷尽普通语言学的任务。这门科学以人类的语言能力本身为对象，致力于对该能力做出解释，不仅涉及该能力形成的心理、生理因素和人的思想禀赋，而且尽可能全面地考察该能力得以施展的一切可能。

首先，要获得对人类语言能力的一种基本理解，也就是追问它的起源，人类是怎样拥有了语言？人类语言的发展为什么如此丰富多彩？我们在下文中将会看到，人类语言不仅是相关民族的产品，而且还是他们的塑造者。其次，语言对民族思想的形成和发展有什么影响？针对人的思想而言，不同语言体现出不同的价

① ［瑞士］费尔迪南·德·索绪尔．普通语言学教程［M］．北京：商务印书馆，2009．

值，而不同价值的基础是什么呢？这里，我们所追问的不再是语言的形成，不是影响语言发展的因素和语言的命运，而是语言所发挥的影响，也就是语言的价值，是语言对人产生的力量和在人身上唤起的力量。最后，我们需要不懈努力，或归纳推理，或先验思辨，不断揭示人类话语的初始状态。科学就是要坚持不懈，探究一切存在的起源。

（二）语言学的分类和主要分支

1. 语言学的分类

语言学可以分为理论语言学和应用语言学。前者是语言学的主体，包括特定语言的研究和各种语言的整体研究。后者是综合其他学科的研究成果并运用各种现代技术工具而产生的一门新学科。

（1）理论语言学。按研究对象的不同，理论语言学可分为专语语言学和普通语言学。

1）专语语言学。专语语言学（特殊语言学）是指涉及一种或多种特定语言研究的语言学。它可以研究一种特定的语言或几种相关的语言。例如，专门研究汉语的人被称为汉语语言学家，专门研究英语的人被称为英语语言学家等。有些语言由于共同的起源而相互关联，如壮侗语（壮语、傣语、侗语、水语、黎语等）和罗曼语（法语、意大利语、西班牙语、罗马尼亚语等）。壮侗语作为壮侗语言学进行研究，罗曼语作为罗曼语言学进行研究。

对某种特定语言的研究只能描述和分析其在特定发展时期的情况，如古汉语或现代汉语的研究；也可以只研究某种语言在不同阶段的历史发展，如从古英语到现代英语的变迁。此类研究要么只涉及一种语言，要么比较几种相关语言和方言的古今状况。这样，单一语言学可以分为描述语言学、比较语言学、历史语言学和历史比较语言学四种类型。前两者是从横向角度研究语言的相对静态状态，属于共同文化的研究；后两者从纵向角度研究语言的历史演变，属于季节语言学。需要指出的是，描述语言学研究和历史语言学研究并不是截然分开的，描述语言学研究不能忽视语言的历史演变，历史语言学研究必须建立在描述语言学研究成果的基础上。

对语言各方面的研究导致了单语各个分支的形成，如语音学、词汇学、词源学、语法、修辞学、风格等。这些学科中的每一门都有一些分支学科，如生理语音学用于研究生理特性，声学语音学用于研究物理特性，音位语音学用于研究语言结构单位在意义调制中的作用。

对方言的专门研究是语言学的一个分支，称为方言学，是专语语言学的一个分支。

2）普通语言学。普通语言学是语言学的一个重要理论分支，它基于对人类语言的总体研究和对各种语言学研究结果进行综合。普通语言学是研究人类语言的普遍性，即一般性的结构和规律，并研究语言的方法以及语言的构成和性质。

普通语言学可以进一步细分为语音学、词汇学、语义学、语法学、词典和风格理论。

（2）应用语言学。应用语言学有两个基本的概念：一是语言教学的研究，指语言教学理论和方法的研究，可称为狭义的应用语言学；二是将语言学原理与一些相关学科的实践研究相结合，这些学科包括数学语言学、心理语言学、社会语言学、神经语言学、病理语言学、人类语言学、实验语音学、模糊语言学和机器翻译，这些大多是外围科学，可以说是广义的应用语言学。

任何一门科学都有理论研究和应用研究两个方面，这两个方面不是相互排斥，而是相互补充的，两者之间的界限并不明确。语言学不仅有理论问题，而且有一些面向实践和应用的问题。同时，应用语言学也在逐步发展自己的基本理论。

2. 语言学的主要分支

人们普遍认为，语言学至少应包括语音学、形态学、句法学、语义学和语用学五个方面。

（1）语音学。语音学研究的是语音，包括语音的产生（语音是如何产生、传播和感知的），对语音的描述和分类，单词和连续语音等。扎实的语音学知识是研究语言学的基础，没有语音学的研究就无法开始语言学。

语音学研究有关语音的分布和位置以及音节形状的规则。语音学涉及一种语言的语音系统，从音素开始，音素是语言中最小的语音单位，可以区分各种符号；英语有约 40 个音素。如/p/这个音重复 10 次，由于生理上的原因，每次都会有轻微的差别。另外，poor 和 soup 中的两个/p/的发音也是不同的，因为它们都受到邻近音的影响。但是，每个/p/的声音仍然非常相似，不会与其他音素混合。

语音学是研究一个人能够产生的语音，而语言学则是只研究那些能够形成语言和产生意义的声音。前者的重点是无序的语音，而后者的重点是有序的语音。

（2）形态学。形态学涉及词语本身的结构，研究较小的意义单位、语态以及词语的形成过程。尽管许多人认为语言中最基本的意义单位是单词，但许多单词可以被分解成更小的单位，称为语素。形态词的功能不尽相同，有些是通过替换语篇或改变意义来形成新词，有些是通过改变或增加语法信息来形成新词。词的意义已经存在，或者是新的语法信息被赋予。例如，语素 ness 在单词 kindness、freshness、harshness 和 silliness 中构成名词，它是一个富有成效的后缀，可以构成广泛的类似单词。由于语素是语音和意义的结合，它们非常复杂，因此出现了一个新的领域，称为形态语素学。

不同的语言对语素的依赖程度不同。例如，在拉丁语中，意义随着后缀的形态变化而变化。而在英语中，更常见的是用词序来表达一个词的意思，而不是用词形变化。例如，改变词序，The dog sees the rabbit，会得到 The rabbit sees the dog，句子的意思就会改变。然而，在拉丁语和俄语中，狗和兔子有不同的词尾，这取决于它们是句子的主语还是宾语，所以改变它们的位置并不影响句子的意思。

（3）句法学。句法学是对产生和理解正确的句子所必须遵循规则的研究。句子的形式和结构受句法规则的制约，这些规则决定了单词的顺序、句子的组织方式以及单词之间、单词的类别之间和句子的其他元素之间的联系。我们知道，一个句子的意义不仅取决于单词的顺序，而且还取决于结构的组织方式。例如：

①The children watched [the firework from the hill].

孩子们看山上放的烟火。

②The children watched [the firework] [from the hill].

孩子们在山上看烟火。

这是顺序丝毫未变的两行词语，意义却出入很大，每一行都对应一种可能的结构，这样的例子还有很多。

（4）语义学。语义学研究的是语言中意义的编码方式。它不仅关注作为词条的词的意义，而且还关注与语境有关的词的语言层面，如语素和句子。这里包括一些基本的概念，如语义成分、词的所指、词与词之间的意义关系（如反义词、同义词）、句子之间的意义关系（如暗示与预设之间的关系）等。

（5）语用学。语用学在研究语境方面很重要，它研究具体语境中的具体话语，特别关注不同语言使用的社会语境如何影响语义的解释。换句话说，语用学关注的是语言如何被用来交流，而不是语言如何被构建。

语用学认为话语的使用主要是受各种社会惯例支配的社会行为，指称性、话语权、效果和合作原则等概念是语用学研究的对象。以对话为例，由于语言主要是通过言语传播的，因此语用规则制约着一系列的对话互动，如顺序组织、错误修改、言语角色和言语行为。

三、语言学的作用及研究对象

（一）语言学的作用

语言学理论是通过对语言的分析研究而形成的对语言的性质、功能和结构的系统认识。理论的作用是指导实践，语言学的作用体现在以下四个方面：

1. 指导我们学习语言、运用语言和研究语言

在学习一种新的语言时，语言学理论可以帮助人们理解模式，通过实例或者类比学习。即使掌握了一种语言，其使用的效率和熟练程度仍有高低之分；语言学理论可以指导人们以精确和适当的方式发送或选择接收口头信息。例如，语言学理论告诉我们语义的民族性，不了解或忽视它就会导致口头信息的选择错误。此外，对语言进行科学研究也需要有理性的观点和正确的方法，而语言学理论给了我们这样的机会。

2. 提高对语言作品的分析和鉴赏能力

高尔基说“文学的第一要素是语言”。语言学可以帮助人们在更高层次上理解文学作品。例如，杜甫的《登高》一诗：“风急天高猿啸哀，渚清沙白鸟飞回。无边落木萧萧下，不尽长江滚滚来。”用现代汉语读，本应押韵的“回”和“来”两个字没有押韵，影响了对作品形式的美的判断。语言学理论告诉我们，语言及其组成部分是不断发展的，唐代的汉语语音肯定与今天不同；汉语语音也告诉我们，隋唐时期的“回”和“来”都是平水韵的灰韵。

3. 有利于各项语文政策的制定和推行

在现代中国，推广普通话和实现汉语标准化是一项重要任务。语言学理论对普通话为什么要以北京音为基础，如何逐步推广，以及汉语规范化的标准是什么等问题进行了解释。语言政策规划应以语言的内在规律为基础。没有语言学理论的指导，这个领域的工作就无法开展。

4. 有利于科学技术的现代化

语言作为传递信息的主要手段，随着科学技术的现代化，正发挥着越来越重要的作用。计算机对自然语言的处理已经成为世界上最热门的问题之一。这一领域的开拓和进步也有赖于语言学研究提供理论指导和科学方法。

（二）语言学的研究对象

语言学是语言的科学，对语言的研究是人类最早的研究活动之一。甚至可以说，人类创造语言的过程就是探索语言的过程。

当人类文明发展到一定阶段时，人们意识到，用口语来交流情感、表达思想虽然方便，但有时间和空间的限制：口语不能远距离交流，而且不能远距离传播。于是，在人类进化史上，人类的聪明才智再次得到充分展现：生活在不同地区、不同时期、讲着不同语言的人们创造了一套符号系统来记录自己的语言，赋予其新的媒介和新的表达形式，即书写和书面语言。因此，文字的出现及其用于记录的用途被认为是人类文明史上的一个重要里程碑。语言是符号交流系统，书写是记录语言的符号系统。为了创造记录语言的文字，需要对语言有深刻的理解。换句话说，语言的研究有着非常悠久的历史，语言学是一门古老的学科。

汉语、印度语和罗马语有着悠久的历史和文化传统，被公认为是语言学的三大摇篮。文献表明，这些文明古国早在两三千年前就开始系统地研究人类语言，特别是书面语言。阿拉伯语研究也有着悠久的历史和鲜明的特色。总体而言，国内外古代语言研究存在三个共同特点：

首先，研究的主题大多局限于单一语言，通常是书面语言。过去，古代典籍的语言被后人推崇为书面语言的典范，而口语、方言则被贬为俚语和庸俗化。其次，在大多数情况下，研究的目的并非是为了研究语言本身。换言之，语言研究从属于其他学科，即语言研究就是对其他学科，如哲学、宗教、历史等其他经典文本的研究、解释和评论，以帮助后代人阅读和理解这些文本，并“理解和使用写作”。最后，研究方法大多是规范性或规定性的。当时的语言学研究不是描述和完善语言规则，而是把“示范性”文件的语言作为样本来处理和改造，规定了后人要遵循的语法规则，否定了语言和语言变化的创新形式。此外，由于缺乏系统性和发展性的方法，导致很多研究都是支离破碎和片面的。

由于古代中外语言研究的这些特点，有的学者将其称为传统文学。在指出古代语言研究的语言学特征时，我们并不否认它的成就。事实上，任何学科的发展都是渐进的，我们不能对传统语言学采取虚无主义的态度。尽管有其局限性，传统语言学仍然为现代语言学的出现和发展奠定了基础。

在古印度，宗教文本中使用的语言是梵文，而梵文是语言学研究的焦点。古代梵文的音韵、语法特点及其与当时口语的巨大差异，促进了印度语音、语法的研究，取得了辉煌的成果。在欧洲，语言是古希腊哲学和逻辑学的中心点之一，语法研究取得了令人瞩目的成就。我们今天使用的许多语法术语，如名词、动词、主语、谓语、宾语等，都是由古希腊学者创造的。古希腊之后，西欧的文化中心转移到了罗马。古拉丁语是古罗马的官方书面语言，在西欧使用了一千多年，语法、修辞学和逻辑学是学校的主要科目，语言研究以书面拉丁语为主，学者们制作了各种语法、词典，还有阅读的书籍。阿拉伯的哈里发时期，语言学家运用实证方法研究民俗、宗教等学科中的语言，形成了独特的阿拉伯文学传统。中国的古代书面语言“文言文”一直使用到 20 世纪初。为了满足阅读先秦文字的需要，汉代以后的语言学家以汉字为核心，分析其形、音、义，形成了语音学、音韵学、诠释学，历时数千年，取得了丰硕成果，在清代达到顶峰。这些都是现代语言学取之不尽、用之不竭的宝藏，是值得传承的财富。

任何科学学科都不能仅仅简单地收集材料和事实，而必须从中提取规律，形成系统的理论认识。停留在收集材料和事实的层面上并不是真正意义上的科学。人类语言的使用有着非常悠久的历史，但语言学作为一门成熟的学科，是在人类有意识地把语言作为专门研究对象之后才建立起来的。语言研究经过漫长的语言学时期，不可避免地走向了现代语言学。

科学进步并不意味着否认原创发现的重要性和研究成果的价值。作为一门科学学科，语言学是古代和现代语言研究的有机组成部分。传统语言学和现代语言学之间的关系非常密切，并且有很多重叠，这使得很难采取“一刀切”的方法将其分开。一方面，语言学阶段提出的许多问题并没有失去其科学意义，仍需要进一步研究。另一方面，现代语言学又不能完全排斥传统语言学，任何现代语言学家都不能不立足于传统语言学的成就，都会或多或少地借鉴前人的研究方法。此外，具有悠久文化传统的国家或民族普遍面临着如何有效继承和延续本国文化传统的问题。少数民族迫切需要保护甚至拯救他们的语言和文化遗产。因此，词源研究、古籍收集、文献资料研究、口头文献收集、活体语言、方言资料的研究和记录，都需要训练有素的专业人员来进行相关的工作。从这个意义上说，为了有意义和有价值的目的而对语言的一个或多个方面进行的研究应该被视为语言学的组成部分。

从严格的科学意义上说，现代语言学和传统语言学之间存在着明显的区别。现代语言学是从传统语言学中脱颖而出并逐渐发展成为一门独立的学科，这是科学发展的内部因素和外部条件共同作用的结果。

学科的内部因素主要包括以下三个方面：

第一，对象的位移。将语言的本体作为一个独立的研究对象，而不是将语言的研究作为对其他学科需求的回应。

第二，范围的扩大。研究范围扩大了，从古典书面语言转向口头语言，不仅仅限于古典书面语言，还包括现代书面语言；不仅是古代语言，还有现代语言；不仅仅限于正式语言，还包括方言和白话；不仅仅限于一种语言，还包括各种语言的共同特征和类型；不仅仅限于自然语言的研究，还包括人工语言和计算机程序语言的研究；不仅仅限于语言应用的研究，还包括语言理论的研究；等等。

第三，方法科学化。科学的方法强调对语言的形式系统和概念系统的研究，从个体到一般、从局部到整体、从具体到抽象、从语言事实到语言理论，揭示语言的本质。语言的结构和功能是以各种语言材料，特别是言语的活材料为基础。因此，语言研究的不同侧重点和研究方法，形成了不同的理论模型和语言流派，从不同角度推动了语言学的发展。

科学进步的外部条件主要表现在以下两个方面：

第一，社会的发展需要。社会的发展特别是市场经济的发展和群众文化运动的推动，是语言学作为学科本身发展的重要推动力。市场经济使各个国家和地区的人们之间的交往更加密切，这对国家内部和多民族国家的语言交流产生了深刻的影响。在口头交流中，一种共同的民族或种族间的语言得到了推广；在书面交流中，一种新的书面语言得到了发展，它与口头语言分开，以确保凝聚力。这导致了语言研究从古老的书面语言向现代共同语言和新的书面语言（包括口语和书面语言）的转变。从研究古典书面语言的语言学演变到研究语言的整体语言学，是语言研究的深刻转变。欧洲的文艺复兴和中国的五四运动是导致西欧和中国的语言研究独立发展的主要外部条件。

第二，语言比较或对比的需要。社会的发展和进步、人际交往的日益频繁，客观上有利于语言比较和语言教学的发展。这就为语言学描绘不同语言的现状、追溯其历史发展、对比异同、探索共同规律创造了条件。语言的比较研究不可避免地导致语言研究的相互影响。因此，分享和学习语言学研究成果也是语言学发展的重要因素。一些国家特别是新兴国家的语言学研究是在外国语言学家的影响下逐渐发展起来的。

关于语言研究何时成为一门独立的学科，在语言学界并无共识。最普遍的观点是，在 18 世纪末和 19 世纪初期，语言开始作为一门独立的学科来研究，不再依赖于其他学科，不再仅仅为了阅读经文或解释古代文本，也不再受其他学科支配。语言不是以其他学科的研究标准为标准，而是系统地描述和分析语言的共存结构、年代顺序和社会功能。当语言研究具备这些特征时，它就发展成为一门独立的学科。从这个意义上说，语言学既是一门古老的学科，又是一门新兴的学科。

四、现代语言学发展的特点

（一）学派林立

1. 早期功能主义语言学

（1）布拉格学派。布拉格学派创始于1926年10月6日，主要代表人物有马泰休斯、特鲁别茨科伊、雅克布逊、布龙达尔等。布拉格学派的早期研究主要有三个方面：第一，为语言事实的共时研究方法做了理论上的开拓；第二，强调语言的系统性特征；第三，强调语言在语言社团中所发挥的功能。20世纪50年代后新一代的布拉格学派的语言学家继续老一辈的研究，发展出了新的理论，包括关于语言演变、语言系统、标准语言、主位与述位、语言功能等。

（2）哥本哈根学派。哥本哈根学派成立于1931年，代表人物有乌尔达尔、叶儿姆斯列夫、布龙达尔。哥本哈根学派的语言学理论，目的是解决两个问题：第一是语言学的对象问题，第二是语言研究的准确化问题。他们在追求形式化过程中，把语言学与数理逻辑紧密结合起来，认为只有语言学成为结构主义的语言学时，才是客观的、科学的。这个思想对包括哈里斯、乔姆斯基、韩礼德等不同语言学流派的语言学家都有很大影响。

（3）伦敦学派。伦敦学派通常是指英国的语言学研究，其实就是弗斯学派。讲伦敦学派的主要贡献其实就是讲弗斯的主要贡献。弗斯对语言学理论的贡献主要表现在如下几个方面：第一，语言是“多系统的”，而不是“单系统的”。第二，弗斯认为语言学的首要任务就是要研究语义的产生，语言描写实际上就是语义描写。第三，韵律语言学是弗斯的主义兴趣所在。他从聚合与组合两个方面研究语言的韵律特征，把分析的范围从单个音节扩展到音组。第四，弗斯区分语音的系统和结构。他把呈聚合关系即选择关系的语言形式界定为系统，把呈组合关系即线性关系的表现形式称为结构。第五，弗斯从人类学中吸收了不少营养。他特别重视语言的社会属性，把语言看作是人类的生活方式，而不是一套硬性规定的符号和标记。

2. 系统功能语言学

系统功能语法包括两个方面：系统语法和功能语法。系统语法是指将语言看作由若干子系统组成的系统网络，又称意义潜势。系统语法要研究的是语言这个系统的构成以及其内部各个子系统的相互联系。功能语法试图揭示语言是人类交流的一种手段。系统语法的核心部分是构建句子的一整套有效选择的图表，并且配有对不同选择之间的关系的详细说明。系统语法的特点主要表现在以下六个方面：第一，重视语言的社会学特征；第二，认为语言是“做事”的一种手段，而不是“知识”的手段，它区分了“语言行为潜势”和“实际语言行为”；第三，比较重视对个别语言以及个别变体的描写；第四，系统语法用“连续体”这一概念来解释众多语言事实；第五，依靠对语篇的观察和数据来验证自己的假设；第六，以“系统”为基本范畴。

通过对现代语言学流派脉络的把握，可以更好地让我们借鉴他人，拓宽视野，打开思路。这对我们汉语语言的发展大有益处。我国有丰富的语言资源和优越的语言研究条件，通过对现代语言学流派的学习借鉴和我国语言学家的自身努力，必然也能形成具有中国特色的语言学流派，并为相关领域的社会生产、文化建设提供帮助。

（二）理论繁多

仅就语义学而言，可以说，现代语言学发展的一个特点是，语义学在语言学中获得了与哲学、心理学和人类学有关的重要地位。语言学的语义学可分为传统语义学和现代语义学两个交叉的阶段：传统语义学，是词汇学的重要组成部分；现代语义学从多层次、多视角探讨语义学，从微观的“语义分析”、“语义场论”，到宏观的“语义分析”、“语义场理论”，再到宏观的“句法分析”、“语篇”，呈现出多样化的内容。这也导致了一些新理论的产生和发展。例如，语境理论、语言的社会品种理论、言语行为理论、语外衍生理论等。在20世纪60年代，从转化的遗传语法中出现了两个对立的学派：解释学和遗传语义学。自20世纪70年代以来，功能语义学和语用学迅速崛起，即“对超出语词本身意义的意义的研究”。

（三）扩大范围

语言学研究已经从封闭的方式转向开放的方式，主要表现在以下两个方面：

1. 研究人群的变化

（1）研究普遍现象。外语研究的特点之一是重视普遍现象的研究。理性普遍语法的重现不仅体现在转换生成语法的诞生，也体现在最近语言模仿研究和认知语言学的兴起。随着语义学的发展和计算语言学中语义网络的研究，语义普遍性的研究进入了议程。可以预见，随着对个体语言研究的不断深入和现有语言数量的不断增加，对普遍现象的研究必将有更大的发展，即更加高效。

（2）扩大研究单位。现代语言学有两个明显趋势：一是研究的对象从句子演变到比句子更大的单位，直至篇章。二是与技术结合，有利于计算语言学的发展。这两种趋势都导致了概念和方法上的变化。

（3）加强对口语的研究。国外的话语分析已经深入人心，尤其是对对话的研究是其主要表现形式。在中国，这主要体现在对口语教学和培训的重视，从而促进了对口语语法的研究。

2. 基本理论的突破

研究的主题如下：①语言是什么（形成广泛的语言学视角）；②自然语言的模糊性；③语言与思想的关系的回顾；④语言的整合问题和双语现象。

（四）方法更新

每一门科学的进化史都表明，每一次某门科学的进步总是融合了当时最先进科学的一些理论和方法。这也说明了普通语言学的悠久历史：历史比较语言学→生物进化、结构语言学→实验物理学、转化遗传语法→数理逻辑。

20 世纪 80 年代以来，语言学方法更新的特点包括：①有两种相反的趋势：从内部研究来看，更加精确、科学、形式化；从外界研究来看，采用黑箱法、模糊法。②系统论、信息论和控制论的介绍和渗透。③多元化分析，如语法、语义、语用相结合。

第二节　语言的起源和发展

一、语言的起源变化

（一）语言的产生

语言是如何产生的？这是一个古老的问题，引起了语言学家的兴趣。这个问题实际上有两个方面：第一，人类语言一般是如何产生的，也就是说，人类是在什么情况下开始说话的？第二，特定的语言，如汉语、英语、俄语等，是如何产生的？

让我们先来看看人类语言是如何进化的。简而言之，劳动创造了人，也创造了人类的语言。

首先，劳动创造使语言产生成为必要的社会条件。人类形成的过程是人类的祖先学会了生产性的工作，并通过这个过程使工作成为社会的主要实践。劳动创造了人和人类社会。从一开始，人类的生产劳动就是集体的和社会的。在人类形成时，生产力极其低下，洪水和动物对人类构成了巨大的威胁；为了对抗自然，获得必要的生存手段，有必要进行集体生活和工作。通过生产劳动，人们不仅影响了自然，也影响了自己。在集体生产劳动的过程中，人们必须合作，相互帮助，协调活动。简而言之，人们迫切需要社会化，相互交流思想，告诉对方一些需要说的话。所以，人类社会需要在生产工作中创造出一种语言。

其次，因为劳动，为语言的产生创造了生理条件，使语言的出现和发展成为一种可能。类人猿学会了在工作时直立行走，这是从猿到人过渡的关键一步。当智人的嘴和喉在爬行时几乎在一条直线上，并在受到任何阻碍之前直呼出各种声音。人类在进化过程中的直立行走，不仅可以减轻对肺的压力，而且还可以自由的调节；同时使口腔和喉部构成直角，可以通过不同的方式产生不同的声音；可以使下颚后退，与上颚重合，这可以形成发音的必要条件；而且头部的直立位置减少了对鼻腔的压力，使其发展成为理想的发音共鸣器。人类在出生时，作为一种生物，发育不全的喉部在音调的不断刺激下逐渐转变发展，学会从口腔器官发出单一而清晰的声音。随着出生后对语言需求的不断增加，语言的器官不断发育完善。最终，人的发声器官转变为人的语言器官，产生表达特定含义的音节式的、清晰的声音，语言就这样产生了。

人类以直立姿势行走，除了促进各个器官的发展，也促进了大脑功能的发展。直立行走使类人猿能够看到各个方向，拓宽了视野，使其能够接收来自多个方面的印象；直立行走使脊柱支撑头部，促进头骨逐渐发育成球形，为大脑容量的增加、手的形成、工具的制造、物质消耗的增加创造了条件。煮熟的食物和肉类，为大脑的发育提供了物质基础，逐渐将人的大脑转变为思维器官。由于工作中需要思维，思维是在语言材料的基础上同时产生的。

语言是在非语言声音信号的基础上发展起来的，如模仿、感叹、声音等。只有发声器官发出的声音才是工作中传达信息最方便、最有效的信号。发声器官发出的各种声音赋予了思维的物质形式，思维的发展赋予了语言智力内容。形式与内容、声音与意义的结合，被社会所认可，并构成了语言的词汇和语法单位。

然而，原始语言语法简单，词汇量小，手势等非语言手段在交流中发挥着重要作用。尽管如此，简单的原始语言还是可以满足原始社会的交流需求。

总之，劳动在创造了人和人类社会的同时，也创造了人类的语言和思想，而语言被创造出来，就是音与义相结合的词汇和语法系统，是社会交往和人类思维的工具。

现在再来谈谈这些语言是如何产生的。

语言是人类集体交流的工具。不同的人类社会有自己的不同语言。自古以来，世界上就存在不止一种语言。后来，语言随着社会的多样性而变化，又随着社会的统一而统一。在社会演化的各个阶段，语言在其分化和统一过程中都起着重要的作用，这促使了多种语言的形成。例如，拉丁语最初是罗马城的一种方言，由于罗马帝国的扩张，它被同化为高卢人、伊比利亚人等民族的语言，成为罗马帝国的通用语言。后来，由于罗马帝国的解体，古拉丁语消失了。从6世纪到9世纪，现代罗曼语言，如法语、意大利语、西班牙语、葡萄牙语和罗马尼亚语在拉丁语白话的基础上逐渐形成，并与各种地方语言混合。

（二）语言的起源

自20世纪30年代以来，考古学家、动物学家及计算机专家密切关注和研究语言的起源，并得出了某些结论。经过多年的研究和推测，语言学家、哲学家和其他人提出了许多关于语言起源的假说，其中最重要的有二种：①拟声词和图标词：认为语言是通过模仿典型自然界的声音和现象产生的。②契约主义：法国哲学家卢梭认为，人类相互同意使用语言作为交流的手段，以创造一个平等的社会，并方便交流。③生物进化：生物学家和考古学家认为，由于我们的祖先在很小的时候就学会了用两条腿直立行走，他们能够打开视野，更好地呼吸，这又导致了大脑和神经系统的发展，为语言的产生和进化创造了条件。

随着人类社会的发展，语言开始出现。历史比较语言学一度占据了主导地位，在这一时期，语言学大部分研究的是语言的历史，这种历史是由语言的起源和发展构建的。直到后来，随着结构主义语言学的兴起，语言学研究的范围才得以扩大。

众所周知，人类语言出现的前提不仅是交流的需要，还需要发声器官的完善。因此，从某种程度上来说，语言的出现与劳动密切相关，主要是劳动为语言的出现创造了必要条件。另外，随着生活条件和环境的变化，古人学会了直立行走，发声器官的发达可以调节各种语言。显然，劳动在一定程度上完善和发展了古人的发音和思维器官，进一步促进了语言的产生和发展。

简而言之，语言与人类起源的两个方面都有密切联系。由此可见，语言是两个方面的产物：一方面，它是人类进化的产物；另一方面，它是社会进化的特定阶段的产物。

二、语言发展的规律及其特点和途径

（一）语言是发展的

"时间改变一切，没有理由相信语言会逃脱这一普遍规律"。像世界上的其他事物一样，语言总是在变化，只是变化得比较慢，不太可能被注意到。只要语言被使用，它就会继续变化。语言的演变和变化可以通过很多方式来观察，而比较古代和现代语言的差异就是其中一个重要的方面。

语音的区分可以通过单词来观察。例如，英语是一种语音文字，英语字母记录了音素的声音。古英语的拼写和发音基本相同，但有些字母与现代英语语音不完全对应，这种现象显然是语音变化的结果。

汉字并非拼音文字，但其发音的不同和差异也能反映出语音的变化。在阅读古籍时，词汇和词义的变化是显而易见的；古书中的许多词在今天已不再使用，同一个词在古代和现代的意义可能不一样。

人们不仅可以通过观察古代和现代语言的差异来追踪语言的演变，还可以通过观察现代语言来追踪其语言变化的过程。现代语言中最容易观察到的变化是新词。新旧词汇之间存在着互换，虽然新词产生时，旧词不一定从语言中消失，但也很难做到在语言中新词和旧词共存。

语言通过言语，也就是语言的使用而存在，并且随着语言的使用而不断发展和变化。当一种语言不再被使用时，它就停止了发展。例如，自欧洲文艺复兴以来，法语、意大利语、西班牙语和罗马尼亚语等与拉丁语不同的语言已取代拉丁语成为本国语言。如今，仅在宗教和医学中使用拉丁语，并且已经停止继续发展和演变。

从古代到现代，语言成分的变化，包括新语言现象的出现和旧语言现象的消失，是语言演化的重要历程。语言要素变化的差异并不能构成语言的变化。例如，同一音素的不同变体在不同情况下具有不同的声音，以及同一语素的不同变体在不同情况下具有不同的声音。个人语言的使用并不是语言的进化，而是语言的变化。例如，有人将普通话的“头皮屑”的屑读为 xue，将“我和他一样大”读为“我和他比，一样大”。这些不是中文的变体。然而，如果一个人使用的特定用法被语言社区的成员接受和传播，它就成为一种语言事件并发生语言变化。

（二）语言发展的规律

语言是有规律地发展和演变的。语言规律不涉及个别语言事件，而是涉及语言发展的总体趋势。语言功能发展的主要规律有：语言分化与统一的规律、方言集中为民族通用语言的规律、方言之间相互作用的规律、标准语言功能的形成和扩展的规律等。

其中有些与语言系统的一般特征有关，适用于所有语言，如不平等发展规律、理性规律、类比规律、抽象规律等；有些只涉及具体变化的语言结构部分变化，适用于某些相关语言或特定语言的一定发展时期，如语言结构部分的音变规律。例如，汉语历史发展中的音韵规律、词汇中的双音节规律、语言中的双音节规律等。语言系统的演化与语言功能的演化密切相关，有些规律既对语言系统的演化又对语言功能的演化发挥作用，如语言的非爆炸性演化。以下是一些最重要规则的分析。

1. 语言系统发展的逻辑

事物的名称与事物本身没有必然的根本联系，人们在交流中用来表示它的语言形式是任意的。一旦一个名称被社会接受，它就可以被认同。然而，在语言发展的漫长过程中，大多数语言单位是由语言系统内的理由创造出来的。

2. 语言发展中的类比法则

类比法则意味着语言通过类比而改变，即一个语言事件通过与其他事件的类比而改变其结构特征。这一定律适用于所有语言演变的各个时期。

在语言系统中，一定数量的同质语言现象可以映射到一条规则，该规则可以类推应用于其他语言事件。一些不规范的语言现象与大多数现象类比，可以总结为规则，并取代原来的规则，带来语言的变化。规则一旦形成，就可以类推应用于更多的现象。类比法则在语法和词汇中都发挥着作用。例如，在俄语口语中，中性名词往往是不变的。

3. 语言发展的简化规则

语言发展的简化规则，也被称为语言发展的经济原理。每种语言总是朝着简单、经济和易于沟通的方向发展。不同语言中大量的缩略词是简化法则运作的结果。代表重要概念的词语更容易缩写，如现代汉语把“工业现代化、农业现代化、国防现代化、科学技术现代化”简称为“四个现代化”，就是最明显的例子。在主要现代语言中，单词缩写已成为重要的构词方法。例如，美利坚合众国缩写为U.S.A.等。不同语言手段的统一在一种媒介中表达同一内容也是语言经济原理的结果。

4. 语言发展的丰富性规律

语言的不断发展会导致语言词组构成的日益丰富，简单性规律与丰富性规律是辩证统一的。首先，语言的简单化会发展为语言的丰富化。例如，大量缩略词的出现，既是单词本身的简化，也是词汇系统的丰富，因为缩略词和全词都是同义词的手段。其次，同义词的运用在意义和修辞色彩上的对等是一种简化，同义词运用的意义和修辞色彩的差异是语言的一种丰富表达方式。

语言丰富性规律主要作用于词汇和语义层面，随着新的元素和概念的出现，词汇和语义不断被新的元素和概念丰富。有些词有几十种意思，如中文的“打”和“搞”；英语中的do和be等。在语法层面，不断增加新的构词模式和句法结构，丰富语法意义和形式。然而，在语音层面，这条规则不太有效。

5. 语言发展中的抽象法则

语言构件的抽象化规律适用于所有语言。在语言的历史演变过程中，一些比较具体的语言事实随着抽象化程度的提高而成为抽象的语言事实。例如，在词汇中，抽象意义在具体意义的基础上发展。“钻头”的含义最初是“锤击的金属”，“钢”的含义最初是“黑色金属”。这些概念是比较具体的。在这些具体含义的基础上，这些词的过渡性含义逐渐变得抽象，如“锻炼身体”、“锻炼意志”等。

（三）语言发展的特点

1. 不平衡性

语言的不同元素与社会的联系程度不同，因此对社会变化的反应速度不同，这意味着语言的某些部分变化会较快，而另一些部分变化会较慢。与社会关系最密切的是词汇，它对社会变化的反应较快，因此变化也较快，几乎是连续的。而语法和语音则与社会关系不密切，社会变化直接导致它们变化和演化得非常缓慢，尤其是语法结构，非常稳定，不容易改变。所以，语言不同组成部分的演变是不平衡的。

语言的词汇是反映社会变迁的一面镜子。新事物的产生、旧事物的消亡、人们观念的变化，都会引起词汇的变化，使语言产生新词、淘汰旧词，或改变词义。以汉语为例，随着中国社会生活的变化，一些词语的含义也在发生变化。词汇的变化虽然较快，但那些与日常交流密切相关的单词的更新速度还是很慢，而且构建新单词的语素和规则在语言中都是现成的，因此大量新单词的出现不会影响人们的理解和对新词的运用。

语言的语音系统与社会生活没有直接关系，同时发展缓慢，如从中世纪英语到现代英语，长元音的完善过程大约需要350年。现代北京话的发音与明清时期相差不大。

语法的发展就更慢了。殷商时期的汉语有主宾结构、述宾结构、定语中间结构、助语中间结构、普通结构和同位语结构，以及双宾句式、连谓句式和偏正句式，除了动态结合的描述性补语结构和动态聚合的描述性补语结构，以及把句式、被句式、主谓句式和现行句式，这些结构和句式是在唐宋以后逐渐形成的。

2. 渐进性

事物的发展有两种方式：一种是突然的，如地震、火山爆发；另一种是渐进的，如物种的进化、人类性格的变化等。语言是人类交流的主要工具，语言的本质决定了它的发展只能是渐进的，而不是突然的。

语言是人类交流的主要手段，是维持和协调人类社会生活生产和人与人之间关系的主要工具。而社会的发展要求语言必须随之变化，否则就无法满足人们的交际需求。这两种对立力量斗争的结果是语言只能是渐进的，而渐进的变化满足了这两种要求。除新词的出现外，语言的其他方面变化非常缓慢，如发音、意义、语法等。

（四）语言发展的途径

1. 语言的接触

人与人之间的接触必须包括语言接触，还包括不同语言之间的接触以及将对一种以上语言产生影响的接触。

（1）词缀借入。在语言接触的过程中，借用外国形容词是语言进步的表现，因此语言接触可以渗透到语素的层面。以英语为例，许多单词的英语词根和词缀都来自其他语言。

（2）词语互借。有许多汉语词汇是从其他语言中借来的，如“浪漫”、“感性”、“偶然”、“沙发”、“葡萄”等。同时，其他语言也从汉语中吸收词语，如“茶”、“瓷器”、“丝绸”等。很多词语都是从其他语言中借来的。

（3）语音与语法的借代。随着不同国家和民族之间的进一步接触，借用不仅发生在词汇方面，也发生在语音和语法方面。也有一些语言在借用了其他语法后，原来的语法就消失了。

（4）不同语言的共同特点。当两种语言在很长一段时间内相互接触时，它们仍然是独立的语言，但也出现了一些共同特征。这些语言在语法上有许多相似之处，这最终导致了“巴尔干语言联盟”的建立。

（5）双语或多语现象。一个地区或民族存在两种或两种以上的官方语言，也被称为双语或多语制。

2. 语言的融合

（1）语言强迫同化。强迫同化是一种胁迫，一般由掌权者用来巩固自己的地位，削弱主导民族的文化意识。强迫主导民族放弃自己的语言和书面语，统一使用主导民族的语言和书面语，一般不会成功。强迫同化一般包括以下内容：

1）经济同化，指如果某些国家或地区的经济发展较快，具有较强的经济优势，那么该国或地区的语言就会利用经济优势，逐渐成为全国甚至全球的主导语言。

2）政治同化，指通过政治力量加速一种语言的传播，迫使每个人使用一种语言，使这种语言与其他语言更加同化。

3）文化同化，指通过文化作为社会结构来加强语言的主导地位。

4）教育同化，指教育的普及促进了语言同化的进程。人们从出生起就开始接触语言，当他们到达教育阶段时，就开始学习母语的书面语和各种外语。通过学习稳步掌握母语，母语逐渐被用作学习其他学科的工具。

（2）语言非强迫同化。语言非强迫同化是指一个民族出于对另一个民族的语言和文化的钦佩和仰慕，主动放弃自己的语言，学习另一个民族的语言和文化的现象。例如，5世纪时，北魏王朝建立，但当时的统治者鲜卑人非常崇拜汉族文化，采取了“断绝北方语言，遵循正确发音”的政策。当时的北魏统治者要求在宫廷中使用汉语，禁止使用鲜卑语，并提倡汉族文化。这是被同化民族的自愿举措，总体上效果不错。

仅凭政治或军事优势很难取得语言上的胜利，最终获胜的不一定是统治者的语言。在语言同化的过程中，一种语言的同化能力不仅受到经济、文化和政治发展程度的影响，而且受到该语言本身的人口和财富的影响。

（3）语言混合。其与语言同化不同。语言同化是指两种语言在混合后形成一种语言的组合。而语言混合则主要表现在两个方面。

洋泾浜原本是旧上海租界内的一个地名，当时，有许多外国人，各种语言混杂在一起。当地的中国人为与外国人进行贸易学会了英语，将汉语的语法规则应用于英语，在交流的过程中逐渐形成了一种名为“洋泾浜”的混合语言。这是一种基本词汇来自英语，采用汉语语法并进行一些语音变化的语言。

1）“洋泾浜”语。类似的混合语言，多出现在入境口岸和国家边境。还有一些混合语言，即不同语言混合在一起，如“萨比尔”。所有混合语言一般都被称为“皮金语”。欧洲语言被用作“皮金”语言的基础，因为许多单词和语法都来自欧洲语言，这些语言一般是由传教士和商人在与不同语言的人交流时创造的。因此，“皮金语”是一种特殊的语言变体，词汇量有限，语法简化。这种语言通常用于贸易和就业，其交际性非常有限。严格来说，它不是一种语言，而只是在外语知识有限的情况下的一种应急措施。

2）克里奥尔语。“皮金语”结构简单，功能单一，但当它被一个语言社区采用并作为母语时，其地位就会迅速提升，语言很快就会丰富起来，成为克里奥尔语。克里奥尔语一般发生在殖民国家或地区。在这些地方，人们来自不同的民族和地区，不说同一种语言，无法沟通，为了更好地交流，他们把殖民者的语言长期异化，作为母语供后人学习，扩大词汇量，规范语法。

第三节　语言的内涵和外延

一、语言的内涵

关于语言的内涵，不同的学者和专家有着不同的观点和看法。下面将介绍近现代哲学家和语言学家对语言内涵的认识和看法。

洪堡（Humboldt）认为，语言是构成思想的工具。

施坦塔尔（Steinthal）提出，语言是对意识到的内部的心理的和精神的运动、状态和关系的有声表达。

以上说法是针对语言与人类精神活动的关系来讲的。

舒哈特认为，语言的本质在于交际。

萨丕尔（Sapir）认为，语言是人类特有的，是非本能地利用任意产生的符号体系来表达思想感情和愿望的方法。

以上说法是针对语言功能来讲的。

索绪尔（Saussure）认为，语言是表达思想的符号体系。

叶姆斯列夫（Hjemslev）认为，语言是纯关系的结构，是不依赖于实际表现的形式或公式。

以上说法是针对语言的结构特点来讲的。

乔姆斯基（Chomsky）认为，语言是一种能力，是人脑中的一种特有的机制。此观点是针对语言的心理和认识基础而展开的论述。

另外，对于语言内涵的理解，《韦氏新世界词典》（*Webster's New World Dictionary*）也有详细的论述：

（1）①人类语言（human speech）；②通过这一手段进行交际的能力（the ability to communicate by this means）；③一种语言和语义相结合的系统，用来表达和交流思想感情（a system of vocal sounds and combinations of such sounds to which meaning is attributed，used for the expression or communication of thoughts and feelings）；④系统的书写形式（the written representation of such a system）。

（2）①任何一种表达或交流的手段，如手势、标牌或动物的声音（any means of expressing or communication，as gestures，signs，or animal sounds）；②由符号、数字及规则等组合成的一套特殊体系，用来传递信息，类似计算机信息传递（a special set of symbols，letters，numerals，rules etc.，used for the transmission of information，as in a computer）。

虽然前文从不同的角度讨论了语言的概念，并且都给出了一些关于语言特征的线索，但它们并不详尽，即使放在一起，也没有给出语言是什么的完整画面。可以说，迄今为止，“语言”还没有一个准确的定义。

简而言之，语言的最简单和最简洁的定义是：它是一种交流的手段。

二、语言的外延

（一）语言的结构

语言是一个语法系统，这个系统将声音和有意义的词汇组合起来。语言中包含的所有组成部分有规律地联系在一起并受到约束，形成一个统一的整体。

在一个语言系统中，词汇就像语言的构件。词汇主要由单词和习语组成，其中单词是可以独立使用的最小单位，主要由语素组成。语素是语言的最小单位，不能进一步细分。例如，英语单词 manly 由词根 man 和后缀-ly 组成；汉语中的“奶牛”一词由“奶”和“牛”两个语素组成。习语是固定的单词组合，如英语的 cas tears before swine、汉语的“对牛弹琴”等。需要注意的是，单词离不开语法听写，只有在语法听写下才能理解单词。

语法是语言的结构规律。语法单位共有五级：语素、词、短语、句子和语篇。一般来说，语法主要包括语素构成词的规则、词构成短语的规则、词和短语构成句子的规则以及句子构成语篇的规则。语素构成词的规则也可以称为词的结构规律，词构成短语的规则也可以称为短语的结构规律，词和短语构成句子的规则也可以称为句子的结构规律，句子构成语篇的规则也可以称为语篇的结构规律。

词汇是语言三要素之一，是构筑语言的基本材料，听、说、读、写任何一项语言技能都不能忽视词汇要素而独立存在。以往二语习得的研究中对语法的研究关注过多，但我们都知道在学习一门新语言的时候，词汇的学习总是同步进行的，而且词汇的学习伴随语言学习的始终，因为无论是第一语言还是第二语言，词汇永远是无穷尽的。没有人敢宣称自己掌握了一门语言的所有词汇。听、说、读、写、译，没有哪一项语言技能能够脱离对词汇的依赖。这些都充分说明了词汇在语言学习中的重要性。

简而言之，语言是一个由词汇建筑材料和语法组织规律组成的系统，结合了作为物质外壳的语音学和作为语义内容的语义学。语言系统是在人类历史上形成的，是客观的、约定俗成的，具有高度的稳定性。此外，每个语言系统都有其民族特色。因此，在学习和研究语言时，应充分注意语言系统及其结构要素之间的关系。

（二）语言的建构

建构的概念主要有两个方面：一是指利用语言系统中的材料来建构言语；二是指在建立语言结构惯例后，通过言语的创新来丰富语言结构的系统。语言的建构有阶段性和连续性两个基本特征，它们是统一的关系。阶段性使语言结构相对稳定，以保证交际的需要，而连续性则使语言结构不断发展，以满足不断增长的交际需要。

语言的结构在交际和思维活动中建立，是在使用中逐渐形成的。一旦形成，就不是固定不变的，而是不断发展的。因此，结构是动态的。在语言传播过程中，无数新的话语被构造出来，同时，话语的创新元素也在不断丰富着语言体系。

总之，语言结构和语言建构是相互联系、相互作用的。如果语言结构脱离了语言建构，语言结构就不能适应社会交际，语言系统就会不完善。因此，语言学在继续研究语言结构的同时，还应研究语言建构的基本规律，以促进语言的发展。

（三）语言的外延

1. 语言与言语

人们说话是一种复杂的现象，至少可以分为三个方面：一是张嘴说话的行为，称为说话行为或言语行为；二是用于说话的一套符号，由语音、词汇、语义和语法等子系统组成，称为语言；三是口语，称为言语或语言产品。

很明显，语言不等同于言语；语言只是言语这一复杂现象的一个方面。语言也有别于言语。语言是一个相对完整的抽象符号系统，它存在于整个社会成员的大脑中，是普遍的、无形的和抽象的；言语是个人在特定情况下对语言的具体使用和表达，是个人的、物质的和具体的。

本书考虑的语音是用于交流的外部语音。除外部言语外，还有内部言语。内部言语是用于思考而不发声的言语。研究人员曾做过这样的实验：在受试者的发声器官上放置一个细针状的电极，要求受试者计算一个数学问题，一次是口述，一次是思维。结果是，在这两种情况下，言语器官动作的动态变化都被记录下来，表明该言语是内部言语。外部言语更加连贯和完整，而内部言语则不确定、零散和不完整。

人们对内部言语知之甚少，但却认识到，它也是语言的一种使用。外部言语和内部言语的差异是一种使用上的差异，它产生于功能上的差异。一方面，人们在说话时，必须用内部言语进行思考，然后通过一系列过程将其转化为外部言语；另一方面，幼儿没有内部言语，他们的思考往往伴随着自言自语，这是用外部言语进行思考。随着年龄的增长，他们逐渐将外部言语内部化，形成内部言语。因此，就个人成因而言，内部言语是外部言语内部化的结果。

从上面的讨论中可以看出，人们只能直接观察语音（外部语音），而不是语言。要研究语言，语言学家只能在两个地方找到它：第一，在言语中；第二，在说话人的大脑中。语言学家通过对大量的言语材料进行抽象，发现语言的各种单位和规则。就说话者大脑中的语言知识而言，说话者并不能原原本本、清清楚楚地说出它；语言学家只能找到一种方法来提取它。例如，通过识别创造出来的一些句子被调查者能够说出正确和错误的句子，或者提出被调查者能够区分相似和不同的句子。通过对结果运用一系列技术程序，语言学家可以深入了解存在于受访者大脑中的语言系统。

2. 口语和书面语

口语是口头语言的抽象概括，书面语是书面语言的抽象概括。口头语言和书面语言是两种不同的语言表达形式。口头语言和书面语言的区别不仅在于二者的语言表达形式不同，还在于词语的结构和句法不同。例如，口头语言使用日常用语，句子短小，结构松散，而书面语言则有更多优雅的词语、更长的句子和更严格的结构。

就起源而言，口头语言第一，书面语言第二。一种语言可以没有书面语言，但不能没有口头语言。事实上，在世界几千种语言中，只有少数语言有书面语言。书面语言产生和发展于口语，并从口语中获得营养，从一开始就受到口语的限制。由于其特殊性，书面语言必须与口语保持一定的距离，但这种距离不能太大。当书面语言与口语拉开距离时，人们就会对书面语言进行改革。

口头语言不仅受到时间和空间的限制，还受到口头传播的限制，这使得它不太容易被调节。书面语言不仅克服了时间和空间的限制，而且也使它更容易被规范。通过对书面语言的规范，有可能发展出一种全国性的标准化语言或“文学语言”，这反过来又促进了口头语言的发展。

3. 共同语言与方言

共同语言是一个语言社区所共享的语言。方言是一种语言的地区性变体，是某一地区的居民在日常生活中使用的交流手段。共同语言是在基本方言的基础上形成的。由于政治、经济、文化和人口方面的原因，一种方言会比其他方言有更高的地位和声望，在共同语言形成之前，这种有地位和声望的方言往往会作为共同语言的替代品。通过将这种有地位和声望的方言（基础方言）标准化，并从其他方言中吸收有用的元素，就形成了共同语言。有一些民族至今还没有自己的共同语言。

一旦建立了共同语言，共同语言就会对方言产生约束力，使它们更接近于共同语言。因此，方言之间以及方言与共同语言之间的差距将继续缩小甚至消失。然而，这是一个长期的过程。在一定时期内，方言将继续在该地区人们的交流中发挥作用，“双重语言效应”将继续为共同语言提供有用的语言素材。当然，由于政治原因，共同语言对方言的约束力可能会被削弱甚至消失，然后方言可能会趋向于离心式发展，直到演变成与共同语言相关的另一种语言。

4. 自然语言与其他符号系统

自然语言一般有很长的发展历史。与自然语言相对的是人工语言。人工语言是根据某些原则由人工设计的。人工语言的应用主要有三个方面：第一，在特定情况下发挥自然语言的功能，如世界语，由波兰医生柴门霍夫在 1887 年开发，用于弥补语言的差距；第二，为特定目的设计语言代码，如电报代码、手语；第三，根据语言学原理为某个科学或技术领域设计符号系统，如计算机语言、逻辑语言等。人工语言在现代社会生活和科技发展中发挥着重要作用，与自然语言有许多相似、相近甚至相通之处，因此是现代语言学关注和研究的对象。本书所说的语言是指自然语言。

除人工语言外，与自然语言关系最密切的符号系统是书面语言和身体语言。书面语言是记录语言的书面符号系统。如果语言是一种符号，那么文字就是符号的符号。因此，文字不是语言的一部分，也不是语言的一个子系统。然而，语言可以通过在其物质表达中使用词语而转化为书面语言。例如，一些汉语词汇（“字形”、“十字”）受到汉字的影响，而汉字是非语音的，对保持语言的孤立性起着一定的作用。

身体语言包括一系列具有象征意义的手势和表情，如点头、摇头、微笑等。自然语言中的口头交流常常得到手势的支持。当身体语言被艺术化处理时，它就成为一种艺术表达手段，如舞蹈和戏剧动作。这就是为什么现代语言学的触角已经伸向手势语言的原因。

第四节　语言的特征和功能

一、语言的特征

人类的语言具有一定的特征（design features），主要体现在以下几个方面：

（一）任意性（arbitrariness）

能指与所指之间的联系是任意性的，可以更简单地讲，语言符号是任意的。换句话说，语言符号与其所指（意义）之间不存在天然联系。

（二）二层性（duality）

二层性具有两层结构的特性，上层结构的单元由底层结构的元素组成，每一层都有自己的组合规则。简单地说，作为语音构成元素的声音，本身并不传达任何意义。只有当不同的声音被组合成新的单元（如单词）时，它们才获得意义。我们称无意义的声音为二级单位，有意义的词为一级单位。因此，人类语言的能力是巨大的。我们可以把少量的语音（如英语的 48 个音素）组合成成千上万的词，并从大量的词中组合成天文数字般的句子和语篇，再从这些句子和语篇中组合成无数的演讲。

（三）创造性（creativity）

语言的创造性表现在两个方面：一是由于语言的双重性，说话者可以将语言的基本单位组合成无限多的句子，其中许多句子以前从未说过或听过。二是语言学家们提出的语言的递归性（the recursive nature of language）。也就是说，语言本身拥有生成无限长语句的潜力。例如：

The cat killed the rat that ate the malt that lay in the house that was built at the foot of a mountain that...

这个例句可以无限延长，句中的 that 关系分句数量是无限的。

（四）移位性（displacement）

语言的移位性意味着人们可以用语言来谈论在时间或空间上无法触及的物体、事件或想法。例如，我们可以谈论 2500 年前的孔子，也可以想象离我们五千多公里外的北极。

（五）双重性（dualism）

语言的双重性不仅有助于人们使用抽象概念进行交流和思考，而且有助于人们进行归纳和抽象思考。

二、语言的基本功能

语言在人类社会中是一种交流的工具和抽象思维的手段，交际功能和整合思想的功能是语言的两个最基本功能。

（一）语言是交际工具

语言的基本功能是交流。在人类社会生活中，语言帮助人们沟通、传递信息、交换思想。它的交际功能是不言而喻的。任何一个正常人都能理解，当他或她与社会其他成员接触时，他或她必须使用语言进行交流，即使是最简单的客套话。所以只要有社会，只要有人类的接触，就会有语言的需要。

事实上，语言是由于交流的需要而产生的。如果人类不需要交流，就不会创造语言。正如马克思和恩格斯所说的，语言和意识一样，只是出于必然性，出于与他人交流的迫切需要而产生的。一般来说，动物没有复杂的思维来交流，也不像人类有语言。

语言是传递信息的代码。语言交际就是通过语言传递信息，通过语言接收信息，交换思想，相互理解。更具体地说，使用语言进行交流的过程是一个信息的编码、发送、传递、接收和解码的过程。

（1）编码。为了传达特定的信息，说话者必须在语言中找到合适的单词，并根据语法和语义规则将它们组织成特定的句子。说话者应该尽可能清晰简洁地编写代码，以避免出现妨碍语义内容表达的错误。

（2）发送。编码完成后，语言格式通过传递器发送。口语的传递器是发声器官。发送者必须准确地传输该语言的编码形式。

（3）传递。语言形式产生后，语义内容与语言形式联系起来进行传递。口语的声波通过空气或电路（即原声）将语义内容传递到听者的耳朵。通道必须打开，才能保证信息的正常传输，通道中的干扰会影响信息的传输。

（4）接收。语音格式通过特定的渠道传输给听者，听者通过接收器接收。在口语交流中，接收者是听觉器官。接收者必须准确地识别言语的形式，否则就会出现接收错误。

（5）解码。听者将接收到的话语形式简化为语义内容，以便理解说话者想要传达的内容。解码失败会影响对语义内容的正确理解。

语言是人类交流的独特工具和重要手段。除语言外，人类还有其他的交流手段，而在所有这些手段中，语言的交流是最重要的也是最直接的。

人们交流和传达信息的方式不仅仅是通过谈话，还可以使用书面文字或发送电报，并使用电报号码来发送消息。海军使用信号员进行沟通和传递命令，交警使用红色和绿色信号来指挥车辆和行人，部队使用军号来传达命令。还有数学符号、化学公式、聋哑人手语、象征仪式和礼仪形式，这些都是人类交流的工具。此外，人类还可以使用图片、手势、鼓声、信标和导航灯来传达信息。

在日常生活中，甚至可以独立使用某些手势、姿势、表情、动作等来完成特定的交流任务。例如，拍手、举手礼、说再见的手势、惊讶时伸出舌头、肯定时点头、否定时摇头等。在某些情况下，使用文字会显得很尴尬。

社会生活多姿多彩，人们交流信息和思想的方式也丰富多样。但所有其他工具都无法与语言相比。语言是人类社会中独一无二的终极交流工具，它可以独立完成社会的交流任务，无须其他工具的帮助。没有语言，人类社会就不可能存在，没有语言，现有的社会也不可能生存下去。所有其他工具只能是在语言的基础上，为了扩大语言的交际效用而创造的，没有语言就不能存在。

书面文字是一个记录语言的书面符号系统，是语言符号的象征。在创造过程中，它克服了有声语言交流所带来的时间和空间的限制，在社会生活中发挥着重要作用。然而，文字对于交流的重要性还远远不能与语言的重要性相比。人类社会在很长的历史时期内只有语言而没有文字，现在仍有许多少数民族没有文字。在有文字的社会里，交流的两个部分都必须是字面意思，文字才会有作用。在文化和教育尚未普及的社会中，文字的使用只适用于一部分人，而语言则适用于所有人。最重要的是，写作必须在语言的基础上产生，并与语言一起发展，始终伴随着语言的发展。与语言相比，写作只是一种交流的辅助工具。

盲文、聋哑人的字母表、信号、电报数字等都是以不同的真实方式记录和传达语言的意义系统，脱离了语言，不依赖语言，不仅不能被理解，而且根本不能产生和存在。红绿灯、喇叭等只是以更普遍的方式传达特定信息的符号系统，其表达能力极为有限。

就范围而言，所有其他工具往往都有特定的范围，并在一个较窄的背景下使用。例如，红绿信号灯只用于城市十字路口的交通指挥，电报数字只用于电报通信……而语言的范围几乎是无限的，包括生产领域，也包括经济领域，包括政治领域，也包括文化领域，包括社会生活，也包括日常生活。至于手势、表情和其他伴随动作，一般都是以语言为基础的，甚至特定的交流形式如言语观察，也必须以语言交流为基础，事先了解，才能被双方理解。

简而言之，语言是人类社会唯一的交流工具，没有它，人类社会就无法生存，它与人类社会生活的各个方面息息相关，能够充分传达思想和信息。

（二）语言是思维工具

思维是指人们在感知的基础上对所接触到的客观世界的人、事或现象进行分析和综合，总结事物的基本特征，寻求事物之间联系的活动，是人脑处理信息的心理活动过程。这一过程包括分析与综合、比较与分类、抽象与概括等。分析是最基本的思维活动，是将整体分解为不同组成部分或不同属性；综合是将组成部分或不同属性结合成整体的过程。分析和综合是相反的过程。分析可以让人们更清楚地了解事物，而综合则可以防止人们对事物有片面的看法。比较是指识别事物之间的相似性和差异性；分类是根据事物的属性将其划分成类别。抽象是在分析和比较的基础上提取事物的基本属性的过程；概括是指对事物的基本属性进行总结的过程。

按照形式不同，思维一般可分为行动思维、虚拟思维和抽象思维。行动思维和形象思维也叫具体思维。行动思维被称为直觉行动思维，它是指在从事某种具体活动时，通过对现场的感知来调节行动的思维，其主要特点是思维与行动不能分离，没有行动就没有思维。它是一种先于抽象逻辑思维的思维形式。例如，儿童在学习简单的加减法时，在掌握抽象的数学概念之前，常常用手指或木棒来计算，这就是行动思维。在3~6岁阶段，儿童在听、看和玩的过程中，依靠感知和动作来最终完成他们的思维。在足球比赛中，球员根据现场情况调整自己的动作，这也是行动思维。

1. 语言在认知过程中的作用

人类是理性动物。这种理性尤其体现在人类能够思考而且应该思考。思维的过程也是对客观事物加深认识的过程。自从人类获得语言以来，就能够通过语言进行思考。人类的思想高度发展与语言密切相关。人们通过自己的思维活动来认识客观世界。没有语言，个人思考的成果就无法传递给他人，也无法成为集体智慧。在这种情况下，人类思想的发展将变得极其缓慢，知识的深度和广度将受到严重限制。有了语言，个人思想的成果就可以成为集体智慧，传承给子孙后代。人类思想成果的积累，大大加快了发展速度，使一代又一代人对客观世界的认识更加深刻、全面。

人们首先依靠社会实践来认识世界，因为实践是知识的唯一来源，人类一切真正的知识都来自直接经验。然而，由于个人的处境，不可能凡事都依靠直接经验。事实上，大多数知识都来自间接经验。这就需要使用语言（包括文字），而语言是记录和保存前人及他人认知活动结果的手段。这就是语言和文字的用途，也就是俗话所说的“秀才不出门，能知天下事”。

人类在认知过程中需要运用语言对周围世界的事物和现象进行分类，从而确定它们之间的相互关系，从人类的角度看待它们等。人类通过语言赋予客观事物以意义。语言在人们认识世界方面发挥着重要作用，无论是在获取和使用已获得的知识方面，还是在获取以前未曾获得的知识方面。正如德国语言学家范·洪堡（W. Von Humboldt，1767—1835）所说，思想与语言的相互依存清楚地表明，语言与其说是建立已知真理的工具，不如说是揭示未知真理的工具。

2. 思维的一致性和语言的民族性

虽然语言和抽象思维密切相关，但是思维的过程与说话的过程并不同。虽然人们依靠语言进行抽象思维，但语言不是思维；思维是人脑的一种特殊功能，是人脑反映所有人共同的客观世界的过程。语言作为一种思维工具，具有明显的民族特色。

思维是人脑的一种功能，由于人脑具有相同的结构和组织，所以每一个正常人，无论国籍，大脑中都应该具有这种功能。同时，客观世界的连贯性对于人类思维的连贯性也至关重要。因为认识的对象是相同的，所以思想的内容也是相同的。例如，观察不同种类的花，就有可能认识到它们有哪些重要的共同特征可以将它们与其他事物区分开来。各族人民都有这种认识世界的能力。因此，思维没有国籍。当然，不同发展阶段、不同历史时期的人们，由于生产力和科学文化水平的不同，其思维成熟度也有所不同，但其思维能力基本相同。

正是思想的同质性，保证了不同语言的人们能够相互交流思想，不同的语言能够相互翻译。如果没有人类思想的同质性，没有共同的逻辑基础，这种交流就不可能实现。

民族性是指不同民族的语言形成的不同体系。它们有自己的语音、语义、词汇和语法特征。语言是社会群体为了满足自身需要而创造的。不同民族的自然环境、生活习惯、社会制度、文化背景的差异，都会导致语言的差异。事实上，语言作为一种社会现象，既是民族性的，又是当代性的，即使在同一民族内部，语言的结构也会因时而异。基本上，语言是一种传统的符号系统，与思想内容没有自然或必然的联系。

不同的语言以不同的方式记录现实，以不同的方式对现实进行分类和划分，并在它们之间建立不同的联系。例如，英语中，uncle 包含父辈（父亲除外）男性的称呼。中国人对“叔叔”、“舅舅”、“伯父”的区别，西方人感到困惑不解。这表明不同的语言有不同的语义系统，同时也说明不同语言的语义系统和词汇系统具有不同的结构特征，其中语音系统和语法系统的差异更为明显。

显然，语言和思想是两个不同的东西，不应该混淆，但是它们密切相关。

语言的交际功能和作为思维媒介的功能虽然是不同的两件事，但却密切相关。语言作为交流的工具，也是思想的表达，因为交流是思想的交流，表达思想的过程也是表达思想的方式。因此，语言既是交流的工具，又是思维的工具，这两个方面是相互交织、不可分割的。

第二章　英语翻译教学概述

翻译作为一种具体、实用的教学方法，在语言教学实践中得到了恰当、合理的运用。随着中国与世界的交流日益频繁，综合素质高、专业技能强、外语扎实、翻译能力强的实用型、复合型翻译人才日益受到用人单位的青睐。“现代英语教学的内容有了很大的拓展，不再仅仅是传统英语教学方式的课堂教学，还包括对英语语言运用的实际理解和应用、英语翻译的课堂互动、中英互动等。”

第一节　英语翻译教学的现状

“在国际交流日益频繁、我国经济快速发展的背景下，社会对英语翻译人才的需求日益增加，这就要求国内高校更应高度重视英语翻译教学，注重对学生英语翻译能力的培养。”同时，随着我国教育事业改革和发展的深入，大学英语翻译教学越来越得到关注与重视。

一、英语翻译教学概述

（一）翻译的性质

什么是翻译？不同的人有不同的看法，从而导致不同的翻译方法和策略。下面，对翻译持有不同看法的学者们分别给出自己的解释。

语言学的翻译观可分为传统和现代两种。传统的语言翻译观是建立在 19 世纪以来的传统语言学理论基础上的。例如，英国语言学家卡特福德认为，翻译是

"语言的操作，即用一种语言（SL）的文本替换另一种语言（TL）的文本的过程"。[①] 张培基认为，"翻译是一种语言准确、完整地复述另一种语言所表达的思想内容的语言活动"。[②]

苏联语言学家米哈伊尔·巴胡达罗夫（Mikhail Barhudarov）认为，"翻译是将一种语言的连贯话语转变为另一种语言的连贯话语，同时保留内容和意义的过程"。[③]

现代语言学的翻译观主要受到现代语言学的影响，它将研究视角从语言本身延伸到交际语境、领域和使用，将翻译视为一种交际活动，然后从语言和交际功能的角度来审视翻译，一般来说，注重翻译信息而不是文本，从而达到与接收者沟通的目的。在西方翻译理论中，尤金·奈达（Eugene Nida）是持有交际翻译观的代表人物。奈达认为，"翻译是用目标语言呈现与原始信息最相似的实物，首先是意义，其次是风格"[④]。这个定义经常被引用。奈达认为，理想的翻译应该以读者的反应来衡量，即读者对译文的反应与读者对原文的反应基本一致。中国著名翻译理论家刘宓庆认为"翻译的本质是意义的语言转化"。[⑤]

文学翻译的规则是从文学的角度来阐述翻译。翻译是艺术创作的一种形式，强调语言的创造性功能和翻译作品的艺术影响力。文化翻译规则以文化为中心来研究翻译。持文化翻译观的学者认为，翻译不仅仅是语言符号的转换，更是思想和文化的交流。"翻译是用一种语言和另一种文字来表达一种语言所隐含的意义的文化活动"，"翻译是一种跨语言、跨文化的交际"。

从以上持不同翻译观点的学者和翻译理论家对翻译的定义或解释可以看出，翻译的过程不仅涉及两种语言，还涉及两种文化。由此可见，翻译既是一种语言活动，又是一种文化活动。语言是文化的载体。翻译是通过语言机制的转换，将自己的文化与外国的文化联系起来，或者说在两者之间架起一座桥梁。事实上，翻译是两种语言群体之间进行交流的过程和工具，其目的是促进语言所在社会的政治、经济或文化的发展，其任务是传递语言的逻辑或艺术反映，使真实世界中

---

① 王菲菲．中西文化差异对英汉翻译的影响［J］．泰安教育学院学报岱宗学刊，2010，14（2）107+109.

② 朱冬碧．从英汉文化差异角度探讨文化信息的转换策略［J］．浙江水利水电专科学校学报，2006（4）：68-70.

③ 张爽．商务英语特点及翻译技巧［J］．海外英语，2017（11）：34-35.

④ 贾德江．论文化因素对英汉翻译的影响［J］．外语教学，2000（2）：56-61.

⑤ 王燕．对刘安庆翻译美学理论的思考［J］．文学界（理论版），2011（6）：135+154.

包含的原始文本从一种语言到另一种语言不会受到损害。

（二）翻译教学中应注意的环节

1. 技巧知识传授与理论知识讲解相结合

大学英语翻译教学主要侧重翻译技能和知识的传授。教师能够将翻译理论融入到技能和知识的教学中，有助于学生学会独立解决翻译实践中的问题，通过理论分析克服实践中遇到的困难，了解翻译活动的基本规律，提高翻译水平。尽快提高自身的翻译能力。就非英语专业课程而言，精读课程中的单句或段落翻译练习是本科课程综合训练的重要组成部分。由于大学生有一定的英语基础，语文素养也较高，如果教师在讲课时能加入一些翻译理论指导，给学生一些翻译方面的提示和指导，那么教学效果就能收到事半功倍的效果。

2. 翻译能力与其他能力的提高相结合

翻译教育是一种理解与表达并重的教育，包括理解英语的能力和表达汉语的能力。就英语能力而言，学生翻译能力的培养不能仅仅依靠单方面的翻译理论教学和相关知识技能的训练。听、说、读、写、译五项基本语言技能并不孤立，而是相辅相成的。就汉语能力而言，要多了解中国传统文化，积累中文的词句，为翻译打下良好的中文语言词汇的基础。因此，语言教学应以多方面翻译技能训练为抓手，加强词汇和语法教学，夯实学生的语言学习基础。通过精听，学生可以增加语言输入，培养语言学习和使用中的文化意识，加强中西文化的比较和分析，提高文化理解能力。

3. 阅读的“面”式教学与翻译的“点”式教学相结合

翻译教学与阅读教学密切相关。阅读理解和翻译理解要求不一样，阅读理解至少能理解原文的70%，而翻译理解要求100%理解原文。因此，翻译教学以阅读教学为基础，与阅读教学相结合。将阅读教学中和翻译教学相结合，对于深化翻译教学大有裨益。在阅读课上，有的学生不求理解，对难句、关键词或难的段落没有把握，需要通过翻译表达加深对原文的理解，然后充分消化吸收。翻译教学作为阅读教学的一部分，有机地融入阅读教学中。同时，将传统语法翻译教学方法与现代交际教学方法相结合，使之相辅相成，发挥应有的作用。

4. 英文理解的准确性与中文表达的审美性相结合

虽然大学英语翻译的教学和考试标准主要是考查学生的准确理解，但我们也不应该忘记表达准确的问题。译文表达水平的高低直接反映了对原文的理解和译文的质量。理解的水平只能通过表达的水平来表达。虽然大学英语教学对翻译教学的语言形式要求不高，但翻译作为一种语言活动，不可避免地涉及审美意识问题。审美意识是翻译过程中的一种积极心理活动。为了评价和欣赏译文，需要使语言所表达的思想感情内容与语言形式相协调，使语言表达与交际语境相协调，从而对译文的语言做出恰当的审美判断，使文字达到优美而又准确的目的。审美语言包括语音、语法和修辞。在翻译教学实践中，学生本身忽视了语言的美感，因为他们只注重对词义和语法的抽象分析。教师在教授翻译知识和技能时，应注重唤醒学生的审美意识，引导学生理性分析语义，结合语言形式、交际环境、交际目的等多种因素，在翻译过程中进行具体或全面的感性认知。需要指出的是，大学英语翻译教学与其他形式的翻译教学不同之处在于，审美意识的渗透和培养要适时适度，不宜占主导地位。翻译教学作为大学英语教学的重要组成部分，应受到应有的重视。

（三）英语翻译教学的基本原则

1. 文化性创新原则

高校英语翻译教学的发展应根据当前高校英语翻译教学的难点，采取有效的教学方法，克服教学难点。针对英语翻译教学中文化的缺失，应重视英语翻译教学中文化信息的融入，以文化信息为导向，丰富和拓宽英语翻译教学的内涵，从而达到英语翻译教学的目的。

同时，将文化信息融入英语翻译教学也符合国家发展战略，鼓励教育领域国际化人才的培养。文化信息因国家而异，包括风俗习惯、经济发展、政治等信息。这就要求学生不仅要了解当地文化，还要了解当地历史，以文化为动力，用英语交流，才能达到英语翻译的效果。

2. 主体性创新原则

大学英语翻译教学的更新应遵循主体性更新的原则。也就是说，高校英语翻译教学内容的选择、教学方法的运用和教学模式的构建应以大学生为主体，翻译教学的目标和人才培养方案要以大学生为中心，促进大学生的全面发展，促进高校英语翻译教学的有效发展，这样才能促进大学生英语能力的培养、提高大学生英语翻译能力等。

3. 信息对等原则

所谓信息对等，是指在翻译待译内容的过程中，无论是笔译还是口译，都必须保证译文内容与原文内容相同，不能存在任意歪曲。翻译过程中的增减内容或随意加入个人的观点，会影响翻译的真实性和翻译效果。例如，在翻译电影内容时，需要保证翻译后的情节内容与原电影的情节内容一致。

4. 文化对等原则

众所周知，中西方文化存在一定的差异。因此，对于要翻译的内容，除了保证信息的对等外，还需要保证文化的对等。只有这样，才能保证对方能够听懂所说的话。例如，在中文典故的翻译中，由于很多中文典故在西方是不可用或不为人所知的，译者需要找到正确的翻译方法，从而在翻译过程中实现文化对等。

5. 高度逻辑性原则

无论是笔译还是口译，译者在翻译过程中都必须具备高度的逻辑性，不仅要准确地翻译出所需的内容，还要保持清晰的思维和良好的逻辑性，这样才能保证翻译的准确性。翻译内容清晰、连贯，使对方能够立即明白翻译的内容。尤其是在商务翻译过程中，需要保持高度的逻辑性，在翻译过程中要小心谨慎，因为一个小错误有时会导致整个商务交易的失败。因此，在翻译过程中，除了保证相互信息和文化对等的原则外，还需要高度的翻译逻辑。

二、国内外翻译教学研究的现状

正如古语所言“知己知彼，百战不殆”。通过对国内外翻译教育研究现状的结合和分析，我们可以更好地了解国内外翻译教育的现有优势，以此为基准，发现其中存在的不足之处，以便借鉴，从而更好地改进翻译教育，推动翻译教育研究。

（一）国外翻译教学研究现状

国外翻译教学研究具有以下特点：①强调理论翻译研究和描述性翻译研究对翻译教学的指导作用，强调两者之间的互动；积极支持建构主义，实行以学习者为中心的教学。②翻译教学注重引导翻译市场；重视文化派、解构主义、女性主义等前沿翻译理论在翻译教学中的作用。③关注“黑匣”教学的翻译过程；注重对翻译过程“黑匣”的实证研究，用声音思维报告法等实证研究方法的成果指导学生的翻译过程。注重翻译行为过程的教学，强调学生搜索和使用电子资源能力的培养。④注重翻译规则的教学。⑤翻译过程中注重学生的社会化。⑥注重翻译能力的理论研究。⑦重视翻译教学评价研究。不难看出，国外翻译教学的总体特点是重理论、重市场。

由于国外有关翻译教育的文章收集范围有限，只能讨论相关话题。虽然国外的翻译研究论文很多，但关于翻译教学的专著却很少，这反映出翻译研究和翻译教学研究与翻译教学实践本身是分离的。此外，国外类似的翻译教学对我国的翻译教学也有一定的启发，但国外学者研究的翻译教学往往集中在国外的教学语境中，一般不包括汉语语境中的双语翻译。因此，这些翻译教育理论只具有一定的参考意义，不能适用于中国。我们应该清楚地认识到，中国的翻译研究不应该成为外国（尤其是西方）翻译研究的传声筒，而应该在适当的借鉴下开辟具有中国特色的翻译理论，那么翻译教育研究也不例外。中国的翻译教学研究应该以中国的教学实践为基础，真正拿出适合中国的翻译教学方法，并开发具有中国特色的翻译教学理论。

（二）国内翻译教学研究现状

1. 研究问题广泛但不具体

有些文章没有明确研究问题，似乎讲了很多问题，讲了很多方面，但什么都说不清楚：这是研究者没有明确界定研究对象的能力，他们不知道要解决什么问题，研究对象不明确，结论就不明确。

2. 对翻译教学多介绍，少批评

国外翻译教学研究起步更早、内容更深、成果更多。从某种程度上说，我国翻译教学研究是在国外翻译教学研究的基础上发展起来的，因此引进和借鉴国外翻译教学研究无可厚非。然而往往只注重简单的介绍，却忽略了对国外翻译教学现状的批判性吸收和借鉴。一段时间以来，国内翻译界似乎成了国外重要翻译理论流派的集散地和批发零售市场，忽视了中国丰富的翻译资源，也忽视了实践和理论的深入发展。翻译教学研究也存在这样的问题，这从一定的角度说明，研究者缺乏具体情况分析的能力。

3. 混淆“翻译教学”和“教学翻译”的概念

“翻译教学”和“教学翻译”这两个概念在我国翻译界争论已久，有穆雷等倡导者，也有罗选民等反对者。但越来越多的学者同意统一这两个概念的内涵和外延，以促进翻译学科的发展。在学科创建和发展过程中，如果学术术语不统一，研究问题和对象不明确，研究则无法启动，学科也无法发展。

4. 忽视“摘译”、“节译”、“参考翻译”的教学研究，只注重“全文翻译”的传统教学研究

《变译理论》指出，翻译有十种方法，包括摘译、节译、参考翻译等。然而，关于“变译”一词仍存在争议。当代社会，大多数译者在执行翻译任务时

都遇到过这样的问题：委托人要求对原文进行部分翻译，或摘要翻译，或对译文中某些名词和概念的详细注释。然而，传统的翻译教学并没有这样培养学生。这方面的教学研究更是少之又少。

5. 现代科学技术研究太少，现有文章很多与翻译教学问题脱节

现代技术与翻译教学的结合主要体现在语料库翻译教学和机器翻译教学方面。该领域的发展尚处于上升期，存在诸多瓶颈问题，因此该领域的翻译教学研究较少也是难免的。但从现有研究来看，发现的问题是，很多文章讨论的问题大多仍然集中在语料库和机器翻译本身的现状、发展和问题上，并没有真正与教学相结合。

三、英语翻译教学各领域的现状

（一）翻译教学理论和实践的关系现状

翻译教学的主要目的之一就是帮助学生形成扎实的翻译原则意识，使他们能够自觉地将所学到的翻译知识运用到翻译实践中。当然，这种对翻译原则的良好认识只能建立在良好翻译理论的基础上，任何翻译教学都必须有相关理论的指导。与其他学科相比，翻译教育更加注重实践。因此，翻译教学不能局限于教师讲解或学生实践的单一活动，而应该是教师讲解理论知识和学生实践的更广泛的教学活动。例如，初级翻译课程，教师可能会把大部分时间留给学生做英语翻译练习，然而，如何组织学生进行翻译实践，如何调动学生的实践积极性，如何激发学生的兴趣和合作精神，如何让学生主动参与实践而不是被动接受，是亟待解决的问题。翻译教师需要探索和研究，学生的接受能力存在一定差异，翻译材料选择困难等问题都可能会影响教师对课堂的组织和管理。从学生的翻译实践来看，他们很难或很少能够将理论付诸实践。翻译材料简单，不容易吸引学生的注意力；翻译材料太难，就会使学生失去翻译的兴趣，有时甚至会放弃翻译。这就导致英语翻译教学中教师的理论讲解与学生的实际操作不相适应，理论与实践脱节。

（二）英语翻译教学内容和课程的现状

1. 僵化的教学理念

互联网时代的到来，对教育教学的发展产生了很大的影响，其主要作用是加速了信息的流动和社会的变化，人们不得不改变以前形成的思想观念和知识构成，以适应时代的需要。因此，在当今的市场环境下，大学毕业生要想在劳动力

市场上占据有利地位，必须改变自己的思想观念，进一步丰富自己的知识，但僵化的教学观念要求学生只学习教材知识，不考虑知识的实际应用，更谈不上学生的长远发展。

2. 英语翻译课堂教学的现状

翻译教育主要通过课堂和教材进行教学，教师比较注重翻译理论的教学，教学方式较为单一。加之由于教学时间有限，难免对翻译技能的训练重视不够。学生往往只想找到正确答案，缺乏主动思考的意识，这种情况下学生往往会对学习产生负面影响。另外，通过相关研究不难发现，我国高校都比较注重英语词汇和语法的学习，不利于培养学生的翻译实际应用能力。

3. 过时的教学方法

传统的教学方式以教师为中心，教师单方面向学生传递知识，大多注重翻译演示的最终结果，而忽视翻译过程中的沟通与合作，这种教学方法难以激发学生的学习兴趣，导致学生学习主动性降低，学生的课堂参与度不高，学生的主导作用无法充分体现。

此外，传统的教学方法只注重翻译理论知识的传授，而忽视实践教学和案例分析。翻译是一门强调实用性的课程。只讲授理论而不进行大量实践，不能有效地提高学生的翻译表达能力，也不利于逻辑思维和创新能力的培养。远离案例教学或固守教材中过时的、不切实际的案例教学，本质上是忽视了翻译的实用性，不利于培养学生的应用能力，也是学生脱离实践，不能与社会进行良好对接的重要原因。

4. 英语翻译教材现状

翻译教材通常涉及翻译理论知识，如翻译技巧和基本技巧，以及必要的翻译基础理论。当然，初学者如果没有一定的翻译理论作为指导，没有一定的翻译技巧来引导和控制，就不知道如何更好地翻译，也不知道自己的翻译是好是坏。然而，一些高校使用的翻译教材不适宜举例教学，且存在大量的文学例子，给初学者的学习带来一定的困难。这些教材也有相应的滞后性，部分内容滞后于时代，缺乏时代性和翔实的翻译实例。在这种情况下，学生可能会因为教材的难度或乏味而对学习英语翻译不感兴趣。

5. 不合理的课程设置

在大学英语课程中，大多数学校不开设单独的翻译课程。根据 2023 年新版英语课程标准解读，每周 4 小时的教学中，精读占 3 小时，听力占 1 小时，教师没有时间关注翻译技巧，只能在精读课上渗透，大大降低了学生对翻译技巧的学习。虽然《大学英语课程教学要求》（2007年）和大学英语四、六级都对学生的翻译能力提出了要求，但由于教学时间有限，教师很难关注翻译理论和翻译技巧，导致翻译知识的匮乏。学生翻译知识匮乏，因此不少学生达不到应有的翻译水平的要求和标准。

6. 评价机制不完善

从翻译经验来看，人的语言和翻译能力与先天因素没有明显的关联，学生的翻译能力可以通过后天的训练得到有效的提高。翻译活动是译者与原著作者通过文本的一种对话，理解文本的含义，用另一种语言代替文本的作者向外界表达。这就意味着学生所拥有的翻译能力有不同的类型，仅仅依靠一种测试很难客观、全面地衡量学生的翻译能力。国内很多高校没有一套完整而系统的评价英语翻译教学活动的测评或者评估体系，在评价教师的教学成绩时，主要依靠学生在试卷中的表现。在测评方面，教师更注重汉英翻译，使得学生很难通过评价试卷向学校和教师反映自己的翻译能力。国内大学生长期处于单一的文化和语言环境中，没有直接感知和体验其他语言的真正差异。学生没有跨文化意识，在翻译文章时极有可能出现严重错误。因此，简单的试卷评价不能充分显示学生的学习成果和教师的教学能力，缺乏客观性。

7. 忽视对学生英语翻译学习背景的培养

由于中国人学习英语，是在学习一门外语，所以许多时候，会因为翻译背景的局限性，影响翻译效果。许多高校也没有为学生提供相应的英文背景学习，教师在授课时，也不会因为学生不了解西方文化就对学生进行必要的知识背景讲解。所以许多学生不了解外国文化背景，在翻译的过程中就必然会闹出笑话。例如 a lucky dog，若没有西方文化背景作为铺垫，则会直接翻译为“一条幸运的狗”，实际上了解了西方文化之后，就可以顺理成章地翻译为“一个幸运儿”。若学生在实际翻译过程中不了解这些带有文化色彩的词汇，那么其翻译过程将会严重受阻。

（三）学生个人英语翻译素质现状

1. 学生个体素质的差异性对翻译教学的影响

尽管大学英语是每位在校大学生必须学习的一门课程，然而学生个体的英语水平却是参差不齐，所以，在进行翻译教学时便会产生不一样的教学要求。虽然从翻译教学的结果来看，学生个人的英语水平起到了决定性的作用，但并不是说，具有较高英语水平的人，其翻译水平也会较高，或者其翻译出来的作品也具有较高的水准。

实际上，想要拿出一份高质量的翻译作品，要求学生不但要具备较高的英语水平，还需要有相应的词汇功底与知识储备，并且要在书面语、阅读和听力等方面有较高的水平，只有这样才可以在翻译时把原文的含义进行最大程度的表达，以达到预期的教学目的。反过来，英语水平较低的学生，其翻译出来的作品自然就有限，较难达到预期的翻译教学目的。

2. 学生的英语功底现状

（1）学生英语功底不扎实。首先，有很大一部分学生在进行翻译的过程中，很难对英语句子中的含义或引申义进行全面合理的理解与解释，这类障碍导致的结果便是最终译出的句子容易引起读者的误解甚至笑话。其次，学生在翻译实践中的词序或语序问题。由于受到英语句式及词序搭配的影响，学生在翻译表达的过程中可能出现很多不符合中文表达习惯的翻译，使翻译的结果有时很牵强。最后，是长句子，在英语里常常会遇到一些句型较为复杂、排列较长的句子，这类句子往往是翻译过程中的重点与难点。在进行翻译时，无论是句子里的前置词，或是从句的部分，学生都很难在厘清句子成分的基础上，将其翻译成汉语中的分句。结果往往就是翻译出来的汉语变成一种外语式的长难句，这样的表达在汉语语言里是极为罕见的，读起来让人费解。

（2）学生对英语文化不甚了解。一些学生还不熟悉英语文化，这也是他们在英语翻译中犯错误的主要原因之一。

（四）英语翻译教师素质现状

翻译教师本身所具备的翻译综合素养在英语的翻译教学中起着至关重要的作用。而在大学里从事翻译教学的教师，有很大一部分是从学校毕业后便直接开始从事翻译教学工作的，这类教师缺少相关的翻译实践经验，不容易跟上时代的发展步伐，而翻译是与时俱进的，他们自身便是同时代脱节的一个群体，充斥于他们教学中的内容自然也就相对落后，其结果便是学生无法跟上翻译的时代步伐。

（五）英语翻译培训机构的教学发展问题

英语教育机构，与大学教学不同，他们往往是以盈利为目的的教育服务行业。教育机构之间激烈的竞争在某种程度上刺激着教育机构吸收更好的翻译实践教师或者翻译理论教师，使其向更加专业化和更加科学化的方向发展。当然，目前的英语教育机构在翻译教学中依然存在着诸多问题。

1. 英语翻译培训机构鱼龙混杂

由于对相关教育机构的监管不足，加上这些教育机构的隐性特点，使英语教育机构水平良莠不齐，主要体现在以下两点：首先，教师资质问题。不是所有的英语教师都能进入英语翻译行业，这是一个专业素质很高的行业，门槛很高。其次，教师资格问题。资源的匮乏也意味着巨大的利润空间，这吸引了许多没有教学资格的“教师”。许多教育机构往往缺乏适当的办学程序，而是租用办公室，投放分类广告来招收学生，而教学是非常不负责任的。这对学生的经济和道德利益是极为不利的。还有一些人为了牟利，通过造假获得资格证书，然后雇用一些所谓的英语教师，在课堂上“讲笑话”，讲简单的课，收取大笔的教学费用。当学生意识到自己被骗时，教育提供者早已离开。这种现象严重扰乱了英语翻译培训的正常市场，严重损害了英语翻译爱好者的利益。

2. 参加培训的动机

在中国，学习英语翻译的学生大多是为了获得英语翻译证书，这样毕业后在应聘时会有更大的吸引力。当然，这种想法本身并没有错，它给了学生一定的学习英语翻译的动力。然而，考试的内容有限，在大多数英语翻译培训中心，学生只是按照考试的形式进行培训，甚至靠猜测或作弊。技能的发展不是以通过考试为基础的，尤其是对于实用英语翻译而言。同学应摆正认清心态，真正从培养自身能力的角度来学习英语翻译。

3. 教学方法

很多培训机构为了强调自己的专业性以及与学校教学的区别，往往从教学的难点入手。教学中常常以结构复杂的长难句为例来展示其优势，这实际上是为了满足英语翻译考试的需要。但实际上，学习翻译是一项系统工作，学生需要从最基本、最简单的学习开始，逐步掌握复杂句子的翻译。

四、改进英语翻译教学现状的措施

（一）改革现有的大学英语课程设置，重视翻译教学

一方面，大学英语教学进行了多次改革，改革成果显著。另一方面，当前大学生的英语水平经过初中和高中的强化学习训练，英语的综合能力有所提升。如果大学英语教学继续采用“词汇和语法补全”的方式，学生就会失去学习英语的兴趣。因此，研究大学英语教学改革的专家学者一再呼吁改变当前的课程。当

前大学英语课程改革是实现真正重视翻译教学的重要一步。如果能够压缩大学英语基础课程，加大应用翻译课程，将会提高学生的基础翻译理论知识及翻译能力。这方面的教学改革可以从师资、教学时间、学生的学时等方面落实。目前，国内一些高校已经开始探索这方面的改革。例如，清华大学从单一模式转变为三种模式。25%的尖子生参加 1+3 模式（一个学期的基础英语加三个学期的选修英语），50%的学生参加 2+2 模式（两个学期的基础英语加两个学期的选修英语），剩下 25%的学生仍然采用 1~4 级的单一基础英语教学模式。

（二）利用现有资源建立不同翻译教学模式

每所大学都有自己的历史和传统，这就决定了教学的特征和方向。例如，理工学院一般会讲授技术方面的专业英语，而财经类大学则开设财经和商务英语课程。事实证明，一所学校提供的英语课程与其专业越紧密，其毕业生就越受欢迎。尽管现在的大学正朝着更加一体化的方向发展，但它们仍然保留着学校教育的传统性质。我们可以充分利用现有资源，根据学校和学生的发展需要，推出不同形式的翻译教学。旧有的翻译教育模式，即“翻译教育的目的=英语知识+翻译技能”应该更新和进一步完善。

此外，学校层面还有很多工作要做，如加强大学英语翻译师资的培训、选派教师到兄弟院校参观学习等。

（三）加强翻译理论传授

本书所说的加强翻译理论，并不是指向学生传授深奥的形而上的翻译理论，如后殖民主义、女性主义等，而是指实用翻译理论，如功能目的论、文本类型论等。通过学习这些实用的翻译理论，总结其主要观点并充分运用，阐释其特点和不足，培养学生正确看待翻译理论的意识。翻译理论的教学是通过翻译考试的条件之一，但是要适可而止，不能为了通过考试而单纯死记硬背理论。虽然大学英语（翻译）教学不需要学习深奥的翻译理论，但对翻译理论的流派和特点应有一定的了解，这样可以对翻译实践起到解释和预测的作用。要加强实践教学的理论指导，避免翻译实践教学走上从经验到经验的错误道路。

（四）师资队伍的培养

教师培训是英语翻译教学的核心。因此，在英语翻译教学中，应要求教师定期参加调查和培训，不断接受新知识，整体提高教师个人的翻译水平，从而提高教师队伍的水平。

（五）加强翻译技巧的对比性传授

翻译技巧是翻译实践中衍生出来的普遍适用的教学规则。通过掌握一定的翻译技巧，学生可以显著提高翻译的速度和质量。然而，如今的翻译技巧不仅眼花缭乱，而且有时也不实用。

许多翻译技巧是相互关联的，如直译与意译、归化与同化、相似与接近等。利用比较教学法，更容易向学生解释不同技能或表达方式之间的异同，以便他们更容易接受。例如，在直译时，也可以与死译、误译或乱译联系起来，并给出一些经典的翻译实例，以供评价和评论。因此，应加强翻译技能的比较教学。

（六）加强对一些翻译现象的讲评

纵观中西方翻译史，我们发现许多翻译现象值得深思。以中国为例，在特定的历史时期出现了严复翻译现象和林译现象。教师可以结合一些翻译史知识来教授，把它们讲得很精彩，提高学生学习翻译的兴趣。又如，“变译”在许多翻译教材中非常流行，特别是在应用文体翻译中。“变译”是根据读者的特殊需要进行翻译的一种特殊方式，涉及加、减、编、述、缩、改等调整。教师可以用实例向学生解释“变译”的原则、策略和具体方法。

（七）适当增加翻译实践在翻译教学中的比重

由于翻译教学时间有限，而且要讲授的内容较多，学生在课堂上实践的机会就会被挤压。但翻译与实践联系紧密、实用性强，所以，要多采用各种灵活的教学方式。翻译教育不应该以传授一些“拳法”为目的，而应该培养洞察力，挖掘中英语言和文化之间的异同。

（八）加大英汉两种语言对比内容的讲授

英语和汉语属于不同的语言和不同的文化体系，两种语言在思维方式、价值取向和审美情趣方面存在明显差异。例如，中国文化提倡“天人合一”、“物我一体”，强调和谐对称，提倡“心性自然”。西方人喜欢“物我分离”和“个人主义”，认为整体是相对于个体而存在的。这种文化的差异亦体现在语言上。汉语能反映出阴柔之美和语境之美，是“人”的语言。而英语的逻辑、推理和语法规则衬托出阳刚之美，以及严谨的语法结构，并且具有语言清晰、简洁的特点，是“法治”语言。只有了解了语言之间的差异，学生才能明白，在翻译过程中需要做出适当的调整，让学生了解英汉之间的内在差异（不仅仅是形式上的差异）以及造成这些差异的文化和历史原因。从而在翻译实践中做到“既知其然，又知其所以然”，有意识地培养对译文的理解，遵循译文的表达习惯，排除原文的干扰，选择译文。事实上，当学生在课堂上学习说英语、写英语、翻译英语时，母语的负迁移是非常明显的，这是学习英语的障碍。

第二节 英语翻译教学的目标与内容

目前，汉语翻译课程尚无系统的教学方法，教师的教学内容、教学方式和教学方法各异，造成翻译课程的盲目性和随意性。事实上，翻译教学的目的对于翻译教学的成败至关重要，不同的教学目的展示出的教学效果也不同。有的教师认为教学的目的是培养学生的语言能力，更注重翻译效果。有的教师认为教学的目的是培养学生的翻译素质，而很少关注翻译的一致性。因此，翻译教学目标在教学中起着至关重要的作用。

一、翻译教学与翻译教育

在讨论翻译教育的目的之前，有必要明确翻译教学和翻译教育这两个概念。翻译教学和翻译教育的方法相互关联，但又有不同的领域。由于其界限模糊，许多教师仍然将两者混为一谈，导致课堂教学效果迥异。

翻译教育是以学生具有一定的语言水平为前提。翻译教学是在语言教学基础阶段通过翻译来训练、应用和掌握语言技能的教学方法。通过大量的翻译实践，引导学生学习和掌握两种语言的技巧和理论，从而提高翻译能力。

有人认为翻译教学是翻译教育的第一阶段，但事实并非如此。两者的主要区别在于，前者以外语为重点，是外语教学的辅助手段，而后者则将外语水平视为获得翻译能力的前提。翻译教学与外语教学相联系，旨在以语言结构为重点，巩固外语知识。翻译教育是一门独立的学科，旨在培养学生翻译专业的概念和技能，重点是翻译技能和解决问题的能力。前提条件也不同：前者不需要高度的双语能力，而后者则是基于对两种语言的高度了解。

二、大学英语翻译教学的目标

大学英语翻译的教学目标主要在于培养学生的翻译能力，使学生具备综合语言能力。大学英语翻译教学的具体目标可以从以下三个方面进行说明和阐述：

（一）一般要求

（1）能够以每小时约300个英语单词的速度，通过使用字典将主题文章从英文翻译成中文，译文基本再现原文的含义，无明显理解或语言错误，符合中文的表达方式。

（2）能够用字典将熟悉的话题或文章翻译成英文，速度约为每小时250个汉字，译文基本再现原文意思，无明显理解或语言错误，符合英文的表达习惯。

（3）能够使用字典将相关的文章、演讲稿、摘要、促销产品的产品手册等专业地翻译成中文。

（二）较高要求

（1）能够用字典翻译英文报刊上的文章。英汉翻译的速度约为每小时350个英语单词，译文理解能力强，理解和语言表达错误少。

（2）能够使用字典将一般的中文文章翻译成英文，速度约为每小时300个汉字，翻译流畅，理解和表达错误少。

（3）能够翻译专业领域的英文文献，译文应符合中文的表达习惯。

（4）能够使用适当的翻译技巧。

（三）更高要求

（1）能够在字典的帮助下，以每小时400个英语单词左右的速度翻译英文报刊上的主要文献和具有一定难度的科学、文化和评论类文章，理解准确，几乎没有错漏，翻译流畅。

（2）能够以每小时350个汉字左右的速度将反映中国国情或文化的介绍性文章翻译成英文，基本无错漏，符合英文的表达习惯。

（3）《高等学校英语专业英语教学大纲》对专业英语四级和八级的翻译教学目标有明确要求。

1）四级目标。

①掌握常见的基本的翻译技巧。

②初步了解翻译的基本理论和英汉的异同。

③能够将中等难度的英文章节或段落翻译成中文，译文忠实于原文，语言流畅。

④以每小时250~300个英语单词的速度进行翻译。

⑤能够将中等难度的中文章节或段落翻译成英文，其速度和翻译要求与英译汉相同。

⑥能够在日常生活中充当外国游客的翻译。

2）八级目标。

①能够运用翻译理论和翻译技巧，将英美报刊上的文章和原创文学作品翻译成中文，或将中国报刊上的文章和一般文学作品翻译成英文。

②翻译速度每小时 250~300 个英文单词。

③翻译必须忠实于原文的意思，并且语言优秀。

④能够在有关外部事物的一般事实背景下进行解释。

翻译教学的主要目的是培养和提高学生的能力。学生在具有专业知识和相关翻译职业资格的教师指导下，提高双语水平，开展翻译实践，提高逻辑分析、审美判断和文化意识。翻译能力主要包括语言能力、文化能力、文本能力、领域能力、研究能力和翻译能力。大学阶段翻译教学应注重学生语言能力、领悟能力、文本能力、文化能力和翻译能力的培养，大学阶段后应注重研究能力的培养。当然，在培养学生上述能力的同时，还需要提高他们使用翻译工具的能力。

三、英语翻译教学的内容

大学阶段的翻译教学应主要侧重于培养学生的翻译能力，也就是培养翻译素养。换句话说，只有学会了两种语言的对比，学生才能真正理解如何翻译以及为什么要这样翻译。这说明双语对比在翻译教学中的重要性。

除了对两种语言进行比较外，还应注意两种语言背后的文化。由于不同民族的生活环境和习惯不同，他们逐渐形成的文化也会有很大的差异，而文化的差异会对实际的翻译产生一定的影响，有时会构成翻译中的“限制”甚至是“问题”或“瓶颈”。因此，翻译和文化的关系极为密切。换句话说，翻译不仅是语言之间的交流问题，而且与文化有着非常密切的联系。

在有限的翻译课时间里，教师应留出合理的时间让学生对译文进行评论。这可以是对某位学生完成的优秀翻译的评论，也可以是对一些著名翻译的评价，当然也可以是对劣质翻译的评论。评论翻译的目的在于，既要帮助指导学生确定适合的翻译标准，又要培养学生批判性的思维能力。批判性思维是一种研究思维，已被广泛认为是现代社会的教育目标之一，特别是在高等教育中。

（一）翻译基础理论

翻译理论基础知识是大学英语翻译教学中最基本、最重要的内容。翻译基础理论包括对翻译活动本身的认识、翻译模式、翻译过程、译者的翻译要求（翻译素养)、工具的使用等。理解和掌握翻译的基本理论知识不仅使学生从宏观的角度了解翻译组织的思路，而且提高了他们对翻译实践的适应能力。

(二) 英汉语言对比

英汉对比分析不仅是翻译教学的基础，也是翻译教学的重要组成部分。英汉两种不同的语言，其比较主要包括以下两个方面：一是语义、词法、句法、文体、篇章等方面的比较；二是英汉文化和心理情况的比较，以便在翻译过程中全面、准确、恰当地传达原文信息。

(三) 常用的翻译技巧

翻译技巧在翻译教学过程中发挥着重要作用。翻译技巧是指在确保译文准确而流畅的基础上，对原文的表达进行更有表现力表述的翻译方法。

(四) 人文素养

翻译涉及的领域很广，在具体的翻译实践中，会根据原文的语言涉及不同国家的政治、经济、文化、历史、宗教等方面，这就要求译者不仅要具备一定的翻译能力和技巧，同时还要具备必需的人文素养，只有这样，才能在翻译过程中充分理解原文语言的背景，准确地传达出原文的含义。

四、翻译教学的途径和方法

随着改革开放的深入和经济全球化进程的推进，世界各国人民的交流与合作空前深入。在努力发展经济的同时，也出现了一些意想不到的困难和问题。其中之一是语言差异造成的困难。在日常生活中，我们经常听到这样一种颇为无奈的声音："我在美国工作学习了几年，但我翻译的中文资料没人能看懂。""我英语沟通能力很好，但是我不会把中文翻译成英文，所以我需要找一家翻译公司。"上述例子反映出许多英语教师的翻译水平较低，这已成为对外交流中的突出问题。

作为培养具有社会责任感和综合就业心态的实用型人才的教育机构，应该更加重视英语教学。在英语教学方面，为适应社会需要对翻译教学进行了改革和创新。

(一) 纠正学生对翻译学科的错误观念

在翻译课上，部分学生持有这样一种观点，我会读写英语，我有翻译工具，就可以进行汉英或者英汉翻译，没有必要投入时间和精力来学习翻译学。事实上，这种观点是错误的甚至是荒谬的。例如，有的学生翻译"you are a lucky dog”为“你是一只幸运的狗”。这些都是不了解原语言的文化和翻译技巧带来的后果。所以，仅仅会读写英语，会运用翻译工具，是无法胜任翻译工作的，翻译这门课程是必不可少的。

（二）学生需要对翻译学科有系统而深入的了解

在翻译教学中，只有充分理解翻译的内涵和定义，才能激发学生的学习热情，树立正确的学习翻译态度，明确学习翻译的方向。

自古以来，中外众多翻译理论家对翻译做出了不同的定义。可以概括总结如下：“翻译是两个语言群体之间进行交流的过程和工具，其目的是促进该语言群体的政治、经济和文化进步，使得原语言向另一种语言的无损传输。”该定义明确了翻译的目的、任务和要求。

同样，学生需要对翻译标准有很好的了解。这一点极其重要，因为不了解翻译标准，就不可能翻译好，也不可能客观、公正地评价别人的翻译。在实际教学中，有的学生只听说过严复的“信达雅”，却不知道如何把“信达雅”的原则落到实处。因此，教师应提醒学生在教学实践中理解和运用翻译标准。

教师在教学过程中，还需要让学生了解三种基本的翻译方法，即直译（literal translation）、意译（free translation）和音译。有的学生在学习翻译之前，只知道直译的方法，缺乏对原语言文化的了解，结果闹了笑话。例如，将 white lie 翻译成“白色谎言”。

（三）让学生从整体上把握英汉语言的异同

在翻译过程中，每个译者都必须将源语言与翻译语言进行比较。没有对比，就不可能产生优秀的翻译。例如，学生需要真正理解英语和汉语在词汇、情感色彩、句法、语法、时间、时态和段落划分等方面的差异。

我们经常看到学生把过长的汉语句子和长定语翻译成中文，这是由于他们不了解汉语句子一般都很短，而英语句子结构良好，一般可以更长。一些学生在翻译中文科技文章时使用了非常积极的语气。这是由于他们不了解英语的正式风格，有更多的被动语态来避免情绪化的色彩。还有：英语通常使用代词，而汉语喜欢使用实词；英语避免重复，而汉语倾向于多次重复；汉语修辞性强；英语句子强调“适应形式”，英汉叙述顺序不同。这些特点在英语翻译的过程中非常重要。因此，有必要对这两种语言进行对比，这对提高学生的翻译能力大有裨益。

（四）充分讲解技巧，不断练习翻译

教科书中通常会提到翻译技巧，应该多加练习，如加词、减词、重译、模式转换、分译、合译等。没有学过翻译技巧的人可以把 they are the girls who are looking out for the young officers of the American airforce 翻译成“他们就是那些望眼欲穿地等待从美国空军部队回来的年轻军官的小姐们”。这段文字显然太长了，分开翻译会更自然，也更符合汉语的表达习惯。

（五）不可忽视文化知识的学习

翻译不仅是一门科学，而且也是一门艺术。翻译所涉及的原语言和翻译后的语言在地理环境、历史发展、宗教信仰、社会习俗、思维方式等各个方面都存在差异。因此，学生要充分地了解翻译前后的两种语言差异，特别是文化差异，才能做好翻译。在翻译实践中，由于缺乏对两种语言之间的文化差异的了解，误译的例子比比皆是。例如，龙（dragon），在中国古代文化中象征着真龙天子。在现代中国文化中，象征着吉祥幸福，龙凤呈祥；但是在西方人的观点中，dragon 代表着凶残、邪恶和凶暴。再如，west wind，在中国文化中，西风多与秋天联系在一起，但是在英国文化中，西风和温暖的春天联系在一起，因为英国处于温带海洋性气候区，每当春天来临，象征着活力和生机的西风都会徐徐吹来。

总之，我们应该在实用原则的基础上不断完善翻译教学的内容，从整体上把握翻译教学的本质。翻译技巧和理论的教学应以通俗易懂的方式进行，避免理论教学过多、实践教学过少的现象。当然，翻译理论的指导作用也不容忽视。很多翻译的实践活动应该避免盲目无方向进行。同时，应重视跨文化交际能力的研究，让学生真正了解中英文两种不同文化、两种不同语言的本质。这样，才能更好地开展翻译活动。

第三节　英语翻译教学的课程设置与教材选用

一、英语翻译教学的课程设置

哪些方面能真正体现翻译专业学生的功能定位，达成翻译人才的培养目标，促进翻译专业学生的发展？翻译专业课程的类型、内容和分布至关重要。

《朗文语言教学及应用语言学辞典》中对于“课程”（curriculum）的定义有两层含义：首先，教学目标、内容、程序、学习方式、评估等方面的教学计划；

其次，课程的所有要素以及对教学方法和评估的系统检查。不同国家的教育体系下，对于课程和教学大纲的理解是不同的。在英国教育体系中，课程是学校或教育系统要实现的内容和目标，而教学大纲一般是指课程中包含的具体教学内容。在美国教育体系中，课程和教学大纲之间没有区别。在中国教育体系中，curriculum 一般译为“课程”，syllabus 译为“教学大纲”。当然，课程和教学大纲之间在学习水平和课程内容方面存在差异。从学习层次上看，“课程”更为笼统，而“教学大纲”则更为具体，可以根据不同的需求和目标衍生出不同的课程体系；从内容上看，课程包括教学的总体目标、规划、实施、评价和管理，而教学大纲则包括课程的具体目标、内容的选择和分类。

（一）翻译课程设置合理化、实用化

在市场经济条件下，社会对人才的需求是多元化的，而且注重学以致用。因此，人才培养在很大程度上受到市场的制约，根据市场需求适当调整，增加高校英语专业学生的翻译课时，并不是没有道理的，也不违背英语学习规律。各语言学校应根据实际情况合理调整课程设置。一般来说，英语专业学生的翻译课程可争取覆盖两个学年（第一年和最后一年），第一学年（第一年）包括普通翻译课程，教授基本的翻译理论和技能。经过一年的学习，学生将对翻译的一般原则、方法和技巧有基本的了解，对英汉之间的异同有一定的认识。在此基础上，可在第四年开设应用翻译课程，教授各种应用文体的翻译。由于使用的文体种类繁多，在一年的学习中详细介绍所有的文体是不可行的。教师在教授各种应用文体的翻译时，可以根据社会实际需要和学生的兴趣，注意适当的详略程度。例如，对于学生毕业后可能从事的商务翻译、科技翻译、广告翻译、新闻翻译、旅游翻译等，教师可以投入更多时间进行详细讲解，而对于学生毕业后不可能从事的法律翻译和政治翻译，则可以适当缩短课程时间。另外，由于许多英语学生的汉语水平不够，应增加一些选修课，提高英语学生的中国文化知识。良好的语言能力对语言学习和翻译有积极的传递作用。事实证明，如果没有良好的母语能力，英语的学习只能是浅尝辄止，缺乏深度，翻译作品的准确性和审美价值也会大打折扣。

（二）翻译专业本科生课程设置

通常来说，在高等教育中，英语学习课程分为职业技能、职业知识和相关职业知识三类，其中，职业技能和职业知识是必修课和选修课，相关职业知识为选修课。在学时方面，建议职业技能占课时 65%，职业知识占课时 15%，相关职业知识占课时 20%。此外，还要对必修课和选修课的课程进行规范，以赋予学生更多的主动性。

对于课程设置，本科阶段翻译学习的目标主要集中于：一是提高汉语和英语的语言水平，特别是基本语言技能和运用语言的能力。二是建立扎实的基础知识和基础理论，基础知识和理论主要分为汉英语言文学基础知识和基础理论、其他社会科学基础知识和自然科学基础知识三部分。三是掌握本科翻译的基础知识、基本理论和基本技能。例如，建议四年制翻译本科生应修读的基础知识课程包括汉英基础语法（包括词典和句法）、普通语言学（包括语言符号学专题）、比较语言学、语义学、文体与修辞学、语言学、文化（包括文化符号学）、一般美学、翻译与传播、翻译与信息技术。此外，还有翻译实践、翻译理论、翻译思想史等课程。

有学者曾尝试将翻译课程主要分为核心课程、必修课程、有限专业课程、选修课程和翻译实践五个部分，并提出构建以核心必修课程和有限专业课程为核心的体系结构。以素质教育为核心，以多元化素质教育为基础，以参与式、个性化教育为特征。这种分类虽然有利于教学管理，但重点更应该放在技能的培养方面。这一点在戴维斯对大学翻译教育定位的描述中可见一斑。一般来说，大学翻译教育的定位有以下几个维度：工具性使用（即熟悉现有工具和资源，特别是新技术）、预专业化（即介绍不同领域以促进灵活性和开放性）、适用于大多数语言的认知技能、从死记硬背翻译实践到反思实践、从实践到反思实践的转变以及向上流动的可能性。换句话说，学生需要培养认知技能、翻译技能、反思技能和使用技术的能力。在口译技能的培养方面，翻译专业本科生的口译课程应包括语言知识、百科知识和口译技能三部分，这三部分都应该包含到翻译专业本科生的口译课程中。

根据英语专业课程设置的经验，考虑到翻译专业的培养目标以及翻译专业较强的实践性特点，翻译专业的课程设置也可分为三部分，如专业技能课程、专业知识课程以及相关专业知识技能课程。各类课程所占比例分别为 65%、10%、25%，这与高校英语专业课程中的教学学时数成正比。比例略有调整，主要是因为一些相关技能（如心理素质、韧性、毅力、抗压能力）对于某些能力（如口译技能）的发展更为重要。总课时数可以参考英语学习的课时数，但是基础阶段（1、2 年级）的课时数比较大，学时数也比较多。高级阶段（3、4 年级）的比例相对较小。我们可以充分利用跨学科的师资和外部资源，为学生提供更多的听课和实践的机会。翻译技能和专业知识都有必修课和选修课，相关专业知识和技能课程是选修课，但有些选修课与必修课有继承关系，有一定的限制。例如，如果学生在大三学习了法律翻译入门，那么学生可以根据需要，在大四阶段学习高级法律翻译，以进一步加强在该领域的专业基础知识的掌握和运用。

（三）翻译专业研究生课程设置

虽然本书的研究对象并非是翻译专业的研究生，但是因为一部分高校的翻译专业是采用了本科学位模式，并且随着中国研究生教育的不断发展和完善，翻译已经成为一个热门专业，下面将简要概述开设相关研究生翻译课程的基本原则。

研究生教育的特点是教育目标的研究性和实践性、教育内容的多样性和综合性以及学习氛围的互动性和协作性。在研究生阶段培养翻译方向的高级译员体现了学术研究与实践的有机融合，但鉴于翻译方向的高度实践性，在研究生课程中应尊重适用性、发展性和多元性原则。

（四）对翻译专业课程设置的建议

翻译人才培养的质量部分取决于翻译专业课程设置是否合理。这是翻译教学中至关重要的环节之一。翻译专业的课程设置应该重点考虑翻译专业或不同层次的课程设置的科学衔接，借鉴国内外兄弟院校的成功经验。要明确三个不同层次的翻译专业学生的培养方案：本科课程以翻译实践为主；研究生的课程应该翻译理论和翻译实践并重，根据各学校的传统和特点，考虑课程是以理论为主还是以实践为主；博士生课程要以理论为基础，夯实理论知识基础。这些观点为翻译课程的设计提供了启发性的指导。

二、我国英语翻译教材现状及其发展方向

（一）我国英语翻译教材现状

1. 译论不足

理论来源于实践，总结翻译中的实践经验，并把经验上升为理论，以进一步指导实践，搞好翻译。但是有人提出“翻译理论真的能指导实践，指导出好的翻译来吗?”这是翻译理论的实用主义态度。认为不学理论也能实践的人，其实他们在翻译的潜意识中也有自己的认识，但是这些认识大多是经验性的，并未理性化、系统化，没有上升到理论的层面。

国内大部分英语翻译教材并没有系统的翻译理论介绍，整个教学过程的主体多放在翻译技巧上。即便有翻译理论部分，比例也较小。

2. 译例欠佳

翻译是一门实践性很强的学科，所以英语翻译材料必须是理论与实践相结合的产物。而这种实践主要是通过大量的翻译实例来体现。从某种意义上说，翻译实例是英语翻译教材的血肉之躯。如果它们做得很好，就会丰富教材的理论表述，使人信服；如果它们做得不够好，教材就会显得枯燥无力，如果错误太多，教材就会显得完全失败。例子可以用来论证翻译理论的可信度，证明翻译技巧和方法的实用性，并激发读者发挥自己的想象力和创造力。

3. 真实语境缺乏

传统的英语翻译教材的主要问题是试图通过单一的逻辑语言文字和静态的、机械的技能训练，使学生在所有的翻译实践中都能够游刃有余。有的英语翻译教材用聚合的或零散的例子代替原刊中典型的语言，使学生无法理解语境，对翻译内容的评价也不客观、公正。大部分练习是英汉互译的单词和句子，缺乏趣味性，只限于比较语言形式，不能激发学生的思考和探究。

4. 练习评析缺失

大多数英语翻译教材中的练习题有两种写法：一种附在教材每一章的后面，一般要求运用本章的理论和技巧进行翻译；另一种作为附录放在全书的最后，不指定任何理论和技巧，但要求理解书中所讲的内容，然后运用大量知识进行翻译。无论练习的形式如何，有些英语翻译教材直接将参考答案放在书末或教师用书中，不加注释，使读者只知其然而不知其所以然。例如，在商务英语翻译中，如果缺少对商务背景的注释而不加以强调，学生在阅读参考译文后仍是一知半解。

（二）我国英语翻译教材的发展方向

按教学目的来划分，翻译教学可分为三类：一是作为外语教学的补充，即翻译教学；二是以培养翻译人才为目的的翻译教学，即真正意义上的翻译教学；三是以翻译教学促进素质教育，即为未来不打算成为专业翻译的非语言学习者开设翻译课程。

英语专业本科生的翻译教学属于第二类，其目的是培养翻译人才，重点培养对翻译的正确认识和提高翻译技能。这种分类有助于避免翻译教材编写中的“一刀切”，更有针对性。

翻译教材的编写正逐渐向科学化、规范化的方向发展。随着现代翻译理论的日益成熟，特别是近二三十年来西方翻译理论的传入，翻译心理学及相关学科的各种理论被融入到翻译教材中，翻译理论指导翻译实践中的功能已变得越来越重要。毫无疑问，翻译教学几十年来沿用的加减除法组合教学内容，没有体现语言迁移的内在机制，只教如何翻译而不解释为什么要这样翻译，不利于学生理性地理解和掌握翻译技巧。“功能学派”和“翻译理论新学派”的出现从根本上打破了传统翻译教材的编写思路和版式，开始引导学生从“如何翻译”转向“为什么翻译”。因此，现代语言学为翻译研究和翻译活动提供了更加科学的理论基础。它有助于我们从语言学的角度解释翻译研究中的某些重大问题，这就包括语言之间的翻译过程、翻译过程中话语信息的传递、翻译过程中语言单元之间的对应关系以及翻译过程中的技巧意识。新的翻译理论有助于从总体上理解和指导语言翻译的教学，同时帮助学生对不同的语言有不同的认识，如语言之间差异的规律性，这样才能更好地进行翻译实践活动。从某种意义上说，对翻译结果的分析是对翻译的批判性研究。翻译批评不是一种主观看法，更不是一种凭感觉而来的感性认识，而是具有科学研究的性质，必须以翻译理论和相关的语言学、文学、文化理论为基础所进行的一种活动。这一尝试是在翻译实践活动中进行的，如可以根据不同题材、体裁挑选多篇原文，同时介绍两三个译本，然后进行批判性研究。

三、英语翻译教学中的教材研究

在我国的翻译教学中，翻译的材料大多来自于成语、谚语或俗语，有时甚至花更多的时间和精力去翻译那些被时间淘汰的词语，而且有些文学作品已经有了不止一个译文，教师在翻译（译文）教学中的选词比较单一，这样在教学时选择不同的词语也比较困难。在翻译材料的选择上，我们可以广泛取材，翻译不同难度、不同类型的文章，如政府工作报告、网站上的分类信息、报纸杂志上的广告，甚至是有难度的经典作品的翻译。语言是一个动态变化的过程，每天都有新的词汇产生。经典的翻译作品只能反映出翻译时的语言特点，随着时代的发展和演变，教师应鼓励学生用有效的翻译作品来挑战自己的课程，从而提高翻译能力。

（一）教材编写原则

1. 以学生为中心

任何时候英语教学都应以学生作为教学的主体，要想从根本上提高学生的英语水平，或者说是翻译水平，就要从学生的主体性入手，充分调动学生的积极性，将学生的主体性发挥到最大，才能有效提高学生的翻译水平。因此在编写教材的过程中要将学生的发展放在首位，教材的编写要突出学生的“学”而不是教师的“教”，这一指导思想要贯彻实施到教材完成的每一个环节。

2. 注意跨专业合作

翻译涉及人们生活的方方面面，因此翻译教学就要相应开设到不同的专业当中，再加上不同专业学生的英语水平参差不齐，教师在进行相应的翻译教学实践时要注意到这些，相应的教材编写时也要考虑到这些。首先教材在编写的过程中要对不同专业学生的英语水平有彻底的了解和判断，进入翻译教材的内容应在不同专业英语水平的知识范围之内，通过教师与教师以及教师与学生之间的合作，选择恰当的内容或题材进入翻译教材，尽最大能力提高学生的翻译水平。

3. 实用性

教材的实用性在一定程度上需要全面考虑大学生在现实生活中的情感、思想和生活经历。在进行设计时，教材编写人员要全面分析大学生在学习过程中的真正需求以及在将来工作生活中所需的技能，进而确保学生能够通过在校学习，真正获得一定的能力，在获取知识、掌握技巧以及提高使用能力等方面都获得比较显著的提高。

4. 知识性

教材的内容需要提供一些大学生真正感兴趣的东西，让学生能够在兴趣中得到知识的沐浴，学生在良好的兴趣指引下才可能进行认真的学习。

5. 多元文化性

越来越多的人开始注意到要想真正提高学生的翻译运用能力，一定要注重翻译文化的导入。很多教师也逐渐意识到单一知识的传授已不能满足大学生翻译学习的需求，学生进行翻译学习的最终目的就是跨文化交际，语言教育在很大程度上属于文化教育的范畴。

（二）翻译教学内容应适应社会需求，课程设置比例适当

在“语言知识与技能”模块中，英语专业院校在注重听、说、读、写综合能力培养的同时，应增加翻译课程的比例，增加翻译尤其是口译课程的教学时数。在翻译课上，教师应尽量使用与实际活动相关的材料。翻译教学不仅要传授传统的口笔译技能，还应适当引入翻译理论和翻译技能，提高学生的技能意识和转化能力，增强英汉内容对比，培养语言意识，融入实用风格的翻译，提高翻译水平。加强学科学习，培养学生学科发展能力，加大文化知识输入，培养跨文化意识，最终提高学生的语言技能和翻译能力。

第四节　英语翻译教学的发展趋势

一、英语翻译的发展脉络

改革开放之初，我国对于英语翻译的需求主要集中在国事外交的方面。中国要重返世界舞台，必须以一种开放的姿态示人，所以与西方国家走动日益频繁。无论是与别国正常的邦交活动还是招商引资，翻译工作在各种接待工作中发挥着沟通桥梁的作用。而对于那些在政治场所代表国家出席的同声翻译来说，首要的标准是准确。

随着强劲的经济发展势头，英语翻译工作的需求量在不断增长。翻译工作已不再局限于外交场所，中外合资、中外合作企业如雨后春笋般增长，使商务英语得以从普通的英语翻译工作中独立出来。商务谈判和商务合同使英语翻译工作专业性较之以往更强，翻译人员不仅要对英语本身有着扎实的基础，而且对于商业常用、专用的词汇及用语也应烂熟于心。

翻译工作在商事领域的活跃必然引起其在法律行业的需求。商务纠纷常常引起仲裁以及诉讼，这也要求翻译人员对于国外的法律规定、司法程序有所了解。因此，法律英语独立为翻译工作的特殊种类。以上三个领域中对于翻译工作的要求，不再像民国翻译家所要求的那般浪漫及富于美学色彩，这三种实务性极强的领域，对于翻译工作是以准确、规范、无歧义为首要标准。

正如上文所述的那般，商业社会的不断发展必然带来分工的不断细化，英语翻译逐渐变为一种手段，而不再成为一种目的性的工作。即人们现在更多的是借助英语这个工具，从西方国家学习某一种非英语本身的知识，来了解和发展其他行业。随着英语学习的不断普及，翻译工作也不再被小众所垄断，尤其是对于互联网腾飞的时代来说，大量的翻译软件的出现不仅危及到专业英语学习人员的工作机会，而且对于翻译工作的发展轨迹也会带来一定的影响。而为了使当下从事英语翻译专业的人更好地找准未来的职业定位，就必须对翻译工作的发展作出分析，找出影响其轨迹的几大因素，方能使个人沿着这样的道路找到自己的定位。

二、英语翻译教学法发展趋势

每种教学方法都是其时代的必然产物，它们的教学思维受到特定的语言和学习观的指导，并且每种教学方法都有其优点和缺点。部分教学方法起源于国外，并不完全适合我国国情，这就需要在我们的教学实践中批判性地吸收和使用。

（一）折中教学法及多种教学法综合运用

我们需要认识到，没有任何一种教学方法能够解决英语翻译教学中的所有问题，一种教学方法在克服一种问题的同时，又会产生新的问题。因此，国内外许多研究者和教师在实际教学活动中采取折中主义，采用多种教学方法，以充分发挥各种方法的优势，取得良好的教学效果。

针对我国英语翻译教学中存在的问题，研究者将语法翻译法和交际教学法融入到实际英语教学中，设计了阅读和听力课堂模式，结合了传统英语翻译教学和英语交际教学的优点，采用现代多媒体教学手段，培养学生听、说、读、写综合能力。

（二）传统教学法与多媒体技术相结合

随着现代科学技术的不断发展和更新，教学设备不断完善，语言材料不仅包括文字，还包括声音、图像、视频、动画等新媒体。这不仅使在课堂教学实践中使用各种语言材料教学成为可能，同时也对翻译教学提出了更高的要求。多媒体技术使得教师能在翻译教学过程中激发学生的兴趣，同时可以训练他们外语的使用和交流的能力；互联网技术的发展使学生能够通过网络获取大量的外语材料，增加语言输入；信息社会要求学生具备广泛的英语使用能力，这就需要不断调整教学方法，使他们能够更有效地学习和使用语言。

三、英语翻译教学中的自身发展

（一）翻译教师自身的职业素养

高校教师在大学中起到独特而重要的作用。因此，评价教师的标准也各不相同。

通常来讲，职业素养是指职业内在的规范和要求，是职业过程中表现出来的综合品质，包括职业信念、职业知识技能与职业行为习惯。职业信念是核心，包括良好的职业道德、健康的职业心态和主流的职业价值观意识。职业知识技能是职业素养的关键，是职业所要求的专业知识和相应的能力。职业行为习惯则是在职业从事过程中“学习—改变—适应”而渐进成为一种习惯性的职业综合素养。

高校外语教师在其教学过程中存在着各种问题，主要表现在：第一，职业道德。职业道德是高校教师职业素养的重要组成部分。在机遇与利益不断冲击下的高校教师，其人生的价值趋向现实与功利，无疑会影响其职业道德。部分高校教师缺乏敬业精神，仅仅把教学当作谋生的手段，热衷于提升学历与晋升职称；学术态度不严谨，甚至存在弄虚作假、抄袭剽窃的行为；育人意识淡薄，只是墨守成规地讲授知识，照本宣科，对于教育学生如何做一个有责任、有爱心的人却事不关己。第二，科研能力。科研与教学是一个相互促进和谐发展的整体。在教学中发现问题，通过科研来分析解决问题，研究的成果最终应用于教学，从而提高教学效果。但现实却是，很多高校的英语教师缺乏科研意识，忽视科研能力的培养，做科研更多的是为了职称的晋升。科研能力的欠缺导致很多高校英语教师失去了在教学过程中发现与解决问题的敏感性，沿袭传统的教学模式，缺乏相关的教学理论与理念的研究能力。第三，教育理念。虽然大学英语教学正在脱离应试教育的理念，在课程设置上也愈加偏重于语言综合能力的培养，但是，普遍的大学教师具有的只是教学意识或者教学任务，即如何全面而准确地将教学大纲规定的内容完成。而教育理念，则要求教师在讲授某门课程之前，即有明确教育的观点。缺乏这种明确的英语课程教学理念，英语的教育依然会停留在纯粹的语言学习的静止层面。第四，专业提升。要实现高校的内涵式发展，专业过硬的师资力量是必不可少的。学历结构合理的师资队伍有利于发挥群体力量和教师队伍的系统功能。当前高校外语教师普遍存在学历层次不高与人才培养方案不完善的问题。其中，硕士占主要比例，博士比例较低。在其他学科的教师纷纷读博的氛围中，英语教师尤其是公共英语教师在承担着繁重的教学任务的同时，只能望“博”兴叹。在非语言类别的综合性大学，英语尤其是公共英语作为基础教学的学科，一直处于边缘缓慢发展的状态。

那么，如何提高教师的职业素养？高等教育的人才培养、科学研究与社会服务的三大基本职能，最根本地依赖于与时俱进的高水平的师资力量，这也是内涵式发展战略的根本要求。因此，加强对教师职业素养的培养，提高其教学科研能力，是高等教育内涵式发展的必然要求。

第一，加强师德建设，提升教师的自身修养。首先，重视高校师德建设工作，完善教师管理制度。师德的建设关系着学校的精神追求、治学风格与文化氛围。可以通过开展多种行之有效的活动，如教学体会交流会，教研室教学研究活动等，提出师德建设工作的具体要求和目标，制定相应的教师管理制度和考核制度来不断提高师德意识及自身修养。其次，重视教师的自律和他律。自律和他律是提高教师职业道德的重要手段。对高校教师强调自省、自警、自励的重要性，使其从内心意识到良好的师德是立身的根本。同时，通过各种规章制度、行政监督与舆论监督等他律的手段方式，来对教师的师德进行监督。最后，适当提高教师的待遇，营造师德建设的宏观环境。社会和学校在教师的经济收入、社会地位等方面的提高，有利于逐渐形成尊师重教的良好师德建设氛围。

第二，敬畏而重视学术研究，在实践中不断提高科研能力。蔡元培先生提出："所谓大学者，非仅为多数学生按时授课，造就一毕业生之资格而已，实也为研究学术之机关。"从这个角度可以看出，大学的责任之一在于学习和传播真理，传承和创新文化。因此，对学术怀有敬畏之情，对真理抱有渴求之心，不断对未知的科研领域进行探索，试验和追求研究，是对高校教师学术方向的要求。

在高等教育内涵式发展的背景下，高校的英语教师要重视科研，培养科研的意识和习惯，学习如何进行学术研究和论文写作，关注和把握学术的前沿动态，将英语教学和科研相联系。在英语教学中发现问题，在学术科研中解决问题，并最终将研究成果应用于英语教学实践中，发挥科研的正面驱动力。如此良性循环，才能真正提高科研能力，促进英语语言的教学。此外，高校的管理者也要努力营造宽松的、积极而浓厚的学术氛围，发挥学科带头人的示范榜样力量，引导全校的教师积极参与科研，在公平公正的竞争机制下，促使优秀的科研人才队伍持续发展壮大。

第三，更新教育理念，在启发中将文化渗入语言教学中。教师的职责是传道、授业、解惑，如果仅仅是向学生传授知识，则背离了教师的基本职责。同时，教师的教学态度和专业水平也会对学生产生深远的影响。因此，教师应该注重自身的发展。在当今的教育生态环境下，教师应该考虑如何实现真正的自我发展，例如，树立正确的人生观和价值观，培养广阔的国际视野，不断发展个人兴趣，与时俱进，注重人际关系，与学生建立良好的师生关系，不断提高个人发展水平。

（二）学习者自身的发展

1. 学会建立良好的同伴关系

随着社会的发展和技术的演进，个人与环境的联系越来越紧密。人们生活在群体中，所以学生需要学会与同伴友好相处，学会与他人合作，培养团队精神和协作意识。

2. 学会与翻译教师和谐相处

翻译教师的年龄不同，无论哪种年龄段的教师都有其独特的教学魅力。作为学生，要尊重教师。尊师重道是中华民族的传统美德。学生对教师的尊重首先表现在课堂上与教师的配合，认真听讲、积极参与讨论、了解教师翻译技巧的要点。同时，教师要热爱学生、理解学生。不要一味地让教师适应自己，当对翻译的某一部分有不同或者独到的看法时，要礼貌而大胆地指出，从而在课堂上形成良好的教学和民主氛围，并且客观地评价教师的教学工作。

3. 本科阶段的学习者要根据自己所学做好职业规划

鉴于当今社会的激烈竞争，本科生如果想从事翻译工作，就需要下定决心提高自己的语言和翻译能力，积极完成教师布置的各种翻译作业，在课堂上和课堂外认真讨论翻译问题，积极参与各种翻译实践活动，从而在实践中不断运用课堂所学的翻译理论，提高的翻译水平。如果本科学生打算专攻某一领域的翻译，则需要在掌握一般翻译理论和翻译技能的基础上，多阅读涉猎该领域的书籍，以丰富自己在该领域的知识。除了解决教师布置的翻译任务外，还应该主动寻找相关领域的翻译实践，为今后的专业翻译打下良好的基础。总之，学生想要在竞争激烈的市场中找到自己的一席之地，就必须尽早规划自己的未来，并有目的地做好准备。

四、当今英语翻译教学的变化趋势

“翻译既是一门技术，也是一门科学，这一点在国内外的翻译界得到了广泛认可。换句话说，翻译是要靠教的，不是学了一定水平的英语就能自然掌握的。”①

（一）文化全球化对翻译领域的影响

文化全球化是一个过程，在这个过程中，不同文化群体的人相互包容和吸收，相互理解和认同，这为翻译人员跨越文化障碍提供了极大的便利。前面我们更多地讨论了翻译中的文化差异，根据动态互惠理论，“任何不熟悉的、不同的或‘其他’的东西都必须适应翻译语言和文化，以便被翻译语言的读者立即理解”。让我们换个角度来看，翻译的目的是促进不同文化的理解和同化，而不是外国文化的归化。文化全球化并不是要用一种文化来统一世界；每种文化都应该能够拥抱世界，而不是围堵世界。解释性翻译将是解决这一问题的好办法。一方

① 蒋莉．信息时代下的翻译教学［J］．湖州师范学院学报，2003（4）：34-36.

面，解释性翻译保留了源文化的独特性，这是不同其他文化的特色所在。另一方面，译语的读者能够理解外国文化，激发读者去更进一步学习语言之外的文化，从而促进不同文化群体之间的相互交流和相互理解。当然，不可能对所有具有文化内涵的词语都使用解释性翻译，但译者的任务是在翻译的过程中努力体现源文化的独特性，从而促进不同文化群体之间的交流和理解。

（二）教学资源的丰富、手段的多元情景

信息技术的发展和网络的发展使教学变得更加现代化、更加高效便捷，这也是技术和网络带给教育的便利，使之与时俱进。例如，在商务英语翻译的教学中，通过互联网技术可以快速获取商业世界的最新商业信息和动态，为商务翻译教学提供多元化的教育内容。教师可以根据学生的学习兴趣和学习目标的要求，利用这些信息和资源对教材进行补充和删除，从而丰富课堂教学内容，更好地满足学生的实际需要。同理，通过互联网，我们可以搜索科技、商业、法律、农业、艺术等各个领域的双语资料，这些资料可以作为翻译练习，弥补英语中信息的缺乏和内容的限制。学生还可以选择自己感兴趣的领域进行自主学习，为就业做好准备，实现“零适应期”。

信息技术的应用促进了任务型教学法的深入发展，使教学更加实用、也更加有针对性。翻译教学应该让学生在实际任务中了解工作环境，明确自己的职业职责，提高职业素质。培养学生完成任务和解决问题的能力及方法。在翻译教学中应用信息技术解决实际任务，有利于复合型人才的培养，教学成果可以直接体现在社会实践中。

交互式多媒体技术的运用创造了更加真实的教学环境，有利于提高学生的学习兴趣，达到学以致用的目的。学生不仅可以利用交互式多媒体技术创建高度逼真的基于互联网的虚拟工作环境，而且可以直接在模拟中工作，体验专业工作的不同方面，感受真实工作的风险和乐趣。教学方法和教学模式的改变有助于改变以教师为主的传统单一课堂教学模式。新的教学模式以现代信息技术特别是互联网技术为支撑，可以不受时间、地点的限制，进行个性化的自主英语学习。

（三）教师职能的转换

当今学生最大的特点是获取知识信息的渠道丰富、学生的思维积极而活跃。所以，仅靠教材知识的讲授已经很难满足学生的全部需求。翻译教师也要意识到仅靠教材无法取得良好的教学效果，更无法体现因材施教的教学特色。在过去传统课堂上，教师是主角，课堂内容由教师掌控，学生被动接受。现在通过互联网，在教师的指导下，学生可以设定自己的学习进度。以教师为主导、学生为主角的教学组织是当代教育界公认的现代教学理念。信息时代的教育 App 将音频、视频和文本信息融为一体，在一定程度上满足了学生的感官需求，激发了他们利用多媒体学习的兴趣。但是如果一味依赖高科技工具，用高科技媒体复制教学的各个环节，教师就会成为高科技的奴隶，扮演“播音员”和“讲故事的人”的角色，而不是教师应有的领导角色，从而影响教学质量。教师需要在利用网络和传统的课堂教学中找到一个合适的平衡点和位置，将课程与网络相结合，使得学习者在教师的指导和引导下，利用先进的网络和交互式多媒体技术进行有针对性、有目的的学习，实现个性化教学、按需教学的教学目标。

（四）英语翻译教学内容的变化

1. 由文学翻译为主转为各种实用文体翻译

受早期翻译文学流派的影响，我国传统的翻译教育以文学翻译为主，虽然文学翻译对提高翻译水平有帮助，但日常工作中对文学作品的翻译需求很少。对语言类专业毕业生的调查显示，学生毕业后大多从事与外贸、新闻、政治、旅游、广告等领域相关的工作，而直接从事与语言相关的文学或语言学研究的人较少。他们反映，毕业后在新的工作岗位上很难有顺利的表现，只能靠自己在实践中较长时间慢慢适应岗位。因此，我们不应该把重点放在文学翻译上，而应该把翻译培训与市场需求相结合。进入信息社会后，实用文体的企业简介、商务文件、产品宣传资料、产品说明、广告、新闻、法律、金融等方面的翻译需求急剧增加，翻译的实用性和工具性也越来越重要。在这种情况下，翻译教育应适应市场需求的变化，注重实用文体的翻译教学。

2. 注重对变体翻译的教学

根据保持原文完整性的程度，翻译方法可分为全文翻译和变体翻译两类。变体翻译是指译者根据读者的具体需要，采用扩展、选择、浓缩、完成、合并和转换等替代手段，将原作的基本内容或部分内容纳入翻译活动中。随着以知识经济为基础的信息时代的到来，不再需要对大量的信息进行整体翻译，传统的需要大量时间、人力和物力的全文翻译正在失去以前的主导地位，信息的爆炸性增长需要对原文进行压缩、提取和概括的变体翻译，以满足读者的快速阅读需要。这是提高翻译的时效性和充分利用国外信息资源的途径。国外一些高等院校已经意识到信息时代可变翻译的重要性，在翻译教学方面也做出了相应的调整。例如，加拿大渥太华翻译学院有一项考试，学生必须将一篇近 1000 字的外语材料翻译成

200字或300字的母语；康科迪亚大学也有类似的考试。然而，在我国的翻译课程中，很少强调可变翻译。在各种翻译考试中都没有类似的题目，翻译教材中也没有涉及翻译能力的培养。可以说，中国的翻译教育还存在着空白。这种状况需要尽快改变，否则，对于大量不断更新的翻译工作，我们培养的毕业生可能无法胜任。因此，翻译教师在培养全文翻译能力的同时，要注重培养学生的可变翻译能力，包括编译、摘译、译述、缩译、综述、述评、译评、改译、阐译、译写、参译的能力。

（五）教学过程的改变

翻译教师要有意识地去改变传统的翻译课堂的教学模式，将讲授知识和多媒体网络相结合，重塑翻译教师的角色和定义，同时充分尊重学生的主体性。在教学时间的分配上要改变传统的教师讲授、学生背诵的方式，利用部分时间重点讲授翻译基础理论和翻译技巧，把大部分时间留给翻译教学。

首先，教师应该通过计算机、投影等多媒体，将需要翻译的材料制作成PPT，让学生了解原文的背景，这样可以使翻译在传达原文的内容方面更加真实。

其次，教师要借助提问，对学生的翻译要点提出建议，使学生不至于偏离原文的主要意思。

最后，教师利用多媒体工具讲解课文的主要词汇，让学生更准确地理解原文，然后让学生阅读译文，着手翻译，从而培养学生的独立思考习惯，并随时准备回答学生翻译过程中可能遇到的瓶颈问题。翻译结束后，教师先批改学生的译文，然后将学生分成若干小组，以报告的形式让同学彼此交流对译文的评论，并形成自己的意见。教师可以选择加入某组或者某几组，参与讨论，并补充说明自己对译文的总结和评价。

（六）考核方式更加灵活

翻译教师可以通过建立微信群，QQ群，或者钉钉群等学习讨论群，发布在线学习的资源以供学生课后自主学习，同时鼓励学生在学习讨论群里分享自己的学习经验、翻译感受。这种做法不仅可以改善师生互动，也为教师提供灵活的评估学习效果的机会和途径。教师在职权范围之内，多考虑改变期末考试现状，引入灵活多样的考试形式。考试的形式可以是随机评价，即在课堂或课外活动中发现特殊情况时要求学生及时评价；也可以是一对一的评价，对学生的翻译活动或者翻译作业做出更有针对性的指导。教师也可以根据学生的年级、类别定期建立评价题库，并要求学生将作业提交到群里分享，以便课后检查学生的自主学习情况。另外，通过查看其他同学的翻译作品，同学之间可以互相学习、互相启发，互相借鉴，在讨论的过程中积累英语翻译的知识。同时，鼓励学生认真完成作业，通过与教师、同学的交流和自我评价来积累知识。

第五节　英语翻译教学研究的重要性和意义

高校英语翻译教学迎合经济全球化需求，为我国国际文化交流提供了专业保障。翻译是在准确、通顺的基础上，把一种语言信息转换成另一种语言信息的行为，并需要通过专业训练的特殊人才作为支撑。随着市场经济的繁荣，国内高校越来越重视英语翻译教学和相应的研究，同时进行人才培养和教学质量提升，且已取得了可观的成就。

立足新时代探析高校英语翻译教学理论与实践，不仅能推动英语翻译相关理论的可持续发展，而且能提升翻译理论与翻译实践之间的内部协调性，促进我国翻译理论和英语教育学科建设。此外，有助于了解、掌握、吸取先前高校英语翻译教学的实践精髓，反省其中存在的不足，完善新时代交互式英语教学与翻译体系构建，为跨文化交际大潮流下的英语教学与翻译工程的稳步发展，提供一定的理论支撑。

一、英语翻译教学的作用

（一）翻译有助于写作能力的提高

翻译特别是中英翻译，在中文向英文转变的过程中，学生会将自己英文中所学的词汇、语法、句型等全部调动起来，组合成最符合英语思维的句子和段落，这会极大地提高写作能力。

语言输入和语言输出是英语学习中必不可少的两个环节，翻译就是语言输入和语言输出的结合。语言输入是英语学习的基础，需要不断掌握英语语言的表达形式和表达习惯；而语言输出是对英语学习的巩固，不断地利用口头或书面表达的形式巩固语言输入的内容，并在输出过程中增强语言表达思维。

首先，输入是输出的基础，输出是输入的目的，有效的知识输入是更好地理解的关键所在。可理解性输入和有效的知识输入意味着从词汇表达、语法结构到文化背景都是英语学习者可认知范围内的。二语习得过程中，母语是第二语言习得的基础，母语思维可以帮助理解第二语言。因此，翻译作为两种语言转换的桥梁，在英语学习过程中扮演重要角色。先阅读中文，再阅读英文，会进一步加深对英文表达的理解，减轻读者的阅读负担。

其次，语言输入是不断积累的过程，需要输入更多的语言表达形式。不积跬步无以至千里，英语语言输入的过程也是如此。翻译能力的提升过程需要大量阅读英文文章，积累词语表达。另外，好的译文需要进行反复修改和精炼。

另外，加强语言输入的同时也要锻炼逻辑思维能力，一篇完整的文章可以体现作者的思维方式和逻辑条理，语言输入过程也是训练输出思维过程的方式。在不断的训练过程中，学生的写作能力得到提升。

（二）翻译教学有利于学生了解中西方文化差异

在教授翻译时，很多学生认为只要认识所有单词就可以做好翻译工作。结果，翻译出来的句子不流畅，无法表达意思。有些学生说他们知道句子中的每个单词，却无法理解整个句子的含义，这是因为文化背景和文化差异所导致的。因此，翻译不仅是一个跨语言的传递，更是一个承载着大量民族文化信息的过程。这就要求我们在从一种语言翻译成另一种语言时，要尽量将语言所体现的文化转移到另一种文化中。在翻译教学过程中，学生应该重视关于中西方文化差异的知识，不断学习、不断吸收，并在翻译中将文化差异充分体现出来，让读者能充分理解文化的不同，促进不同文化的交流。

不同的国家，在历史发展进程、地理位置、同一时期社会发展阶段、价值观、风俗习惯、传统、文学、宗教信仰等方面都存在差异。这会导致译者对原文的误解和译者词汇的空白，没有恰当的词汇或者相对应的语言来表达。由于翻译技能很难弥补文化的多样性，教师应该在翻译课上让学生对源语言和目标语言的文化有全面透彻的了解。

世界上任何一种语言，对于爱、恨、赞扬、批评等各种情感表达相同，但是表达方式却各有不同。因此，在翻译教学过程中，教师应该给学生多举实例，帮助学生们更好地理解中西文化。例如，在欧洲民间传说中，蝙蝠是一种坏动物，英语中的 as blind as a bat 和 as crazy as a bat 等习语就说明了这一点。而中国人认为蝙蝠是吉祥、健康、幸福的象征，这是因为“蝠”与“幸福”、“鸿福”的“福”同音。翻译教学必然会涉及文化问题，只要关注对方语言的社会文化差异，将翻译教学与文化教育有机结合起来，就能取得良好的教学效果。

（三）翻译可以提高大学生的阅读能力

英语的翻译过程可分为三部分，分别是准确理解原文、用译语正确表达原语言的含义、校对。准确理解是准确表达的前提和基础。在翻译教学过程中，在准确翻译原文的基础上，首先可以通过口头表达来衡量学生对文章的理解程度和准确程度，然后可以落实到笔译。例如，We believe，they died in search for a panacea to allay the winds of dogma and the gusts of revolutionary tendency towards a more peaceful，freer and more harmonious society。学生如果不能准确理解原文，大多会翻译成："我们相信，他们为了寻找一种万应灵药，以遏制教条的风气，防止革命的风暴，为实现一个和平、自由、和谐的社会而牺牲生命。"译文存在两方面的问题：一是对 winds 和 gusts 两个词的理解不准确，wind 在此处指的是 something that disrupts or destroys，这个用法在普通字典中很少提及；二是译文的定语过长，不符合汉语的表达习惯。可以尝试翻译如下："我们相信，他们献出了自己的生命，为的是找到一个无懈可击的解决方案，纠正教条主义和革命倾向造成的动荡和破坏，建立一个更加和平、自由、和谐的社会。"

事实证明，良好的阅读并且准确的理解是英语翻译的前提和基础。阅读理解可以促进学生培养良好的阅读习惯，提高抓关键词的能力和水平，帮助学生提高阅读效率，进而提升翻译的水平和能力。

（四）翻译对大学英语教学的帮助

翻译是一种语言活动，即用另一种语言去准确而完整地表达原语言的过程。大学翻译课堂上所使用的翻译方法绝不是逐字语法翻译，更多的是难词难句的翻译、脚本翻译和课文翻译，以提高并且检测学生对原文的理解能力和对译文的准确表达能力。在教学过程中，教师要努力拓宽学生的视野，帮助学生扩大知识范围，从而提高学生综合运用英语的能力。大学英语翻译教学实践性很强，只要教师引导得当，讲解一些具体的翻译实例，指出问题的本质，稍加推动，就能产生点对点、一对一的教学效果。

在大学英语课程中正确使用翻译，将有助于学生正确理解难懂的单词和句子，并有助于理解整体内容。在课堂上经常遇到这样的情况，当用英语解释一个单词或句子时，花了很多精力、词汇和时间，学生还是不知道该怎么理解。教师感到非常无奈，于是就用母语解释这个词，只是为了让学生能够理解。例如，单词"molecule"，它的英文解释是：the smallest part of any substance that can be separated from the substance without losing its own chemical form and qualities, and consists of one or more atoms. 这样解释，会花费很多时间，但学生还是会感到困惑。最好就说单词本意“分子”，这样学生就会立即明白。因此，翻译一些科技名词或一些难懂的句子来帮助学生理解是很重要的。应摒弃逐字逐句的翻译，教师要对难以理解的单词和短语进行阐述，尽量避免母语对外语的负迁移，这样有利于促进学生对原文的准确理解和精准翻译。

在教学实践中，通过使用翻译来检测学生对所讲解的内容的理解程度，尽可能找出学生的不足之处，对症下药，一一解决。目前。阅读理解的练习题以客观选择题居多，如判断正误题和选择题。学生即使没有什么理解力，也有可能猜对。根据这样的任务来判断学生是否理解，并不可靠。另外，翻译涉及理解和表达两个阶段，这意味着只有在充分理解文本的情况下才有可能正确翻译。举个例子，每次讲课前，从所教课文中选择一个句子或段落，用中文给出，要求学生在不看课本的情况下，根据自己的理解和所学内容翻译回英文，并要求他们口头表达。这种课堂训练不仅有助于提高学生的翻译水平和能力，而且对于提高他们的口语表达能力也有一定的促进作用。教师通过学生的翻译可以确定学生的理解误差所在，进而准确判断是语法错误、语境错误还是对语境的误解。教师和学生都可以从错误中学习，取得进步。

在翻译课堂上开展翻译训练活动，可以拓宽学生的知识面，同时提高他们的汉语表达能力和水平。翻译有时不仅需要字面理解，还需要广泛的语言知识。事实上，一个好的译者本身就是一部百科全书。肤浅的知识和很少的阅读量会让人觉得是个笑话。

适当的翻译教学活动可以使学生认识到自己的错误，从而记住正确的用法，并注意以后多看书，纠正自己的缺点。有部分学生汉语的基础比较差，翻译时受英语思维的影响，可能会出现语无伦次，词不达意的情况。对于这样的学生，教师在教学过程中，要给予他们更多的关注，有针对性地要求他们翻译一些文章或段落，并且提醒他们在英文翻译成中文的过程中注意中文的正确表达。这不仅会提高他们的英语理解能力，而且还会提高他们的中文表达水平能力。

二、翻译学研究的不足

通过对各种期刊的统计调查，我们不难发现，国内的翻译研究文章呈现出波浪上升式的发展趋势，每年都在增加。各级研究经费刺激了这一研究领域的发展，形成了稳定的研究群体，其研究成果被收集在重点语言类期刊和广泛的高校期刊中。研究热点包括翻译、认知、隐喻、关联理论、认知语言学等，其中隐喻理论和认知语言学对认知翻译产生了深远影响。自省式思维是主流的研究范式，实验性的实证研究明显不足。未来翻译的理论建构、研究方法的多样性和互补性以及研究范式的推广都期待着研究者的大量投入和承诺。相关研究摒弃了传统的理论—辩证研究范式，采用实证和实验研究方法，为该研究开辟了一条新的途径，为翻译理论的构建提供了一定的数据支持。但是翻译活动涉及译者的认知能力、认知风格和认知建构等诸多复杂因素，很多要素无法进行定量分析，因此，单纯以科学实验为基础的方法难免存在缺陷和不足。目前，认知翻译研究还存在一定的缺陷，如翻译理论建构之路漫长，研究方法强调内省思维而非实验证据，推动和发展这一研究路径的某些手段和形式等。

三、翻译教学研究的重要性

（一）交际与实证的崭新视角

语料库是一种语言的“原生态”。按照索绪尔的定义，它必然是一种话语。因此，从理论上讲，基于翻译体的翻译教育的研究视角已经从语言研究转向语篇研究，这从客观上要求翻译教育的内容必须是交际翻译。基于这一理论，翻译教育研究的主要内容应该是译者、原作者和译文读者之间的交流活动，这似乎更符合翻译专业的教育目标。随着数据库在翻译教育中的广泛使用，基于实证和统计的研究方法更加适合翻译教育研究，基于实证和统计的研究方法是语言学的重要发展。

（二）完善了翻译教学的语言学理论基础

基于语料库的研究方法的引入，为实践层面的翻译教育研究开辟了新的语言理论来源，弥补了基于语言理论的翻译教育研究的缺陷。在相对完整的语言学理论指导下，翻译教育研究在实践中会更加完善。首先，语料库为功能语言学的发展提供了有力的证据。以韩礼德为代表的功能主义的主要特点是强调语言的社会性，认为语言使用的功能是语言结构的最终解释。同时，语料库方法弥补了乔姆斯基转换性生产语法理论中的非理性因素。

在乔姆斯基的转换生成语法理论假设中，不需要对同一种语言进行语言学研究，而只需要探询自己大脑中的“语言直觉”。在他看来，语言是一种心理和生理现象，人们所说的话并不能完全反映语言的本质，最有利的证据是他们能说出自己从未听别人说过的句子。现在人们所说的叫作文本体，他认为，文本体是有限的，而语言是无限的；不需要文字，需要直觉。这种说法显然是没有道理的。乔姆斯基的转换生成语法理论有两个明显的弱点：第一，它否认语言的社会性，“直觉”毫无意义。语料库显然是社交的。同时，与“直觉”相比，语料库为研究人员提供了关于语言本质的更有效且有据可查的证据。第二，即使我们坚持以结构主义作为翻译教学哲学，回到以布朗恩菲尔德为代表的结构主义时代，语料库也将为语言异质性研究提供更广泛、更快捷、更有效的语言材料来源，使得研究成果更具有代表性和真实性。

四、翻译规范研究的必要性及意义

现阶段对翻译规范或翻译规律研究最常见的批评包括：“规范是研究者的一种假设，在翻译中是否真的存在值得怀疑。”有人质疑现阶段出现的翻译规范或翻译规律缺乏大量的文本语料库，因此其可靠性受到质疑。

怀疑是有道理的，但它们并不是避免研究翻译规范的理由。虽然规范不是客观实体，而是假设，但许多科学调查都需要假设，就像翻译研究需要假设和对假设进行反复测试以推动该领域的发展。目前已经发现的一些翻译规范或规律，虽然表面上看起来比较简单，但却帮助我们解释了许多长期以来我们所关注的、没有得到充分解释的翻译现象（就中国现代文学翻译史而言，它们可以帮助我们解决对清末民初以林洙、严复为代表的翻译家作品的评价问题，解释那个时期的翻译现象），这是对翻译研究的真正贡献。此外，其重要性还体现在三个方面：

第一，对翻译规范的研究提供了一个理论框架和工具来解释某些翻译现象。翻译规范概念的引入为我们提供了一个有力的解释，即为什么译者在翻译过程中使用这种或那种翻译策略，为什么他们会做出这种或那种决定。

第二，翻译规范的研究对实际翻译实践活动具有指导作用。翻译规范描述性研究的最终目的是建立翻译的一般规律，而这些抽象的一般规律本身就是可以用来指导翻译实践的规范。

第三，规范研究扩大了翻译研究的范围，为人们更深入地思考翻译现象并最终合理地解释翻译现象提供了基础。自 20 世纪 80 年代以来，许多研究者将规范的概念应用于他们自己的语料库文本研究中，解决他们所关心的问题。还有人将规范概念应用于文学翻译以外的领域，如同声传译的研究等。

我们相信，随着研究的深入，由此产生的翻译规则或翻译法将变得越来越全面，越来越具有解释力和指导性。

第三章　语言学与英语翻译教学的关系

在不断推进大学英语教学改革的背景下，英语翻译教学得到越来越多的专家学者的关注和重视，其教学效果和教学质量会直接关系到大学英语教学的改革发展。通过对我国大学英语教学的调查，结果显示翻译教学过程中还存在一些不足和亟须改进之处。

出现一系列问题的根本原因就是没有很好地研究和运用语言学的教学理论和教学规律。“鉴于此，我们务必要积极研究英语语言学，全力按照英语语言学的要求和发展规律，从价值取向、教学模式与方式、教学内容和目标、教学评价体系等方面不断推进我国大学英语翻译教学改革创新。”①

第一节　语言学在英语翻译中的作用

一、英语语言学的形成

英语对世界产生了巨大的影响，并已成为一种重要的语言。英国著名作家莎士比亚有很高的天赋，同时勤奋写作，磨炼自己的文笔，从而延续了文学成就。莎士比亚展示了英语语言的魅力，在他的写作中既追求文学的精髓，又追求技巧的自然运用，精确而微妙地表达了他的人物。在他的时代，莎士比亚的文学作品和他的语言风格不仅在宫廷贵族中流行，而且在普通人中也很受欢迎，这是他对

① 于斌．语言学视角下大学英语翻译教学改革析论［J］．才智，2014（22）：1-2.

社会语言心理学应用于英语的研究结果。

英语语言学始于16世纪末17世纪初，此阶段正是文艺复兴时期，其带来的科学与艺术革命也深深地影响了语言学的发展。在此阶段最为著名的诗人和戏剧家莎士比亚在语言的运用上可以说是开创了一种新的格局，其作品受到了皇室和普通大众的喜爱。也正是莎士比亚在文学巨著中所使用的英语语言，成就了英语语言学的初始。

到17世纪末18世纪初，对英语发展影响最大的莫过于英国的工业革命，尤其是当时发展迅猛的航海业，让英国的殖民地扩张到世界各国，同时也将英语语言带到了世界的各个角落，并对当地人员进行强迫性的语言学习，这也成为对语言学习的一种变相推动。18世纪中期，英语语言已经发展成为国际通用的官方语言。并且，在此期间，英语语言学的发展已经开始向理论方向发展，其理论体系开始逐渐形成。

19世纪，英语进入了“维多利亚时代”，拜伦—雪莱和其他作家把语言像星星一样带入了生命。英语的社会和文化功能被这一时期的作家们完善并重新创造出来。同时，语言的社会功能的影响又反过来促进了语言本身的发展，并有助于促进语言学习。这些杰出的文学家通过消除不合时宜的特征，促进了古典语言的发展。可以说，19世纪英国文学的发展意义重大，影响了整个英语语言的发展。波兰语言学家库尔德内曾经提出将语言学分为应用语言学和纯语言学。这一理论对英语语言学产生了深远的影响。

二、现代英语语言学的发展

一段时间以来，英语获得了前所未有的国际影响力，超过了法语，成为国际交流的主要语言。此外，英语已取代德语成为国际通用技术语言，并逐渐在国家教育系统中获得越来越重要的地位。因此，英语学习已成为世界各国日益迫切的需求。

由索绪尔所作的《普通语言学教程》在1916年出版发行，标志着现代语言学的建立。当然，从目前语言学研究的角度来看，索绪尔的思想还有某些不足之处，但这并不影响这部作品在语言学界的重要性。在这部作品中，索绪尔对语言、话语、共存和历史进行了深入研究和科学阐述，极大地丰富了语言研究的内容。乔姆斯基于1957年出版了《句法结构》一书，该书的出版在语言学界意义非凡。在这本书中，乔姆斯基表达了他独特的观点，即在人类的大脑中普遍存在着一种语言习得的机制，即人类普遍的语言能力。此外，乔姆斯基认为，要确定语言学研究的对象，就应该研究语言能力而不是语言行为。在乔姆斯基的努力下，语言研究领域走出了对语言内在属性的关注，而忽略了其他非语言因素的作用，随着这一思想的出现，语言研究将注意力转向了对语言的认识和使用。此后，各种语言学派和语言学家从不同的角度对语言进行了探索，对语言的认识也在不断加深。在这个发展和完善的过程中，语言研究一再打破思维的界限，因为语言学家更新了他们的思维，开辟了他们的研究领域，为人们更深入地研究语言打开了界限。今天，语言学研究真正进入了一个新的阶段，不同的学术流派蓬勃发展，语言学逐渐成为一门独立的学科，有自己的理论体系，以自己独特的方式为全球进步做出贡献。

三、语言学分类及其对大学英语翻译教育的不同要求

每种语言都有自己的发展规则和自己的学科体系。英语也不例外，其语言范围和要求也很多。

认知语言学以人类语言学习为基础，强调语言学习必须遵循人类的认知规律。这就要求大学英语翻译教学要尊重人类英语学习的规律，以组织教学内容和语境，设计教学方法和形式。

文化语言学立足于从文化角度研究语言，强调语言教学应注重语言背后的文化知识和文化背景的教学，这就要求大学英语翻译课程要注重向学生传授与解释英语和汉语中所包含的不同文化知识。

系统语言学建立在从系统角度研究语言的基础上，强调语言教学应注重语言学习的系统性。这就要求大学英语翻译教学应注重从系统的角度来培养学生的翻译能力。

社会语言学和功能语言学是以语言的功能和作用为研究对象的，强调语言教学应注重语言的社会作用和多种实用功能。这就要求大学英语翻译教学在教学内容和目标上要注重实践性，培养英语翻译的实用人才。

四、语言学在英语翻译中的作用

（一）深刻理解文本内涵

当语言学知识应用于英译时，译者要对文献的内容有深刻的理解，不能只根据文本语言文字的表面意义进行翻译，而应摆脱文本表面意义的误导。通常在英

汉翻译过程中会出现很多错误，造成这种现象的原因是源语言和目标语言之间存在很多相似的语义谬误，而这些语义的相似性在文化背景、社会制度和认知方式上的差异，使得一种语言中比较容易理解的内容和思想很难翻译成另一种语言。单词、句子和章节之间的矛盾与联系可以说是部分和成套之间的矛盾与联系。在翻译英语文学作品的过程中，译者不仅要有较强的语言能力，还要对翻译文学作品文本中的历史背景和典故有充分的了解，将其翻译成读者熟悉的典故和说法。

（二）以作者意图准确重构为导向

重构是英译过程中的一种手段，翻译的文本不应受到原始文献的限制，在重构过程中必须尊重原始文献。然而，原始文献和作者的意图之间存在着模糊不清的地方，一般来说没有对应关系。造成这种现象的主要原因是读者、译者和原作者之间在文化背景和生活经验上存在巨大差异。考虑到这些因素，英语文学的译者应该充分认识到作者和读者之间的文化差异，在翻译过程中适当地重构英语文学。文学是一种语言艺术，没有形式就没有艺术。艺术通过不同的媒介传递思想。特别是在将文学作品翻译成英文时，应最大限度地保留原文，使读者能够欣赏到其文学价值和艺术魅力。

（三）进行有选择性的翻译创作

在翻译英文文本的过程中，应充分利用认知语言学的概念及其创新。但是，在翻译官方和法律文本时，应尽量避免编辑文本的产生。在翻译这类文献时，应遵守严格、简明、清晰的翻译原则。适当使用文学修辞手法，同时保持原语言文字的传统风格，可以使翻译的英语文学作品更加生动。在翻译英语文学作品时，翻译的第一要素是适应主题，在使用修辞手法时，应服从于原文的思想和内容。修辞手法的使用应从属于原文的思想和内容。

第二节　语言学方向的英语翻译教学

翻译在课堂教学中是必要的，但不要否定交际教学法，如直接用母语进行听和说的教学，这也有很多弊端。如果只通过口头翻译来解释单词的含义，即使学生听懂了，也不一定能很好地运用。这是因为英语和汉语在语法上没有完全对应的关系。只讲用法，即使偶尔说对了，也不一定能理解这个词的真正含义，因为用法和规则也不是一成不变的。因此，在具体的教学过程中，既要讲解词义，又要讲解用法，在课堂上因地制宜，因时制宜，将翻译教学融入英语教学中，让学生真正掌握和熟练运用这个词。

随着各种教学方法（如直接法、听觉法、视听法、认知法等）的出现，语法翻译教学法逐渐被放弃，退出了历史舞台。翻译教学在第二语言的学习中起着不可替代的作用。特别是在那些很少用英语口语交流的地区，翻译仍然很重要。母语对外语学习有内在的负面影响，但它也能对外语产生重要的强化作用，必须扬长避短。在第二语言学习中完全放弃翻译教学既不可取也不现实；母语也是一种可以利用的资源。

语言学的发展为英语翻译教学的整体改革提供了一些新的思路和启发。同时，随着国家对外开放和对外贸易的发展，需要更多的英语翻译人才和英语翻译的实践教学。①

一、英语翻译中话语标记语的运用

本节以 well 语音标记为例，考察语音标记在英语翻译中的应用。

（一）well 的话语标记功能

语音词 well 是由副词 well 发展演变过来的，并经历了语法化的过程。其概念意义逐渐减弱，而语用意义则逐渐加强。well 作为话语标记，在英语会话中出现频率很高，具有多种话语功能，主要是辩证功能和人际功能。在话语层面，well 的功能是保持连贯性，减少话题变化等事件对连贯性的威胁。在人际交往层面，well 用作礼貌的表示，主要是“接受和认可”他人的观点和眼前的情况，即减少可能对听话人的面子造成的伤害和意见分歧等。

（二）语篇功能

话语起始语（Initiation Marker）：well 放在句首，开始一段新的话语。话语应答语（Reaction/Response Marker）：well 表示话轮转换，听话人变成说话人。话语分割标记（Frame Marker）：well 显示话题的转换，引入新的话语。话语结束标记（Completion Marker）：well 显示话轮的结束，采访告一段落。信息修正语（Repair Marker）：说话人为了保持语篇连贯，对话语的表意内容进行及时的调整和纠正，属于 well 的自我修补功能。

① 江婷婷．目的论视角下的大学英语翻译教学［J］．宜春学院学报，2010（1）：125-126.

（三）人际功能

延缓标记语（Delay Marker）：在没有准备好的情况下，用 well 作为拖延自己话语的手段，表明说话人对这个词的意义进行谈判和讨价还价，是一种假设，即说话人打算与听话人保持友好关系。

面子威胁缓和语（Mitigation Marker）：缓和面部威胁可以使语气平静下来，减轻说话者之前的话所带来的不适和尴尬，并减轻无礼的言语对沟通的潜在负面影响。

信息短缺标记（Insufficiency Marker）：要么表明回答者没有直接提供问题中要求的信息，要么表明所提供的信息只是答案的一部分。

根据 well 的可能语义内涵，说话者可以用 well 语音标记开始或结束对话，引入一个新的话题或新的话语转折，或者延迟讲话，修改讲话或减轻讲话引起的不适。

二、英语翻译中话语标记语 well 的运用

（一）汉语原文有话语标记语

关于什么是话语指示器，目前还没有明确的定义，但对话语指示器的功能有一些共识。因此，从广义的角度来看，我们把那些在词汇性质和位置上具有灵活性、不影响言语的基本语义、具有某种情感或表达功能、代表言语结构及其连贯关系的表达方式归为话语指标，并从所选文本语料库中总结出以下话语和人际关系的功能。

1. 语篇（话语结构）功能

（1）引出话轮。“那什么”，王二搓着手说：“我来看房，怎么进去呀，大门锁着呢。”

译：“Well, it's like this,” Wang Er rubbed his hands. “‘I have come to look after the house. How do I get in? The gate's locked.

语境：在《卡梅尔祥子》中，王二每句都以“那”开头，这是他介绍轮子的指标。

（2）接过话轮。冯子英先生被告知，他小时候曾和一位先生一起学习，即张友士。

译：Well, Feng knows a doctor named Zhang Youshi who was his childhood tutor.

语境：在《红楼梦》第十回中，整个宁国府都在为秦可卿的病担心。贾珍

提到，刚刚来探望他的冯紫英讲起的张太医可能有办法。

（3）结束话轮。罢了，你且去吧，我自有道理。

译：Well, you may go now. I think I now know what to do.

语境：《红楼梦》第三十四回中，王夫人结束与袭人的交谈，让袭人先回去，她已知道怎样处理好宝玉的事。

2. 人际（态度情感）功能

瞧瞧，骆驼祥子敢情也是三天半就吹呀，哼！

译：Well, well! So Xiangzi is one of those three-and-a-half-day boys too!

语境：《骆驼祥子》中祥子买车不成，想回厂上班，但又觉得没脸面，怕给大家当笑话。well 反映了说话人嘲讽挖苦的语气。

（二）汉语原文无话语标记语

如果我们比较一下英语和汉语，可以观察到，汉语（尤其是口语）使用标记的频率要比英语低得多，这是由于汉语的性质更加微妙和复杂。口头汉语经常有一些应该有话语标记的语篇，但事实上并不需要。相比之下，英语中的话语标记（尤其是口语中的话语标记）在识别上一个和下一个语篇的意义之间的联系方面发挥着重要作用，而不影响话语的真值条件。下面将结合所选的文本语料库讨论这方面的问题。

1. 语篇（话语结构）功能

（1）引出话轮。你们请我来做什么？

译：Well, what did you invite me for today?

语境：《红楼梦》第7回中，凤姐应邀来到宁国府，待秦可卿献完茶，凤姐便开门见山直入正题。well 充当话题起始语角色。

（2）话轮转换。我看他《塞上》一首，内一联云……

译：Well, take that couplet in the poem on the *Northern Borderland*...

语境：《红楼梦》第48回中，香菱对黛玉说诗的好处在于看似无理却有理。黛玉笑问：不知从何处见得？香菱接过话头，举例说明。

（3）话题转换。“男大当婚，女大当嫁，你六十九了，白活！这不是当着大众”，她向四下里一指，“咱们弄清楚了顶好，心明眼亮！”

译：“A full-grown man takes a wife and a full-grown woman wants ahusband-that's only natural. Yet here you are, sixly-nine, and you don't know that! Well, I'm not saying this for them,” she pointed to all the on-lookers. “It's just as well to get things clear, so that we know where we stand."

语境：《骆驼祥子》中虎妞为了和祥子一起生活，同父亲刘二撕破脸皮，well 转入新的话题。

(4) 话轮结束。你既说不好吃，这会子说好吃，也不给你吃了。

译：First you don't like it, now you say it's delicious. Well, I shan't let you have any more.

语境：《红楼梦》第 35 回中，宝玉低声下气向玉钏儿赔笑，玉钏儿却不领情，不想再搭理他，well 表示话轮的结束。

2. 人际（态度情感）功能

(1) 表示迟疑、犹豫。少年曰："亦烦寄告：假惺惺勿作态。"

译："Well, let me trouble you to give her this message," said the youngman, "don't give yourself airs."

语境：《聊斋志异》之《侠女》篇中，因少年所言有烦扰对方之意，所以添加 well 一词表示语气的缓冲。

(2) 表示劝阻、反对。此时已晚，奶奶才进了药歇下，不便为这点小事去絮叨。

译：Well, it's late now and my mistress has just taken her medicine and gone to bed; we mustn't disturb her again over such a trifle.

语境：《红楼梦》第 61 回中，五儿因无辜受冤而到凤姐处说情，平儿不想惊动凤姐，让她明天再来理论。well 充当话语策略语，弥补拒绝行为带来的不愉快，使听话人更容易接受说话人的建议。

(3) 表示妥协、让步。骗钱，他已做惯；出卖人命，这是头一遭。

译：He was used to cheating for money, but selling a human life, well, that was the first time.

语境：《骆驼祥子》故事最后，祥子结局凄惨不堪。为了谋生，他不得不昧着良心干各种坏事。well 充分体现出他不得已而为之的感慨。

(4) 表示责备、怪罪。你那爹在家怎么教你来？打发咱们来作煞事的？只顾吃果了呢？

译：Well, what did your dad tell you? What did he send us here for? Was it just to eat sweets?

语境：《红楼梦》第 6 回中，刘姥姥初进荣府，对凤姐低声下气道：家里没吃的，又冷，只能带了你侄儿投奔你。并骂板儿不懂事，只顾吃。

（5）表示惊异、感叹。天下真有这样标致人物，我今儿才算见了！

译：Well，this is the first time I've set eyes on such a ravishing beauty.

语境：《红楼梦》第3回中，黛玉初到荣国府，拜见各位亲戚长辈。王熙凤携着黛玉的手，上下细细打量，一个劲地向贾母称赞。well一词透出说话人的惊讶与感叹，也充分显示了王熙凤善于察言观色、机变逢迎。

（6）表示揶揄、嘲讽。祥子……对着那个人问："出去说，你敢不敢?"

译：He persisted，"well，does anyone have the guts?"

语境：《骆驼祥子》中祥子嘲讽来的人只敢说，不敢做，没出息。

三、语法翻译教学

语法翻译法创造了外语教学中使用母语的理论，成为语言教学史上最早的教学体系之一。它的出现为建立一个独立的外语教学科学体系奠定了基础。语法翻译法是最古老和最广泛的外语教学方法之一，但它并不是不可改变的。为了完善强调语言知识传授而忽视口语教学的翻译法，出现了故意对比法。刻意对比法继承了翻译法中"以语法为基础"的方法，通过让学生关注语言形式本身，将外语与母语进行对比来发展对比。认知法以翻译法为基础，强调对句子结构的掌握，克服了翻译法的极端化和单调性。它还利用了其他教学方法的优势，发展了翻译法。因此，认知法也被称为新语法翻译法。

语法翻译法经过修改后，仍以各种形式在现代世界流传。时至今日，它仍然是许多学校的标准语言教学方法。语法翻译法自诞生以来，已经从注重词汇和语法演变为"以文本为基础，读、听、写、说齐头并进的方法"。到了20世纪中期，语法翻译法已经发展成为一种基于当代学科研究成果的现代翻译方法。

当学习一门语言并试图快速理解其整体规律时，人们常常从语法着手。这是因为语法是表达语义的各种规则的抽象的集合体。它是从具体的词语和句子提取出普遍的通用规律，并且将其抽象化，这就构成了词语变化和用词造句的基础。语法是语言一般规律的总结，那么不同的语法之间是否有相似之处呢?答案是肯定的。

英语和汉语是当今世界上使用最广泛的语言，它们在某些方面应该是相似的，并且可以成为帮助学习彼此语言的工具。笔者将在下面详细讨论这一点。

我们需要关注汉语和英语的语法之间的关系。汉语和英语一样，同样存在主谓宾、动词、名词和形容词等。例如，“孩子们喜欢美丽的花”。翻译成英文就是 The children like the beautiful flowers. 在这句话中，汉语和英语的主语分别是“孩子们”和 children，谓语动词是“喜欢”和 like，宾语是“美丽的花”和 beautiful flowers。动词、名词和形容词显然也是相同的，汉语和英语中用来修饰名词的定语部分，都是形容词“美丽”和 beautiful，二者一一对应。在这种句子结构相同的情况下，可以用汉语来分析英语，反之亦然。但如果两种语言之间存在差异，就不能用该语言的语法来分析另一种语言中的语法。一般情况下，课堂上英语语法讲授的相对来说比较多，汉语语法讲授的比较少，因此学生更熟悉英语语法一些。用语法知识分析问题很容易，用英语语法知识分析中文句子也很容易。例如，英语中的 a red apple，a 是冠词，而中文则没有冠词。所以我们要关注汉语语法和英语语法的区别。

下面笔者来详细介绍一下二者的差异。

词性存在差异。首先，汉语名词有方位词，如“里、外、上、下、前、后、左、右、中”等，在英语中有的方位词成为介词，有的方位词成为形容词。因此，当我们看到汉语方位词时，我们不能说它是介词或形容词。另外，很多汉语动词后面都可以跟“着、了、过”，所以很容易认为“着”是现在时，“了、过”是过去时的意思，但汉语的“着、了、过”并不意味着“时态”。“他前天看着电视还织毛衣呢。”“他明天看着书的时候会想起我的”，这里的“着”与时态中的过去时和将来时无关。其次，句子成分不同。汉语可以分为六种句子成分，分别是：主语、谓语、宾语、补语、定语、状语。最后，句型不同。英语中当然也有一些非主谓句，如 Wonderful!，但这样的句子并非占多数。汉语中非主谓句很多。汉语还有大量由各种短语组成的非主谓句，如“吃饭了。”“你这个小鬼!”“看看你!”“刮风了。”等。要用英语表达这些含义，需要使用一个完整的主谓宾的句子。更具体地说，汉语中有一个主谓语句子。“他脸色苍白”，“这个男人的头发很长，”“这里大多是来自美国的学生”，这些句子都是由主谓短语来作谓语的。在英语中，这种句子结构是无法表达的。

以上例子是为了阐述汉语的语法和英语的语法的异同。更广泛、更细致的异同的比较，还需要在不断学习和研究中探索。只有了解了这些异同，我们才能在以后的中文或英语学习中使用，达到事半功倍的效果。

语法翻译是一种传统的外语教学方法，是在母语翻译人员的帮助下，通过语法解释和翻译练习来教授外语。翻译是重要的教学工具（尤其是翻译句子时），也是重要的学习目标。在课堂上，语法解释和翻译练习是相辅相成的。语法翻译法注重培养学生的阅读和翻译能力以及记忆语法规则和词汇。然而，随着科学技术的发展和各种心理学、语言学理论的出现，传统的语法翻译法受到了理论界的批评和否定。

支持适度运用翻译教学的人现在已经充分认识到，传统语法翻译的方法虽然存在过分强调语言知识传授、存在忽视交际能力培养的弊端，但也具有使用方便、教学易于控制的优点。流程直观，控制方式直观，教学效果快捷。它可以培养学生的阅读能力，促进对目的语的深入理解，帮助学生巩固知识、打好基础、掌握语言结构，从而促进语言学习。

翻译教学中，各种教学方法的合理运用，包括在任务型教学的基础上，重点分析比较汉英结构和表达方式的差异，并从文本中选取有代表性的例子，找出其内在规律。翻译教学还可以引入文化知识，因为一定的文化知识有利于提升语言能力。

语法翻译的教学方法，更注重阅读技巧和理解能力的提高，而翻译教学则更注重阅读和表达。语法翻译强调书面表达，而翻译教学则兼顾书面表达和口语表达技巧。语法翻译法强调语言本身的翻译，比较容易忽视了文化、语言环境和体裁等因素，过分强调语法结构和以教师为中心的教学。这与以学生为中心、采用多种课堂交流方式的翻译教学方法和注重分析归纳的翻译实践不同。因此，这两种方法不能轻易等同或者否认任何一方。除了在英语课上适度使用翻译外，教师还应加强学生课后练习，及时分析学生的错误。一定时间的积累和适量的翻译练习一定会促进学生更好地理解英语翻译的基础知识和必备能力。

四、语法翻译法与交际教学法的综合运用

（一）交际教学法的产生与发展

一种新的教学方法的出现，一般可以归结为以下三个原因：第一，社会的新发展会对英语教学提出新的要求；第二，旧的教学方法已经暴露出其不足和缺点，人们不得不寻找替代方法；第三，语言学、心理学等相关学科的快速发展在一定程度上促进了新的教学方法的出现。在这个全球经济和文化一体化的时代，不同国家的人之间的接触越来越多，在这个特殊的时代，现在学习英语的目的是为了交流、沟通和传递信息，而交际教学法就是应时代的要求而产生的。

交际法最早出现于 20 世纪 70 年代，当时以英国为中心的欧共体（European

Economic Community，EEC）决定为了改善国家间的交流与合作，有必要强调英语作为一种交流手段。因此，建议对共同体成员国的英语教学进行改革，首先制定一个共同的英语课程，设计共同的教材和英语考试标准。经过 100 多位专家三年多的努力，欧洲国家使用的主要语言课程，即入门阶段、作为英语的初学者英语和威尔金斯的思想课程被开发出来，标志着交际法的出现。

（二）对学生能力的要求

“听、说、读、写”应在高等教育的发展阶段得到全面发展。在语言技能方面，要求完成大学的学生具备英语的初级技能，重点是听和说，能够阅读一定要求下的词汇量的短文，理解大意和检索关键信息，用规范的文体写文章，能流利表达自己的观点。教师在教授英语时，教师应仔细考虑，使用灵活、适当和有效的教学方法，以适应学习者的特点，从而帮助他们实现英语学习目标。

（三）交际教学法与语法翻译法的比较

1. 交际教学法

英语课堂中的交际教学法是以交际需要为目的和主要内容的教学方法。在交际教学法中，教师根据教材内容或者教学计划，有目的地设定或者构建某种具体的生活交际的情景，引导学生进入这个场景，体验不同角色，在体验角色的过程中要充分使用语言，不仅让学生沉浸在特定的情景中，而且能更好地理解教材内容，完成教学计划。英语课堂的交际教学法能让学生享受交际中语言的工具性作业，体会语言是交流的工具，不再纠结于某个词或者某个语法的正误，提高学生学习英语的积极性和乐趣，从而提高英语的综合运用能力。

英语教学中的交际教学法对于教师提出了更好的要求。交际教学法需要教师设计出不同的交际情境，运用各种手段和技术，如图画演示、实物演示、语言描述或者音乐渲染等。各种交际情景的设置都是为了让学生能够在情境交际中不断地输出语言，遇到问题要自己分析解决，锻炼了学生的自主解决问题的能力。

2. 语法翻译法

语法翻译法是在英语教学中一种非常传统的教学方法，是通过对第二语言的翻译，翻译成学生熟悉的本族语，同时通过语用语法讲解与练习，从而理解第二语言的一种教学方式。

传统的语法翻译法在教学流程上大致可以分为如下的步骤。首先，讲解词汇，教师会通过对词汇的词性和词义的讲解，举例让学生理解词汇的运用场景从而加深对词汇的理解。在低年龄段，教师还会重视单词的音标的学习和认读，以便以后学生能独立认读音标，朗读单词。教师会强调对单词的背诵默写，要求学生熟练掌握每一个新词，以期在后期的课文学习中能顺利进行。其次，课文的讲解。教师会逐词逐句地讲解课文，分析里面涉及的词语的用法，固定搭配和相关语法，会要求学生能够熟练地朗读课文，从而巩固所学的词汇和语法。最后，通过作业巩固所学知识。教师会布置相关作业，通常是对课堂讲解内容的巩固复习。

语法翻译教学有其优点。语法翻译教学法，通过翻译成母语的这个过程，使学生能更好地理解英语中的句式结构和作者所要表达的观点，能够进一步培养学生的理解和翻译能力，加深对通篇文章的理解，提高课堂的教学效果。通过语法翻译教学，学生能扎实地掌握基础语法，在英语输出过程中，无论是口语输出还是写作输入，其词汇和语法的准确率都会进一步提高。同时，在阅读的过程中，因为对词汇语法的扎实掌握，对翻译技巧的熟练，都能对学生的阅读理解起到一定的促进作用。从考核教学成果的角度来看，语法翻译教学相对比较容易测试出学生的掌握程度，有利于教师对课堂教学的进度把握和学生对知识的掌握的大体了解。

当然，语法翻译教学也存在缺点。语法翻译教学过多强调词汇语法的教学，将过多的精力集中在书面语上，对于语言的理解本能性地先翻译成自己的母语再去理解，没有抓住语言的本质在于使用，忽视了口语的教学，使得一定比例的学生的英语最终成为“哑巴英语”。过于依赖翻译形成的本能去翻译，不利于培养学生的外语思维，在英语表达方面也会潜意识地先形成汉语思维，然后再翻译成英语去表达，这就是所谓的中式结构英语，虽然基本能够表达自己的观点，却存在表达不地道的问题。同时，语法翻译的教学方式占据了大量的课堂教学时间。大部分的语法翻译教学的课堂，都是教师在讲解，学生在听讲，学生表达交际的时间较少，表达交际的意愿不强烈，就会出现课堂气氛不活跃，学生的课堂参与度较低的情况。语法翻译教学法带来的另外一个问题是，脱离实际使用语言。很多教材的内容更新较慢，所学内容与信息时代下不断更新的内容有一定的差距和脱节。这会导致学生脱离实际生活，所学内容在实际生活或者交流中无法使用。另外，语法翻译教学对于学生的学习热情和信心也是有一定影响的。因为教师的权威性的存在，学生被动接受教师传授的知识，无法激发起积极主动学习的热情。

（四）语法翻译教学法和交际教学法在英语教学中的结合运用

使用语法翻译教学法能夯实学生的语法基础，提高学生阅读、写作和翻译能力。帮助学生们掌握基本的语言技能。受到英语教学不断改革的影响，现在的语法教学法也在不断地改进和创新。现在的语法教学法在英语教学中，逐渐由原来以教师为主体转向以学生为主体，尽可能地激发学生的课堂参与度和积极主动性。

但是语法翻译教学法有其局限性和弊端。语法翻译教学法和交际教学法如果能融合在一起，发挥各自教学法的优势，则对英语教学有着巨大的推动作用。交际教学法的核心就在于创造各种不同的情景，能充分调动学生的积极性，通过学生之间的交流来使用第二语言，促进口语的表达。交际教学法能促进学生语言的输入，为了更好地在情境交际中的输入，学生需要大量学习吸收语言，为输出做准备，这就由被动接受转为主动学习。交际教学法能促进学生语言的输入，交际的过程就是不断输出的过程，锻炼了学生的口语表达能力，夯实了词汇和语法基础，促进学生积极用英语思维来思考、来表达。

1. 简短报告

简短报告，是指学生上每次课根据特定的主题做一个相关的主题陈述，通常来说，时间把控在 3~5 分钟是最佳状态。教师提前根据教学内容，选择相关主题，通知学生，让学生根据这一主题，从任选角度来陈述自己的观点。学生准备的过程就是一个积极参与、锻炼自我的过程。首先，学生要有明确的观点，这对于学生的思辨能力和辨别是非能力的培养都是有益的。其次，学生要将自己的观点用地道的英语表达出来，这将充分利用所学的英语词汇、语法和句式结构等，锻炼学生的写作能力。最后，学生在做简短报告的过程中，锻炼了自己的口语表达能力，其他同学倾听的过程也是学习的过程。学生陈述报告后，教师可以根据报告来点评，也可以让其他的观众同学参与点评。教师可以通过几个引导性的问题，带领同学对于陈述的问题进行讨论，从而将同学的个人简单陈述转变成全班同学积极参与的讨论，这对于课堂气氛的活跃有着积极的促进作用。

2. 就实际情况进行提问

教师可以在每次上课之初，就有关的现实生活、国内国际的热点问题或所教内容的相关问题，让学生积极参与回答。师生之间的这种交流不算是真正的双向交流，更多是对某一现象或者某一观点发表自己的看法，但在某种程度上它也促成了交流，因为它服务于交流的目的。当教师提出问题时，教师必须了解语言的情境性质，必须教学生如何正确地发起对话，如何在什么情况下称呼谁，如问候、赞扬、道歉和邀请，如何鲜明地表明自己的观点，如何礼貌地驳斥其他同学的观点等，这些是沟通最基本的要求。

3. 把交际教学法运用到语法教学中

教师将所要传授的内容与情境联系起来，让学生进行交流，将更有利于学生的接受和记忆。

教师以现实生活中的现象或者观点作为导入，激励学生积极参与，让学生清晰而及时地表达自己的观点，体现了语法教学在翻译课堂中运用的生活化、实用性，从而提高学生参与学习过程的积极性。

除了以交际的方式引入语法点外，教师还应组织各种精彩而又有意义的交际活动，帮助学生巩固知识。

4. 把交际教学法融入课文讲解中

英语课程分类繁多，交际教学法可以融入到各种英语课程中，如综合英语课程、英语翻译课程和英语口语课程中等。以综合英语课程为例，在《新视野大学英语》第二册中有一篇课文是关于代沟的问题。这是普遍存在的一种社会现象，学生对于代沟的问题感受比较直接和深刻。所以在讲解这一单元的时候，可以采用交际法来拓展关于代沟的问题，拓展问题可以集中于：代沟是如何产生的？作为孩子，应该如何解决代沟的问题？有朝一日，我们成为父母，又该如何解决代沟问题？教师可以设置多种情境，让学生来表达自己的观点。例如，可以通过话剧表演的形式，这会激发学生自创剧本，锻炼了写作能力和创造故事中的矛盾冲突能力。在话剧表演的过程中，学生的口语表达能力也得到了进一步提高。这样通过综合英语一门课程，全方位多角度地锻炼和提高了学生的综合英语能力。

五、适度运用翻译教学法与任务型教学法

翻译教学法是教师在授课中采用的一种总体的教学思路和具体的教学方法。翻译教学法比较符合当前我国的大学英语教学的实际情况。全国各地的学生在中学阶段所接受的英语教学不同，迈入大学后就会出现同一个班级的学生英语基础差异比较大。在这种情况下，在英语教学课堂上，适度使用翻译教学法是比较符合实际情况的，也有利于部分英语基础薄弱的学生能借此夯实英语基础。

任务型教学法是教师根据特定的学习目标，设计出具体的任务，学生通过交

流、表达、辩论等多种形式来完成这项任务，最终达到掌握特定的知识，完成特定的教学任务的目的。任务型教学法通过学生参与体验的学习方式，让学生在完成具体的任务过程中，不断提高语言的应用能力。任务型教学法没有沉重而被动的学习压力，给学生的感受更像是在玩，恰恰是这种“学中玩，玩中学”的模式，带给学生更多的动力和热情，激发了他们学习的积极性，是一个值得推广的比较先进的教学理念和教学方法。

任务型教学法的优点也显而易见。任务型教学法能完成多种教学活动，并且活动涉及的学生面较广，知识点比较多，能让更多的学生在更广阔的知识范围内积极吸收有益的内容，从而锻炼了学生的综合英语的运用能力。在任务型教学法驱动下，每个学生都会积极参与，主动思考，独立准备或者小组准备自己的观点，对于学生良好的学习习惯的培养也是有着积极的作用的。

六、情境教学法的运用

情境教学法最早出现于 1950 年，又称视听教学法，即教师在教学过程中，根据教学内容添加或创设一定的情感色彩和生动的具体场景，以激发学生的学习兴趣，从而培养学生的英语理解和表达能力。

情境教学法主要利用多媒体、图像、物体、故事、音乐和肢体语言等，创设与教学内容相关的教学情境，更好地激发学生的想象力，帮助学生理解和掌握特定的知识和技能，以实现表达、行为和情感的统一性。

由于情境教学法更注重培养学生的听说能力，所以其与其他教学方法不同的一个特点是，在课堂教学中不能使用中文。情境教学法在英语教学中的优势在于：首先，它可以让学生从形象的感知中获得启示，在真实的情境中实现抽象的理性；其次，它可以激发学生的学习兴趣和热情，使学习成为自觉主动的活动，学生敢于主动表达。

随着经济的持续稳定增长，中国经济快速发展，中国的国际形象和国际威望及影响力也得到了极大的提升。特别是在“一带一路”倡议下，企业与国外合作交流的机会越来越多，随着经济的全球一体化，对外语商务人才的需求也不断增加。根据市场需求，许多大学都开设了商务英语专业，培养德、智、体、美、劳全面发展，具有良好的人际沟通能力和团队精神，具备扎实的英语和语言沟通能力，熟悉商务法律法规，掌握国际商务所需的基本理论知识和技能，对国际商务环境有较好的了解的学生。

在见习方面，培训计划和方法往往与雇主要求的技能和标准不匹配。因此，除了进行宏观和市场研究，在微观层面建立学校和企业之间的合作平台外，作为教育工作者，我们还应该在课堂上建立、创造或回归模拟类似的社会情境进行实践体验式学习。在这样一个小群体的小社会里，情境教学法对磨炼学生的专业技能和职业培训是有效的，也是必要的。

第三节 英语翻译过程中的语言学模式

一、翻译语言学模式的发展历程

中国从20世纪80年代开始对语言翻译模式进行研究。在此之前，翻译被归类为文学领域，这使许多学者认为，在翻译过程中，译者应该将原文置于文化语境中进行翻译。当时这种翻译方式占主导地位并被广泛使用，它被称为语言模型。采用这种模式的翻译活动受译者文化认知的影响，翻译的效果和质量不可避免地受到译者认知和文化水平的限制。在翻译过程中，译者的主观色彩会强烈地体现在文本中。

20世纪80年代初，中国翻译理论家开始借鉴西方语言学派的现代理论，从语言本身的角度来研究翻译。我们知道，无论何种语言要想在交流和传播中发挥作用，语言之间的结构都有一定程度的相似性。从这方面来说，我们可以在翻译过程中顺着这种相似性找到原文与译文的重合点，尤其是语言本身的言语、句子的构成以及段落的含义都有明显的规律性。通过在翻译过程中寻找原文与译文之间的规律，既可以达到翻译的准确性，又可以适应翻译对象的认知习惯。这种以语言科学和规律为基础的翻译方法自诞生以来就受到了中国翻译界的高度重视和认可，并逐渐开始形成自己的本土理论。传统文化翻译，即语言文学翻译，是建立在一种受文化水平和译者自身认知水平限制的文化认知之上的，翻译具有很强的随意性和自我理解性，是一种不稳定、无系统的翻译。80年代以后，翻译的语言学模型开始兴起，许多翻译理论家自然地将翻译归入语言学或应用语言学的范畴，并开始吸收现代西方翻译理论的精髓。语言翻译模型作为一种新的翻译理论，自20世纪80年代中后期以来，在中文翻译领域逐渐取代了传统的语言文学翻译模型，并取得了较大的影响。90年代，语言翻译模式得到中国翻译界的普遍认可，并脱离各学科语言学，以刘宓庆教授的《现代翻译论》一书为标志。此时，中国翻译理论的研究开始以科学理论为指导。

语言翻译研究模式的出现与中外科技、经济的交流和发展密不可分。过去，中外交往主要是翻译作品，且以文学作品为主。文学翻译仍然是当时翻译语言和文学作品的主要方式，译者从自己的文化理解出发，用自己的理解来解读翻译作品。这种翻译方法有助于读者更容易地阅读和理解译文的思想和内容，在中外文化交流中发挥着重要作用。自改革开放以来，中外交流逐渐从文化层面转向经济、政治、科技等领域。传统的语言文学翻译模式已经不能满足现代翻译的发展需要。于是，语言学中出现了科学的翻译模型。

语言翻译模型出现后，翻译对等理论、语言翻译理论、信息翻译、语境翻译等语言学理论的各个分支开始出现在翻译中。当然，目前语言学在翻译中的应用还只是在语言转换方面，特别是在句子结构、语义信息的传递和翻译单元的保留方面。语言翻译包括外部研究和内部研究，现阶段的翻译属于内部研究的范畴，主要研究语言本身、语言转换的规律、语言的同质性等。

20世纪90年代以后，语言翻译规律理论在我国翻译界占据了重要地位，目前在翻译界应用最广泛的是语义学、话语学和语用学。现阶段语言翻译模式发展最明显的表现是多部翻译专著的出版，包括金堤教授的《等效翻译探索》，及他与奈达合作的《论翻译》以及谭载喜的语言学多层面理论等，对中国语言翻译模式的发展起到了重要的推动作用。

二、英语翻译语言学模式的建立

（一）翻译过程的语言学描写方法

翻译语言学使用语义方法、话语分析、语用学和基于语料库的方法来描述翻译过程。翻译科学研究是比较语言学的一个重要分支，此类研究侧重语义并在动态等价水平上进行比较。语篇分析已成为语言学的一个新分支，语篇分析的成果（主题进展、连贯性、问题解决模型和宏观文本结构等）逐渐应用于翻译研究。语篇分析作为语言学的一个流派，对翻译研究有着一定的影响。例如，在某些章节中，存在语境限制，导致陈述性、贬义性、赞美性和情感性之间存在差异。随着语用学的发展，语用翻译理论逐渐成熟。Wisolon的语境动态连贯理论不仅将翻译理论置于一个连贯统一的框架中，而且为扩大翻译研究的范围提供了许多有益的启示。语料库语言学的发展对翻译研究产生了巨大影响。只有解决了语料库的代表性问题，语料库文本的翻译研究才能得到更好、更健康的发展。

（二）翻译的语言学标准

翻译研究只有以语言学理论作为整体框架的基础，才能为翻译活动提供重要的见解。对翻译问题的科学研究可以走不同的路径，既不能用 A 的简单方法进行比较，也不能用 A 的标准（规则）来衡量 B 的实践。翻译的标准是语言学理论。当理性意义与联想意义一致时，翻译是确定的，直译才能达到“可靠”的标准。当理性意义与联想意义不一致时，可以采用一些温和的翻译标准，如不违背知识的客观性、理解的合理性、翻译和解释的一般有效性、文本的翻译等。

三、英语翻译中常见的语言学模式

在语言学不断发展的基础上，在翻译活动越来越有市场需求的条件下，语言学建模的各个分支逐渐出现。译者在具体的翻译过程中，需要有选择地运用语言模型来提高翻译的准确性，从而准确地翻译出英文文本的重要内容。另外，译者也可以使用各种语言模型的组合来提高翻译的准确性。鉴于语言覆盖面广，译者需要从不同的维度进行比较，如语境、结构和文化、功能等。翻译中常用的语言模型主要有以下五种。

（一）语义学模式

相对而言，语义模式的应用非常普遍。20 世纪八九十年代，在引进西方语言学理论的同时，语义模式得到了发展，并在应用过程中与中国的语义翻译理论有机结合，产生了语义学模式。语义学模式主要是根据原文的意思来翻译英文文本。在理论发展的初期，当语义模型还不成熟时，理论界只有一个语义翻译的比较体系，但这个理论体系比较简单、零散，比较的目的只是为了从中文转换到英文。随着理论研究的逐步发展，语义系统开始走向成熟，出现了许多有代表性的优秀理论。

（二）功能语言学模式

在理论研究和实践经验的基础上，尤金·奈达提出了一种功能语言学模式。使用这一模式的译者应根据语境中的词义进行翻译，同时强调翻译标准的可靠性和优雅性。特别是在主谓宾不完整的情况下，要根据词汇功能进行翻译，使读者能够轻松、清晰地理解句子的含义。功能性语言模式的引入，进一步刷新了翻译的忠实度标准。这种模式更关注读者阅读译文后得到的结果，而不强调在翻译过程中既要自然又要符合道德规范。因此，译者在翻译中拥有更多的自由，而读者则拥有更多的共鸣性阅读体验。由于功能语言学模式的丰富性，它必须在翻译文本的背景下应用。翻译对等理论进一步完善了功能语言学，但由于功能对等理论的缺陷，其应用相对有限，可能对读者的整体阅读体验产生影响。

（三）功能语言学模式

20世纪末成为独立学科的语言学认为，整个文本是翻译的基础。在翻译过程中，译者必须以整个译文为背景进行研究，注意段落和词句之间的关系，只有在理解了整个文本之后，才能提高翻译的准确性。大多数译文都是从叙事的角度展开的，顺序相对清晰，读者容易掌握。在实施过程中，译者应考虑各种要素，并将其作为英译的重点，然后根据实际需要将译文引入实际的语言环境中，从而提高译文的表达效果，更好地满足读者的阅读需求。此外，文学模式的应用还要注意词与词之间的联系，有目的地构建合理的词的联系。

（四）语用学模式

近年来，语用学模式越来越受到重视和普及，翻译实践的结果也是语用学，其翻译效果非常理想。总的来说，国内在研究语用学模式方面已经有了很多理论成果，行为理论就是最具代表性的理论之一。当语用学模式应用于文本翻译时，为了使译文更适合读者的需要，体现原文的主要意思，译者应根据实际情况有意识地制定翻译策略，然后根据相关的翻译标准有意识地开展翻译工作。例如，将长句子翻译成英语是比较困难的。在翻译时，应首先将句子结构简化，将其分解为一系列小的草图，并找出句子表达的要点，这样可以使翻译更加生动、准确。对于译者来说，要结合外国文化和语言的表达特点，充分理解句子表达的内容，在此基础上再进行全句的翻译。

（五）认知语言学模式

认知语言学模式的精髓在于，译者根据翻译的目标对语言进行“再创作”。在这个特殊的应用过程中，译者首先要从宏观上理解原文，在读懂意思后，根据不同段落、句子、词汇等的组合，有针对性地理解作者的语言用法和写作规律。通过以上步骤，译者可以更准确地完成对语篇特征的认识，然后根据规则规划出有效的翻译策略。英语语法与汉语语法有许多不同之处，如谓语动词的结构形式。译者应加强对这些差异的了解，从中找出规律性的东西，以保证英语翻译的顺利完成。

四、英语翻译中涵盖的语言学模式示例

（一）英语语言模式中一般时态的翻译

在英语表达活动中，常常会出现许多反映英语文化特点的表达习语。在英美文学中，习语的表达是语言知识的重要组成部分。英语句子的时态之间存在明显的差异。例如，She has three pencils. 她拥有三支铅笔。在这种语句状态下，has表示的是一种稳定的现在状态，因此，在这个句子中用的是一般现在时（simple present）。如果句子变成了 She bought three pencils. 这时句子属于一般过去时（the past tense），准确的翻译是：她曾经买过三支铅笔。这个语言模式有一个英语表达的特征，就是 bought，表明买铅笔的活动发生在过去。因此，在翻译活动中准确把握时间非常重要。在翻译英语语言学中的常用表达时，不能简单地照搬原文语法，然后套用中文表达，这样会使译文过于生硬。在英语翻译活动中，应特别注意在英语句子中引入附加修饰语。

（二）英语翻译活动中具有明显特征的特殊翻译

现在进行时态是英语翻译过程中具有明显特征的特殊翻译。举个简单例子，She is playing the piano. 如果遇到这样的现在进行时态的翻译模式，我们应该明确，现在进行时态是特定句子的表达方式，当遇到这样的典型句子时，应立即在句子的翻译中加入“现在，此时此刻”这一表示正在进行的特征词。至于过去式，在汉语中我们经常说：“昨天她刚刚打扫卫生。”这种情况是在表达过去完成的事情，在翻译的过程中要注意时态的运用。

（三）英语语言模式中长句子的翻译

1. 限定语句的针对性翻译

在进行英语翻译时，如果一个句中存在较多的定语部分或者多个谓语动词，我们应该仔细分析主干结构。对于长句而言，译者必须首先找到句子中的主语（the subject）、谓语（the predicate）和宾语（the object）部分。简化复杂的句子结构，理解句子的中心含义，然后再逐层次地把限定词往上添加，使翻译后的句子更加准确地反映出原句的含义，这是翻译活动的重要一步。

2. 倒装句和常用的谓语动词结构的翻译

有些英语句子是特殊句式结构，如倒装句，其表达方式与汉语的表达方式和顺序略有不同。在汉语中，通常说“是谁在敲门?”“你好，我是玛丽”。但是，在英语翻译或者英语表达方式中，与汉语的表达恰恰相反，强调门里与门外的人

物特指的关系，更加准确的表达方式是：Who is knocking at the door? Hello，this is Mary knocking the door.

中文和英文字符有不同的起源、文化背景和传统以及不同的使用环境。西方翻译理论以逻各斯为本体，演绎了诗学的发展史。在西方诗歌传统背景下，翻译理论和翻译实践都不可避免地受到语音中心主义和逻各斯中心主义的影响。在诗学理论讨论领域，最根本的问题往往被归结为语言问题，这使得西方翻译理论不可避免地陷入悖论：海德格尔的“语言是存在的家园”与德里达的“语言是监狱”的存在。在西方诗学的漫长延伸中，从赫拉克利特的以无尽话语本体论为西方诗学文化传统源泉的逻各斯，到柏拉图的观念话语，再到亚里士多德的诗学，全人类在语言的鼓舞下留下了空灵的感官世界，进入了人文话语的光辉之门。因此，在诗论的辩证场域中，本应进行诗学思考的圣贤们常常进行着无休无止的讨论，其中最根本的就是语言问题。正是海德格尔的诗学概念使语言成为本体论，而不是一种工具，创造了西方后现代理论家眼中的“语言帝国主义”。正因为它被理解为一个逻辑（陈述性）概念，逻各斯奠定了西方传统哲学和逻辑思维及系统结构的基础。用语用理论指导翻译实践，才能在特定的语境中正确使用语言，实现其交际功能。

英语翻译涵盖了广泛的语言知识。为保证中国英语翻译水平的发展，能够适应社会进步和经济文化发展的需要，在翻译教育中，要更加注重语音和地道表达方式的教学，从而培养大批具有专业水准的外语人才，促进翻译整体水平的一系列重要发展。例如，英文翻译公司应考虑到中西方文化的差异，翻译人员应考虑报价翻译提案中涉及的语言标准等。

第四节　语言学在英语翻译中的应用策略

一、英语翻译的语言学方法

（一）意义取向方法

翻译与意义密切相关。为了准确地翻译出原文，译者需要正确理解原文的各种含义。“翻译转变”一词是卡特福德最先使用的，他将翻译转变一词定义为

"在从原语言向目标语言过渡的过程中，对形式对应的偏离"。

翻译可以转换为两类：一是层次转换。语言的语法和词汇所表达的内容，要借助另外一种语言来表达。二是范畴转型。卡特福德从句子去语境化和理想化的角度解释和阐述了翻译变换的语言学定义。他将语言的理论作用引入翻译，将翻译研究从评论和印象主义的批判方法中解放出来。他对翻译的定义、可译性的描述以及模糊变换规律的分析等方面的工作在西方语言学界和翻译界引起了很大反响，将翻译研究推向了科学的方向。

（二）等值取向方法

半个多世纪以来，翻译的对等性一直是西方翻译理论的核心概念，20 世纪五六十年代，人们曾多次尝试对翻译进行系统分析。争论围绕着一些基本的语言学问题展开，特别是意义和对等问题，奈达指出，翻译中有两种不同类型的对等，即形式对等和动态对等。形式对等的重点是信息本身的形式和内容。而动态对等则是基于对等效果的原则。

形式上的对等意味着目标语言代表了源语言中最接近的类似词和短语的对等物。然而，两种语言之间并不总是存在形式上的等价。动态对等基于奈达的对等原则，即信息应适应接受者的语言要求和文化期望，并强调表达的自然性。

奈达提出翻译的基本要求，那就是物理对等。他将动态等效的目标定义为"将原语中信息的最接近的物理等效"。根据面向接受者的方法，为了实现物理对等，需要学习语法、词汇和文化关系。目标语言不应该干扰源语言，源语言的信息或者上下文中的外来词也应尽量减少或者降低。

奈达对翻译理论和实践的贡献是毋庸置疑的。奈达指出，对等效果是翻译的基本要求，具体表现为：一是理解；二是传达原文的精神和方式；三是有一个自然、轻松的表达形式；四是创造一个相似的结果。奈达的动态对等也是一个层次性的概念。奈达主张使用动态对等性，作为一种更有效的翻译过程。如果看看奈达所参与的翻译场景，这一点是可以理解的。

（三）话语分析、语用学和篇章语言学方法

翻译理论来源于语言学，它主要是语义学中的一个方面。在实际翻译中，我们需要翻译的是语言的深层结构，即语义结构。

20 世纪八九十年代，为了揭示实际翻译中发生的情况，语篇分析的结果逐渐被运用到翻译研究中，指出意义不是指单词和语法，而是指语言所传达的信息，单词、短语、句子和文本的交错。首先，语言学和翻译语言学研究扩大了分析研究的范畴，逐渐从单词转向句子。句子结构作为文本和体现文化价值的文本的分析单位，与特定的实践和特定的文化观念相关。其次，语言的每一种使用都被视为一种媒介，语言研究强调翻译在意识形态中的作用。

到了20世纪90年代，话语分析关注的是语言的交际意义、社会和权利关系的中介方式以及翻译研究的声誉。对话语分析模型影响最大的是韩礼德的系统功能模型。然而，将话语分析应用于翻译研究的却是豪斯。他采用韩礼德的话语分析模型，系统地确定了比较原文和译文的基本标准，他也是翻译质量评估模型的作者，该模型倾向于语义和实用方法。

翻译词义是翻译中的一项艰巨任务，译者需要对作者词义有深刻的理解。语篇翻译既要注意翻译中的偶然意义，又要注意语篇在交际中的运用，各种形式的语篇翻译都需要利用相关的语言学概念来进行语言之间的转换。

只有实证地了解词语的翻译过程，才能改进翻译教育和实践。翻译话语的语言学方法试图解释和描述翻译；它没有定义如何进行翻译，它可以帮助译者了解话语方面的翻译策略，但它并不能告诉他们在翻译过程中实际做了什么。

（四）语料库方法

语料库语言学是语言学的一个分支，它利用语言描述的经验方法来研究，这是基于文本语料库的语言。20世纪90年代，语料库语言学开始为翻译研究提供丰富的分析方法，贝克创建了世界上第一个专门用于翻译研究的文本库。语料库的建立为解决翻译研究问题开辟了一条新途径。

贝克描述了对翻译研究人员有很大用处的三类电子文本语料库，即平行文本语料库、多语种文本语料库和可比较文本语料库。

（1）平行文本语料库。它由一种语言的原文和相应的翻译文本组成。它可以辅助语言的翻译，典型应用包括口译员培训、双语词典制作、机器翻译等。

（2）多语种文本语料库。这是一个由两种或两种以上不同语言组成的单语语料库，按照相同的设计标准，以相同或不同的惯例构建。它可以用于比较语言学方面的工作，包括双语词典学。

（3）可比较文本语料库。两种不同文本的集合，一种包含用一种语言编写的原始文本，另一种包含从另一种语言翻译成英语的文本。

在这三类语料库中，可比较文本语料库揭示了译文的内在特征，通过涉及其他可比较文本语料库的研究，发现了翻译活动的一些特定模式。贝克利用文本语料库进行翻译研究，描述了翻译的本质和特征，为翻译研究提供了新的武器，拓展了翻译研究的范围，克服了传统翻译研究的缺陷，取得了显著的成果。穆雷指出，语料库就像一台显微镜，能够更深入、更详细、更具体地探索复杂的翻译现象。任何使用语料库进行翻译研究的研究者都必须熟悉传统翻译领域，才能利用这一新的研究工具来进一步开展翻译研究。

二、认知语言学在英语翻译中的应用分析

（一）认知语言学在英语被动语态翻译的应用

就句子的主动或被动表达而言，根据认知语言学的观点，这是由于句子的结构是由个人的状态表达而来。认知语言学认为，当一个人思考时，是一个完整的过程，讲话或讲话的一部分应被视为一个完整的整体，无论是一个词、一个句子、一个章节或一段话，都不能与这个整体分开。在英语的被动语态中，有时会用来强调某个特定的部分，或者仅仅是为了表达的目的。在翻译时，必须遵循忠实于原文的原则，忠实于原文中被动语态的整体意义，以及客观和流畅的原则。这就要求译者对所译语言所在国的文化有清晰全面的了解，并能灵活地适应被动语态在翻译中的影响。有时不假思索地生搬硬套，虽然能表达原文的意思，但缺乏灵活性和适应性。为了解决这个问题，译者需要提高自己的翻译能力，将认知语言学和翻译技巧融入到英语中，将被动语态适当地翻译成英语。

（二）认知语言学在英语隐喻翻译的应用

认知语言学注重经验和认知对语言的重要影响，认为人类语言是社会文化、生理和认知能力相结合的结果。形象化的语言现象在人类心理学和认知方面有自己的科学依据。在以往的翻译理论中，受修辞学和结构学等学科的影响，隐喻只被认为是一种修辞手段，对于隐喻中的翻译是不同语言符号的交换。然而，在认知思维中，隐喻来自心理学效应，即从一个语句到另一个语句的反映。

至于认知语言学在英语翻译中的应用，当英语和汉语的知识相同时，可以考虑直接翻译。隐喻以一种心理学的方式发挥作用，通过它，一个概念可以直接从一种语言转换到另一种语言，最终使阅读多语言的文本成为可能。在翻译具有民族特色的文化术语时，可以将原文中的词语直接转为原形，这样就保留了原文的味道。但是，当原作的文化与所要翻译语言的文化不能有效匹配时，就不能采用直译的方式，而要采用隐喻的方式，用民族语言中原作的词汇，方便读者阅读，否则就会出现与原作不一致的情况。采用隐喻法时，翻译出来的作品能更好地保留原作的思想，也能让读者看到作品的真实面貌。在这种特殊的翻译中，使用直

译法还是隐喻法，可以说有其自身的特点，应该具体分析，因为使用直译法可以原汁原味地传达原作的思想，而使用隐喻法则可以将作品以最接近的姿态呈现给读者。这就要求译者一方面要在翻译工作中不断总结翻译方法和技巧，另一方面认真研究认知语言学给翻译带来的启发和思考，使英译工作变得更加顺畅，更好地表达原作的思想，使读者从翻译工作中受益，不断提高认知水平。

（三）词汇、语句、文章含义的关系

英语词汇和语篇与文本的意义，主要是根据语境内容对文学作品的思想感情进行分析，以及对作者认知立场的表达，由此可见，文本属于一个整体的共同表达，也应该由词汇和语篇作为一个整体纳入。词汇是语句的重要组成部分，语句是文本的组成部分，所以语句的含义对文本的中心思想有一定影响。隐喻是一种修辞手法，可以影响英文翻译的内容。例如，句子“狗咬吕洞宾”指的是不知好歹的人，在翻译过程中可以使用。在理解这类句子时，不能停留在肤浅的理解上，而要深入研究原文词汇，探究句子中使用的修辞风格，了解作者的意图，根据意思找到具体的词或合适的短语在其他语境中替代，从而有效地传达英文原作的重要思想。

（四）作者意图与翻译文本的关系

英语文学的意义是机械孤立的，一般来说，文学的意义必须尽可能地解释作者的思想内涵。因此，译者在翻译过程中，应以作者的创作意图为指导。但是，考虑到文学创作和不同篇幅的语境，文本的含义难免会有很大的差异，如在不同的历史文化背景下，不同历史阶段的表达方式也会有不同的含义。例如，四大名著之一的《红楼梦》是中国文化的经典瑰宝，当这部作品被翻译到西方时，由于历史和文化的差异，读者在欣赏和阅读过程中会产生各种各样的感悟和感受。然而，对于译者而言，作品或文本都是承载着作者思想意图的，没有作者意图的文本则缺乏文献价值。在目前的翻译过程中，大多数作者认为文本是不确定的，主要是由于文学理论的不确定性。为了解决这个文本不确定性的问题，译者需要根据文学创作时的实际意图对文本进行分析，然后将其置于不同的语境中，考察其意义的差异。在这个过程中，必须保留原作的思想和信息，牢记文本不能被误译。只有理解文学作品，才能抓住作者的真实感受和意图，这对译者的专业水平和翻译技巧提出了很高的要求。

（五）翻译者文学加工与忠实性关系

译者在翻译文学作品时，由于理解的角度和深度不同，译作与原作之间难免会有一些差异。在大多数情况下，译者为了更好地表达翻译作品，会对文学作品的内容进行深入编辑，但编辑的目的是为了更好地呈现和翻译文学作品，而不是改变原文的含义。所创作的文学作品不会因为对文学作品的重新加工和弥补而违背原文的真实性，但它们会受到一些因素的影响，因此有必要尊重文本的真实含义，以便在另一种语境中正确地呈现它。在翻译中使用了不正确的方法，会对翻译的内容产生影响。因此，必须检查是否按字面意思处理文本，以及翻译中包含的内容是否涉及社会和个人之间的双重对比，以便根据文本充分理解社会。为了有效地理解文本，必须尊重原作所表达的真实思想，并有效地解决根本原因，使读者能够体会到原作所表达的思想。

总之，在使用认知语言学来提高学生的英语翻译能力时，有三个要点需要了解。首先，要正确理解文本的内涵。在翻译之前，应该阅读和思考文本的内涵，贴近文本，紧跟文本，从词汇、句子、篇章结构等方面结合语境，最大限度地挖掘文本的内涵。不应局限于语言文字的字面意义，还应强调翻译的整体性，从语言的形象性、作品的时代背景、社会文化、认知风格等方面进行分析，以保证翻译的科学性和有效性。其次，要了解作者写作意图。英语翻译是译者对作者意图的一种综合表达，这又对译者提出了更高的要求。译者需要从文本的多层次分析中理解和归类作者的意图，重构翻译的方向。认知语言学提供的多层次文本分析思路可以为译者全面理解作者意图和科学翻译提供有力指导。最后，要建立有选择的翻译。英语翻译不仅是一种技能，也是一种语言艺术的表达方式。译者应通过对文本的内涵、主旨和意图的分析，针对原文所表达的内容和思想，将文学处理和创作结合起来，以帮助读者更好地理解原文，同时突出文学作品的艺术特色。

三、认知语言学运用于英语翻译的研究

（一）认知语言学指导下的词性转换

认知语言学的各个方面，如隐喻、语法化和经验哲学等，都不同程度地影响着词汇的转化。如 It was officially announced that Paris is invited to meeting. 可以翻译成“官方宣布巴黎应邀出席了会议”。这里的 officially 是一个副词，如果直接翻译，没有适当的转换和编辑，就成了：“正式宣布，巴黎已被邀请参加会议。”这两个句子之间的差异微小，但读者的阅读体验完全不同。译者拘泥于有关形容词、副词、代词和名词的词汇规则，生硬地翻译成“被正式宣布”，就会失去原

句的意思，整个句子也会显得非常古板生硬。

（二）从突出观角度分析被动语态的翻译方法

根据认知语言学，句子结构的使用方式通常是指与状态概念化相关的表达方式，而影响这种概念化的恰恰是注意角度。西方认知语言学主要研究英语和同语系的其他外语。在翻译技术领域的英文资料时，有必要准确了解其具体特点。认知语言学指出，思维具有整体性功能，人类语言的结构与言语、经验总结、概念性知识等个体功能密切相关。因此，应有效处理总结语或整体话语。词、句、段作为一个整体，附属于整个语篇，清楚地表达自己的语义。译者要准确处理语言结构中整体与部分的关系，从整体上把握和协调各部分信息的具体结构及安排。

第四章　英语教学中的语境与翻译

语境是指语言或说话环境。对语境的研究很重要，因为它是语言赖以存在的基础，在语言使用中起着非常重要的作用。语境也是修辞学的基础，修辞表达的影响等问题在很大程度上必须结合具体的语言环境进行科学的解释。无论是普通语言学还是应用语言学，没有语境似乎就没有可以研究的内容。[①]

第一节　语境的基本理论

一、何谓语境

语境在现代语言学中起着核心作用。语言学的许多分支，如社会语言学、修辞学、文体分析、语用学和语义学，都把语境作为一个重要课题进行系统研究。英国著名语言学家、翻译理论家卡特福德（J. C. Catford）是第一位把韩礼德（M. A. K. Halliday）语境理论引入翻译的翻译语言学家。在其著作《翻译的语言学理论》（*A Linguistic Theory of Translation*）中，他将语境定义为 the organization of situation-substance into units which are coextensive with and operationally inseparable from the formal units of grammar and lexis，强调了了解语境对翻译工作的重要性。自 20 世纪 70 年代以来，语境理论得到了广泛的关注，翻译从业者和理论家开始以更系统的方式将语境在翻译中的作用理论化。

---

① 陈平，林昊，周静海．言外之意翻译的语境视角［M］. 沈阳：东北大学出版社，2018.

世界上的各种事物都处于特定的环境和系统中，这在文化研究中称为语境。人际交往中语言的使用与特定的语境密切相关。人类互动的语境可以分为单文化语境和跨文化语境。翻译是在后一种情况下发生的交际活动。本章介绍并讨论翻译语境的概念，以区别于语言文本中常见的单一文化语言语境。

（一）语境的类型

20 世纪 20 年代，自从人类学家马林诺夫斯基提出语境的概念以来，人们开始从理论上领悟到，对语言的理解不仅仅是语言自身的问题，还会牵涉语言的参与者和使用环境，没有语境，语言则失去了意义。然而，直到 60 年代，语言学家才将这一概念引入语言学，到了 90 年代，翻译研究才将语境概念重新引入语言学。语境可分为四类：①情境语境：传播参与者、传播目的、传播者的社会角色和地位、特定场合和社会场景；②文化语境：语言共同体规范、言语行为类型、交际主题；③语言语境：上下文；④认知语境：关于习俗、制度和规范的知识。

很明显，这四种类型可以归为两大类：前三种是语言学的视角，着眼于话语本身和发生的语境；最后一种是认知的视角，关注交际参与者的认知活动。当然，制定一个具有足够描述力的理论框架的关键在于确定与翻译活动的特点和需求有关的重要内容，以便进行描述并将其组合成一个理论框架。

从文化语境、情境语境和语言语境来看，每个层次的语境在语言系统中都有对应的内容：文化语境不仅指语言发展和演变的传统文化，还包括界定现代社团文化的横向领域，包括话语类型。情境语境与话语领域相对应，指周围的条件、事件的性质、参与者之间的关系、话语产生的方式、时间和地点等。语言语境对应的是语言表达方式，它将意义潜能转化为特定的语言形式，决定了话语的选择性特征。

在这三个层次的语境中，文化语境属于最高层次的语境，由领域语境化来体现，而语域——语境的中间层次，又进一步由具体使用中的语言，即上下文语境来体现。换而言之，系统功能语言学认为，语义是在特定语境中的选择。文化语境决定了领域的选择，而领域的选择又决定了具体使用中的语言的选择，它们之间的关系可以用图 4-1 来说明。

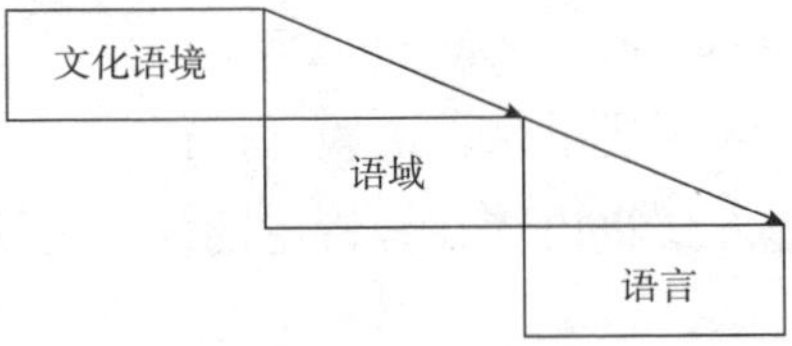

图 4-1　系统功能语言学的语境层次关系

（二）语境的前理论概念——上下文

在“语境”作为一个语言学概念被提出并在翻译研究中获得系统的理论意义之前，翻译理论和翻译手册也有一个类似的简单的“语境”概念，译者在讨论词语的翻译时经常使用这个概念。

一个句子或一个单词必须结合上下文来理解，而不是断章取义。这种语境在英语中被称为 verbal context。语言学家扩展了这种关系，指出除语境外，还有时间、地点、文化背景等。

谈到词语的多义性时，仅仅依靠语篇的语境是不够的，有时还需要了解作者的思想体系和词汇习惯。这些想法其实很接近现在所谓的语境，包括情境和文化背景。

语境对词义非常重要，词只是一个静态的、孤立的、未发展的、抽象的符号。它必须与其他符号连接才能使它们相乘并建立意义。通过与不同的符号连接，它可以摧毁自己并发展另一个符号的意义，或者它可以摧毁其他符号并强调自己的意义，或者它可以一起摧毁自己和其他符号的意义。因此，语境的概念并不是新的、未知的东西，而是长期存在于译者的潜意识中。

二、语境对语言的影响

语言是人类的交际工具，一切语言交际活动总是发生在特定的交际环境中。在语言界，这种交际环境被称为语境。语境既包括书面语言的语境、口语的前言等语言因素，也包括时间、地点、场合、时期、交际对象、社会文化背景、自然环境等非语言因素。可以将前者称为小语境或近语境，将后者称为大语境或远语境。

语境是人们交往活动的场所和场景，语境对语义和形式的结合以及话语的文体风格有很大的影响。因此，对任何语言现象的分析都必须联系其所处的语境。如果将某个语言片段从其上下文中分离出来进行统计分析，通常很难确定其真正的结构价值和意义。现代语言学不再满足于自成一体的研究，而需要更多关于语言及其使用的社会文化和多方面的研究。

在语言现象的分析中，重点关注语言的社会功能和文化差异、语言的动态研究以及语言与使用语言的人和使用语言的特定环境的联系。因此，当今世界语言学发展从抽象结构系统的研究转向应用语言理论的研究，从语言的静态表达转向语言的动态功能的研究，从方法论转向研究语言的动态功能。从小语言的微观世界到大语言的宏观世界，从单一学科到灵活、横向、多维的综合研究，在这一新思潮的影响下，社会语言学、心理语言学、功能语言学、语义学、语用学、话语语言学、交际语言学、文化语言学、模糊语言学、信息语言学等学科纷纷涌现并不断发展。

交际词语（无论是书面的还是口头的）和语境表现为一个不可分割的整体，是一种相互依存的关系。如果忽视这种相互依赖，人类的交流就无法实现。事实上，不考虑语言使用的语境，就不可能讨论语言的具体含义，也就不可能准确地分析语言现象。因此，语境在所有语言学研究中都起着重要的作用，如语法学中的“语法场”“语用平面”，社会语言学中的“语域”和功能语言学中的语境，心理语言学中的语义语境、修辞学中的语境、逻辑语言学中的预设。所有这些概念都是语境理论在各个语言学科研究中的具体应用。语言研究中的这些相似之处并非偶然，而是证明了语境理论对语言学研究和应用的普遍重要性。因此，语境理论的研究对于未来语言学的研究和应用将具有重要意义，特别是在人工智能、信息处理等前沿科学领域，其作用和影响将是不可估量的。同时，语境主义在语言教学尤其是对翻译课堂的教学中也具有重要的现实意义。

乔姆斯基是著名的跨语言学的语言学家。当他开始研究跨语言语法时，他忽略了语言的语义和语境方面。1965 年，他出版了《句法理论的各个方面》一书，提出了语言能力和语言使用的概念，同时也注意到了语境对语言的影响，并提出了语境自由（context free）和语境制约（context sensitire）的规则。然而，由于语境的多样性和可变性，他没有探讨语境变化的复杂性，也无法解释社会交际中语言使用的复杂性。乔姆斯基理论的局限性在当前人工智能和机器翻译的研究中体现得尤为明显。因为语境和语言就像土壤和植物，有血有肉，也因为一切语言的学习和使用都离不开语境，所以建立了语境科学。我们相信，语言学的新领域是必要且势在必行的，这将是解开语言之谜的钥匙。它将能够引导人们发现语言是如何构造的以及它在交际活动中是如何演变的。

三、语境研究的意义和方向

（一）语境研究的意义

语境研究是语言的基本跨学科研究。语境研究不仅体现了功能语言学的基本思想，而且强调语言使用的外部因素，为语言学研究提供了基础，有利于发现理解语言本质和规律的关键。

语境研究介绍了语言动力学研究应用于话语的机制。动态研究是当前语言学研究的趋势。动态研究的对象是言语行为以及言语行为的影响。这类研究的特点是强调语境，即说话人的心理、生理和社会因素以及说话时的情境。这是因为话语使用是符号功能和推理机制共同作用的交际过程，是语言外因素和语言内特征相结合的产物。话语的复杂性要求我们不能以传统的、静态的方式来研究它，而是以动态的方式来研究它，将符号与使用联系起来。

长期以来，传统语言学一直关注语言的结构和语言使用的规则。这种对语言的静态研究无法充分解释语用因素引起的结构变化和语义差异，从而大大削弱了其语用价值。动态研究是指对话语过程进行可视化分析，即综合影响话语使用的各种语言和非语言因素，从语法、语义和语用等不同角度研究语言符号交际使用的变化规律。传统的静态研究将语言视为一种输出，是可以记录下来供研究的固定模式，而动态研究则将语言视为交际网络中不断选择和变化的过程，关注交际过程中各个因素之间的关系，以及影响语言使用的因素。

（二）语境研究的方向

现代语言学发生了巨大的变化。随着新的语言学研究理论的出现和学科内部分工越来越细，跨学科研究已成为趋势。许多语言学科的出现，进一步拓宽了语言学研究的视野，丰富了语言学研究的内容。由于语境研究尚处于发展阶段，在语境研究的理论基础、语境的功能、语境与语言系统的关系等诸多学术问题上尚未达成共识。因此，语境研究应重点关注以下问题：

1. 语境基础理论研究

基于语境的理论研究包括语境的概念、语境在功能语言学中的地位和作用、语境研究的理论基础（哲学、语言学、心理学、社会学）。

语言学界关于语境的讨论很多，但对语境基础理论的研究还远远不够，很多问题仍然存在争议。

2. 语境功能研究

从最初对语境功能的不同解释，到目前的研究已逐渐转向语境具有建构性和解释性功能的共识。这使得对语境功能的深入研究最终可能有助于揭示话语的关键特征。

3. 语境整合研究

语境的整合研究，从根本上来说，是对语言和功能语言学相关的各种语言学学科，包括口语学、语用学、社会语言学、认知语言学等相关学科的跨学科研究。

（1）口语学。相关研究结果显示，语境、构词法、颤音等要素经常作用于单词（名称）、语篇和语音等实体，并对其理解会产生非常重要的影响。

（2）语用学。它将意义的产生和指称的建立视为一种社会行为，因此特别关注话语的语境、连贯性和社会文化因素。它充分关注社会互动的动态过程中交际双方对意义和所指的协商、论证和建构。

（3）社会语言学。它是对语言和社会之间关系的研究。有广义和狭义之分，广义的研究在于，从各种社会科学，如社会学、人类学、民族心理学、地理学、历史、哲学等的角度来看待语言；狭义的解释则认为社会语言学是对语言使用的变化与社会环境之间关系的研究。

（4）认知语言学。它是从认知的角度研究语言，特别强调认知与语言的关系，认为语言是认知的重要组成部分，是认知对世界经验的组织结果。

不同的语言学科从不同的角度研究语境，从而对语境提出了不同的解释：在口语学中，对口语单元的产生和理解发挥作用的语境要素被理解为语境。语用学将狭义的上下文理解为语言的语境，即句子在较大语言段落中的位置。此外，语境还包括三种主要的语言外知识：一是背景知识；二是语言外的知识，即情境知识；三是沟通伙伴之间的相互了解。社会语言学将语境视为社会环境，包括社会、民族、文化、地理和交际因素。认知语言学强调语境包括语言环境、社会环境、文化背景、人类认知系统等。因此，有必要重构分散在各学科中的语境理论，揭示语境的基本特征和功能，明确语境研究在语言学各学科中的地位和作用。

语境的基本理论、语境的功能和语境的整合是语境研究的不同方面。这三个方向的研究成果将有助于进一步推动情境研究的深度，为“情境主义”的最终确立奠定坚实的基础。

四、语境层次性与翻译

语境的交际维度通常强调对文本产生的交际语境的考虑。不同的交际情境需要不同的语言变体，因此语境的交际维度实际上就是对不同语言变体在语境中的考察。

语境是交际中经常出现的语言使用的环境。它由时间、地点、环境、对象等客观因素和语言使用者的身份、思想、性格、职业、教育、情境、情感等主观因素组成。为了理解话语，通常需要了解说话者在特定上下文中使用话语的活动。

语言本身并不是一种孤立的现象，它与人类思想、社会生活、科学文化密切相关。因为语言交际是在特定的情境中、围绕特定的目的进行的。只有双方对沟通内容的背景有共同的了解，沟通的目的才能实现。为了分析一种语言现象，还需要将其与所处的语境联系起来。某些句子只有充分理解上下文才能理解其真正含义。

语境语用学是研究语言与语境的关系，即具体情境下的具体话语，特别是在不同的语言交际语境中语言如何被理解和使用。这个维度一般包括两个主要的子维度：奥斯丁言语行为理论在翻译中的作用，即在关于言外之意转移的争论中重点关注言外意义对翻译的影响，以及通过“言外之意”原则重新定义翻译标准。换句话说，翻译应该被视为作者与译者、译者与读者之间沟通的过程，因此译者在翻译过程中应遵循四个合作原则：即相关原则、适量原则、质真原则和方式原则。所谓相关原则，就是在翻译的过程中，尽量尊重原文，原文中没有出现的尽量在译文中不要凭主观情感添加。适量原则，译文在解释原文的过程中，不可以随意添加或者删减，要客观地解释，适可而止。质真原则，主要是在适量的基础上，要尽量对原文进行质朴真实的翻译处理，这是一种先进的考虑到跨文化的翻译原则，在质真原则下，要求译文不仅尊重原文的基本情态，尊重原文的客观事实，而且译文也符合目标语读者的审美情趣和文化理解能力。这就要求译者对原文进行艺术再加工，需要扎实的翻译理论基础和实践能力。方式原则可以理解为通向尽可能完美的译文的艺术。方式原则要求译者对翻译字词或者句子的表达客观而谨慎，能够弥补在目标语中相关文化或者相关表达方式的空洞或不足。

为了实现语言上的对等，必须考虑到译入语和译出语的不同语言习惯和语境。由于译者使用模棱两可的词语或不恰当的措辞，使读者无法理解而造成的误解，或由于译者不能清楚地表达词语背后的含义而造成的交流失败。这是因为译者没有考虑到两种语言的不同语境，而是简单地将目标语言的言语行为策略或对应词语移植到目标语言中。因此，译者在翻译时不仅要理解作者的语用含义，还要将这种隐含意义传达给读者。大多数情况下，目标语言的字面意义与其语用意义相对应，译者只需根据目标语言的语义进行翻译即可实现语义和语用的完美对等。然而，在某些情况下，目标语言的字面意义与语用意义有些不同。虽然可以直译，但无法表达语用意义。

作者和读者沟通的是符号，而语境中的符号维度是沟通得以延续的主要动力。符号同时产生三重关系：一是导致接触过程开始的关系；二是其对象；三是符号的结果。从广义上讲，解释是符号的含义。符号通常具有显式和隐式含义。因此，符号不应被视为仅仅与一个词或一个概念相关，而应被视为一种不断更新的现象，并在特定文化的集体无意识中定义其自身的含义。符号不再是孤立的符号，而是成为具有聚合意义的符号单位。在符号层面关注翻译与语境的对应，实际上需要译者关注语言话语中语境的衔接和连贯。语境的符号层面吸收了构成语言的所有元素。这些要素都在不同层面上影响词义的产生和理解，进而影响词义的翻译。单词或短语的多重含义在语言现象中非常常见。翻译中为了确定正确的词义和语义，必须依赖于语言环境。语言环境可分为直接语境和文本语境。

语言内环境（如语境）和外国环境，如领域、体裁和意识形态，都以这样或那样的方式影响着语言的使用——语音的编码和解码。由于语境的层次差异，它们对语音编码，包括作为一种形式的翻译，即时态的影响程度并不统一。如果语境在翻译中的作用主要限于对原文的理解，而且是直接的、明显的范围，那么其他三种类型的语境，即领域、体裁和意识形态，在翻译中的强度呈现出从直接到间接、从微观到宏观、从局部到整体的梯度，这取决于其抽象程度。抽象程度越低，这种情况就越容易发生。抽象程度较低的语境，如上下文，在语音解码方面更容易阅读，在对编码的影响方面也最直接，而抽象程度较高的语境，如体裁和意识形态，可读性较差，隐蔽性较强，语境越抽象，翻译的张力就越大，对译者的要求就越高，对翻译质量的影响就越大。

第二节　语境与语言人文教学

一、英语教学过程中存在的语境文化问题

（一）未能转变文化学习目标

随着全球经济一体化的快速发展，媒体、学术交流和商务谈判日益国际化，使英语成为具有新的交际属性的国际通用语言。同时，来自不同文化背景的人成为英语的主体，改变了传统英语的单一性和主观性，形成了文化和语言交叉融合的新现象。语言学习没有文化内涵，与现实生活相背离，就会变得越来越乏味。因此，英语人文教育需要改变以语言技能为主的传统教学方式，即改变教育方向

和学习目标，探索一条将语言技能逐步转化为文化知识的新路径。

（二）学生缺乏跨文化语用能力

听力、写作和翻译能力是当今大多数学生的弱点。这个问题的关键在于，听力和阅读材料所提供的语境只是探索性的，并没有反映出文章的实际意义，因此，语言的应用能力无法得到发展。语言错误不是指在遣词造句方面的普通语言使用错误，而是指不恰当的语音或不恰当的说话方式、不符合常规的表达方式以及其他导致交流不能达到预期效果的错误。

（三）中国文化出现了严重的失语现象

对文化的深刻理解有利于学生的跨文化语言交际，这充分体现了语言学习离不开文化的事实。然而，现在大多数学生对中国传统文化的了解不够，对东西方文化差异的认识不足，导致学生在英语口语交际中非常被动，甚至无话可说。同时，对本土文化缺乏深入了解，不利于培养学生的批判性思维，容易使学生获得过于同质化的思维模式。

二、英语翻译教学中文化语境差异的层面分析

（一）风俗习惯层面

东西方的文化差异表现在各个方面，以在翻译中经常遇到的风俗习惯的差异和传统文化上的差异为例，这对翻译影响很大。例如，在饮食方面，中国人历来注重饮食，俗话说："民以食为天"，中国人不仅关心食物，还追求美味，这是评价食物的最高标准。而西方人则一向重视营养，往往认为有营养是饮食的最高标准。在西方饮食营养观中，食物的主要目的是维持生命、保持身体健康，食物不是为了享受。就饮食内容而言，西方人主要吃面包，而中国人通常吃米饭或面条，这种差异在翻译中体现得很明显。例如，如果将 a piece of cake 直接翻译为"一块蛋糕"，读者会感到困惑，不会知道其含义，因为蛋糕并不是中国人常见的主食。不过，如果把这句话翻译成"吃点主食"，中国读者就很容易理解了。

（二）思维方式层面

中国和西方在思维方式上存在明显的差异，这些差异明显反映在语言上，因此不可避免地会对翻译产生重大影响。例如，由于思维方式不同，同一事物在语言中的表达方式也会不同。

（三）词义意象层面

这是在说明某词的内涵意义因上下文不同而不同。如果不理解该词的几种含

义，就很容易在翻译中犯错误。

三、英语教学中文化语境差异带来的启示

（一）英语教师提出了提升人文素养的要求

英语人文教育是由教师的外部因素和学生的内部因素共同推动的。教师的背景知识和对英语教学的看法、与英语文化接触的强度以及对班级学习潜力的期望都会影响英语文化的教学。尤其是教师对西方文化的了解可能直接影响其文化教学能力。因此，要做好人文教育，教师应努力提高文化知识，根据文化发展的动态特征，选择适合英语文化教学的语言互动模式。这可以通过举例来分析东西方文化的差异。学习者可以从第三方角度比较东西方文化，并探索与西方流行文化中人们的作品相近的专业文化。这是因为特定文化的英语表达方式几乎涵盖了西方国家日常生活的方方面面。通过让学生对文化差异得出自己的结论，不仅可以提高他们对西方文化的理解，还可以提高他们独立判断和学习的能力。

（二）提升跨文化交际能力

为了提高跨文化交际能力，在教学过程中，教师需要了解英语国家的文化背景和特点，了解西方的基本文化心态，正确识别中西方文化差异。例如，西方宣扬个人主义，以柏拉图等圣人精神为目标，而中国则宣扬儒家思想，以儒家思想为指导，使国家进入安定和谐的良好状态。这些都使得中国文化与西方文化有很大不同。因此，在英语文化教学中，需要正确理解西方思维方式，理解和尊重西方个人主义，加强不同文化背景下对话的理解程度。

在实际翻译过程中，要了解东西方文化的特点和教育的差异，认识到西方人首先强调个体，可以运用逆向翻译技巧。西方人比东方人更务实，因此在讨论动词时，应更多地考虑其在特定文化语境下的实际情况以及对西方思维习惯的理解。

在学习英语的过程中，也要了解英语委婉语的文化背景。这是因为西方文化强调自我意识，强调自我的需要，在处理事情的过程中，很少以牺牲自我或违背自我意愿的方式来解决问题。因此，西方人在表达委婉语的过程中，更多地依赖规则，更强调个人原则，这也是一种自我保护的表现。这是学生在英语交际中最难掌握的方面之一，需要认真研究和思考。例如，more than 用在 That's really more than I can tell you 中，表达的真实含义就是：I can't tell you。但是前者表达的含义比后者更委婉。

(三) 强化母语知识，使跨文化分析更加具有客观性

学习者的母语对目标语言的学习有很大的影响，特别是在加速或减慢习得过程方面。因此，文化传统和语言学习是相互关联的。英语学习与中国主流文化有着千丝万缕的联系，只有深入了解本土文化，才能及时发现并解决学习西方文化过程中的问题。文化背景差异成为跨文化交际最直接的体现。为了进一步提高学生的跨文化语言能力，英语教学应考虑文化动态的实际变化，修改文化学习目标，应用适当的互动语言学习模式，分析和讨论交际策略，总结英语表达的差异和思维逻辑。在相对客观的文化环境中，以母语人士为主体，学生可以发展自主性，提高英语辨别文化的能力，使他们更好地理解文化差异，从而促进中西方文化的良好沟通。

第三节　语境视角下翻译教学探索

翻译是两种语言和文字相互转换的活动。然而，翻译过程受到文化、历史、国情、风俗和信仰等各方面的影响，使翻译成为一项不仅是从字面上进行的任务，而且必须考虑到各方面的背景。通过研究表明，语境对翻译有非常大的影响。

语境是所有翻译中最重要的因素，比任何法律、任何理论或任何词语的基本含义都要重要。翻译中的理解和表达是在特定的语境中进行的。语义的界定、词语的选择、篇章的结构和文体的形式都与语境有着密不可分的联系。翻译必须以语境为基础，只有通过对语境的分析，我们才能判断和采用与原文相似或相当的表达方式。

一、语境在翻译过程中的作用及应用途径

(一) 语境在翻译过程中的制约作用

语境对译者的翻译行为有调节作用。首先，语境限制了译者对原始话语的理解。其次，语境制约着译者在目标语言中的表达。

1. 语境对译者理解的规约

在翻译过程中，译者对原文的理解是翻译过程中的一个关键部分。对原文的

准确理解是翻译的前提和基础。对原文的理解比较准确，对作者意图和所处的文化理解比较深刻，那翻译出来的译文才能更加贴近原文。如果目标文本不被目标语言读者理解和接受，目标文本的多种语言信息就无法传达，其价值就会丧失。

从原始话语出发，译者必须对语言进行分析，以揭示作者希望通过话语传达的多重含义。翻译的重点是原始话语的信息，否则译者的角色就会错位。原文话语的信息不仅包括语言、指称和间接意义，还包括语用、推理、个人和联想意义，以及深刻的社会文化内涵。因此，为了传达话语的多维意义和多重信息，译者必须考虑到话语的语言、情景和社会文化背景。

翻译的理解阶段会受到各种因素制约，特别是语境因素的制约，主要包括语言语境、前言语和后言语语境、文体语境和社会特定习语，以及非语言语境，包括交际双方的情况、社会文化环境和时空背景。脱离语境，每个词都与作为其意义或潜在意义的一个概念或一组概念相对应，在这一点上，它具有开放性的特点。然而，一旦被置于特定的语境中，其意义就会立即被“实现”，这种实现的意义被使用者用来构建意义。

2. 语境对译者表达的规约

在翻译过程中，正确理解不等于完成翻译。正确的理解是翻译中正确表达的基础；没有正确的理解，就不可能有正确的表达。反过来，没有正确的理解，没有正确的翻译表达，也是徒劳的。

除了充分了解原文之外，译者还应具有和作者一样的移情能力（empathetic）和最逼真地（utmost verisimilitude）再现作者的态度（demeanor）、说话方式（speech）及癖性（ways）的能力。那么，在翻译过程中，根据其含义选择词语至关重要。翻译中选词的准确性不仅直接影响原文的表达，而且对目标文本能否重现原文的风格也有影响。

在翻译的表达阶段，译者不仅要注意原文的语境，也要注意目标文本的语境，尤其是文化语境。译者想保留原文中的文化信息，就应该尽量保持原作的风格。但是，对于给读者理解带来困难或可能引起误解的文化，译者也应进行适当的转换。

3. 文化语境对商务英语的制约

商务英语特定的语言环境和交际任务要求语言严肃、正式，传达的情感信息很少，受体裁背景的影响较大。然而，这并不意味着文化背景对商务英语的影响可以忽略不计。

国际商务活动中使用的商务英语，主要受到交流环境文化异质性的制约。来自不同文化、经历不同社会化进程的双方在经济问题上进行谈判和讨价还价时，各自的行为规范往往受到各自文化特征的行为模式的制约。西方文化承认个人利益和集体利益，同时文化背景不仅影响公司的决策、管理和工作行为，而且影响和引导公司成员的交往行为。国际商务谈判的双方存在大致相似的问题，但沟通是在特定的文化背景下进行的。类似问题的背后都是政治关系、经济利益、信息得失的追求和维护。

国际商务活动的参与者是不同文化的代表，对方的逻辑思维模式往往对沟通的成功与否产生很大影响。哲学家们认为，英美思维方式以具体的实证研究为基础，以分析性思维为特点。英语语言的特点是强调理性分析、偏好清晰直接的反馈、侧重切入实际。论点需要在辩论前直接而清晰地表达出来。这种思维方式直接影响人们的言语行为，尤其是在商务谈判中。一般来说，在中国和外资企业谈判合同时，西方人手里通常拿着厚厚一摞合同文本，不仅详细、全面，而且还需要仔细检查合同的每一个字，以确保合同顺利进行。

从社会心理来看，西方文化承认个人利益与集体利益的关系，经过文艺复兴时期，工业革命和自由贸易的发展更加强化了人们对利益的认知。而中国人则不同，中国人强调情感，强调“面子”的社会心态，强调委婉温柔的民族性格，反而造成了文化心理障碍，这就造成了不确定性。在国际商务谈判中，可能会因权利和责任不明确而导致尴尬甚至冲突。美国文化的特点是注重现实利益，因此，他们的行为和语言明确、公正地追求和捍卫个人、公司和国家的利益。我们观察到，几乎所有的英文合同、信件和商业文件都在文字中清楚地描述了双方的责任和义务、潜在的风险以及双方的利益。如合同条款中的 quality guarantee（质量保证）、inspection（检验）、claim（索赔）、penalty（罚款）、arbitration（索赔）等。

4. 文化语境对广告英语的制约

商业广告是为了宣传某种产品或者服务以提高其知名度或者销售量而被广泛运用的一种交流媒介，是对目标顾客和公众进行直接说服性传播的工具之一。随着中国经济实力的不断增强，电子商务的快速发展，民众消费理念的持续转变和购买能力的不断提高，越来越多的国外企业将销售的重点转移到中国，因此商业英语广告的翻译引起越来越多的关注。

商业广告不仅承担着扩大知名度和提高竞争能力的作用，而且担负着跨文化交流的使命。综观现代广告，像是一条无形的纽带，不仅把世界各地的消费者联系起来，更是极速地传递着各种产品下的商业文化。传统的英语广告翻译，强调翻译的策略和技巧，或者翻译过程中对于译入国历史、文化与宗教的尊重等，因为不同民族的文化视角与审美观，也会成为广告翻译实现社会语用等效的主要障碍。

广告是一种文化媒介，是话语中最“文化突出”的部分。就英语广告而言，其交际目的是促进消费者的行动，刺激他们的联想，提高他们的注意力，巩固他们的记忆，赢得他们的青睐，说服和影响他们进行购买。作为受众群体的消费者，他们受广告语的影响是巨大的，广告语翻译后所传达的价值需求，生活方式和品位偏好等，对消费者会起着明显的吸引作用，从而促进潜在消费者的购买欲望，从而达到广告翻译的最终目的，促进商品的销售。

在辩证使用方面，英语广告的目标是用语言来打动消费者，让他们感受到商品或服务的影响力和吸引力，用正确的承诺来激励消费者，所以在所有文化因素中，消费心理层面的影响和限制是最大的。

西方文化的参与性在英语广告中得到了很好的体现。随着西方经济的快速发展，大量外国商品进入，英语广告中出现了大量的外来词。例如，在一家优雅的西餐厅，制作了特别推荐菜肴的广告：Buy one entire，get one free。广告语中选择使用外来词语，不仅体现了对其他文化的包容和接受，以及人们对异国情趣的追求和向往，而且对弘扬异国文化也起到了积极的作用。

5. 文化语境对新闻英语的制约

英语新闻报道的目的是利用语言对所发生的事件进行客观的解释，使人们能够知道所发生的客观事实，从而做出自己独有的深思熟虑后的反应和交流。新闻的主题包罗万象，不仅包括发生在世界各个角落的时事，也包括普通人的生活工作等各方面的细节，传递方式可以是书面（报纸）也可以是口头（电视、广播等），受众广泛。许多因素迫使新闻英语在新闻中做到准确可靠，在报道中做到客观真实，在语言中做到简单易懂，但语言不仅是一种记录和描述，它还反映了使用者的思想和态度。然而新闻英语的客观性是相对的，事实性的报道往往带有倾向性，以反映新闻媒体所代表的群体的利益。新闻的语言必须准确、简明、清晰，但其事实不清楚、受制于消息来源的语言特点，甚至为了掩盖自己的偏见，新闻英语中也存在着长词、模糊的短语和固定的句首。

例如：

A group of school children managed to escape after their bus literally bounced along a section of the bridge before hitting a concrete barrier. The children fled to safety through the rear door, but news reports said some of the students had been injured, two critically.

评析：some 和 critically 的使用遵循了诚实和客观的原则。这些报道所使用的模糊语言是对新闻事件的第一手描述，虽然模糊，但却反映出报道者在尽量不掺杂个人情感的客观报道，这符合读者的心理和语言习惯。模糊语言的使用增加了新闻的可信性和客观性，往往会刺激读者或者听众的感官，从而激发他们对新闻进一步跟踪的兴趣。

此外，一些代表利益集团的英文报告使用含糊不清的语言来掩盖他们的倾向，甚至掩盖事实，特别是一些西方官方报告往往使用看似抽象、礼貌和庄重的术语，但实际上却冗长而含糊不清，这就是我们常说的"双关语"。例如，用 revenue enhancement 替代 tax increase，用 rationalization 表示裁员，用 visual surveillance 掩饰 spying，用 economically disadvantaged 借指穷人，用 boys and girls club 淡化青少年教化中心，把 lazy 迂回成 need ample supervision in order to work well 等。

（二）语境在翻译过程中的解释作用

除了作为解释意义的法则的作用，语境对意义的解释也有说明的作用。特定的话语单位只有依赖于相应的上下文才能被解释。语境的解释功能是针对读者、听众和语言分析者的。上下文的解释功能最明显的是它可以消除歧义、确定指称对象、完善省略的意义、提供语言外的意义、引出联想的意义。

1. 文化语境对商务英语的解释

文化语境的"解释"功能是针对交际者，帮助交际者确定话语意义并消除歧义。商务英语作为一门特殊语言，有其特殊的文化背景，具有解释话语的功能。在交际本身的过程中，对话者非常有必要了解文化背景，运用自己的语言知识来理解文本的含义和话语本身。同时，还应该利用背景提供的信息进行思考和分析，从而获得说话者想要传达的全部信息。商务英语涉及国际贸易、国际金融、国际结算、国际商法、国际营销等多个不同领域，与实际商务活动密切相关，必须切实满足各类企业的需求。其词汇习惯与普通词语的含义不同。例如：

formal contract（正式合同）、official approval（正式批准）、dulysign（正式签署）、independent decision（自愿决定）、to obtain the advice of independent professionals（接受无利害关系人的建议）、current income（本期收益）、current liabilities（流动负债）、demand bill（即期汇票）、demand loan（活期放款）、exclusive selling（专卖）、exclusive jurisdiction（专属管辖）、franchise（特许经营）、joint venture（合资经营）、party A（甲方）、party B（乙方）等。

2. 文化语境对广告英语的解释

福克斯认为，广告的语言“本身就是社会的一面镜子”，反映了一段时期内社会的文化和人文偏好。简洁是英语广告的原则之一，但过于简洁会使广告显得平淡无奇，不能给消费者留下深刻印象。为了强调产品的品质，增加说服力，使广告语言富有表现力和感染力，让顾客记忆深刻，英语广告语言的使用中常常采用创新的词汇和表现性的修辞手段，以达到新奇或幽默的效果。新词的精妙、修辞的优美和表现力、语言的精妙之处，对于受过当地文化熏陶的母语人士来说是富有创造性和生动性的，而外国人则必须在英语文化的引导下才能理解其真正的内涵。

新词创造在广告商品商标上用得最多，如 Kleenex（纸巾）、Purex（漂白剂）、Rolex（手表商标）等以 ex 为词缀的商标借用 excellent 词义，暗示商品的质地优良、品质高尚；如 Footique（女鞋商标）、Bootique（女靴商标）等以法语后缀-ique 所造的词，很容易使人联想起表示时装用品商店的法语词 boutique，给商品涂上一层高档浪漫色彩；广告 Ezyrub（易擦鞋油）中 Ezy 与 easy 同音，与 rub 组成复合生造词，言简意明；日本索尼公司的音响设备广告：Hi-fi，hi-fun，hi-fashion only from Sony.（高保真，多乐趣，超时尚，只来自索尼）三个复合生造词分别表示 high fine、high fun、high fashion，耐人寻味，给人启示，产生普通语言不可达到的效果。

另外，广告英语中的典故和修辞更能体现英语文化多方面的特点。如《泰晤士报》的广告 We take no pride in prejudice. 源于奥斯汀的名著 *Pride and Prejudice*（《傲慢与偏见》）。该报纸借鉴和参考了著名的文学作品或传统文本，展示了一种公正、严谨而又富有娱乐性的报道风格，吸引了具有文化修养的读者群。在修辞的使用方面，隐喻、对比、双关、比喻、比较和散文在英国广告中很常见。

例如：

PK chewing gum，penny for a packet. First you chew it，then you crack it，then you stick it to your jacket. PK chewing gum，penny for a packet.

评析：这是PK口香糖的一则广告，行内的packet、crack it、jacket和packet都押韵，整个广告的语言中采用了排比、重复等修辞手法，语言幽默而风趣，使广告语言读起来音调和谐且朗朗上口，便于传播，扩大广告产品的传播速度和影响力。

3. 文化语境对新闻英语的解释

语境的存在有助于解释语音、词汇、语法、语义、修辞等规则和现象，对于理解字里行间的意义和消歧尤其有用。在语言风格上，不同的新闻有不同的语言风格，不同类型的文章有不同的风格特征。新闻写作受到各种共同文化因素的影响，从而形成了英语新闻写作的共同特征，反之，社会文化因素也可以解释其语言特征。

新闻的对象是不同年龄、不同层次和不同文化水平的受众，语言必须考虑到受众的一般水平。可读性是新闻报道与读者听者之间互动的最基本要求，新闻报道同时也与经济相关联。在广告利润丰厚的西方社会，报纸对版面进行定价。为了在有限的空间内尽可能多地报道，新闻编辑们必须尽其所能压缩和改进语言。为了节省时间和空间，新闻编辑部经常使用一些惯例，如“根据消息来源”、“报道了它的内容”等。由于概念的广泛性，短语和缩写正在成为新闻文章中非常常见的词语，特别是在标题中。

当然，在确保新闻的语言准确、清晰之后，应该努力设法让新闻报道生动起来。使用成语和典故来加强语言的表达，是创作新闻文章的一个好方法。例如street value（市价）、cradle-to-grave（一辈子）、imported-brain（技术移民）、the cream of the crop（精品美食）等。

西方的创造力无处不在，不仅体现在科学技术的快速变化和对生活的微妙想法上，也体现在语言的更新上，最好的体现就是新闻语言中不断出现的新词、新事物和旧词的新含义。新词新义如rock、axe、trim、brokeback（同性恋）等；网络新词如google、blog、mook（magazine book）、Euromart（European Market）、parkour（跑酷）等；临时造词（Nonce Words）如haves and have-nots（富人和穷人）、jump on the bandwagon（入伙）、jump-the-couch（疯狂举动）等。

根据英语词汇本身的构成，大多数词汇是通过增加前缀和后缀，或通过一些不规则的变形，或通过借用外国的表达方式和根据各自的构词规则发展当地的俚语而形成并获得新的含义。例如SARS全称是severe acute respiratory syndrome

（中文译为严重急性呼吸系统综合征/非典型性肺炎）。SARS 的缩写和英文发音随着 SARS 在中国的暴发和在世界范围内的传播，逐渐通过新闻进入人们的生活。以前没有这个缩写和发音，但现在几乎是家喻户晓。

新闻英语的表达既要客观、通俗，又要直接、简明、清晰，还要有交际性、理解性、趣味性，具有传递信息和传达、创新英语词汇和表达的双重任务。

（三）语境在英语翻译中的应用路径

1. 语言语境与词汇选择

语言只是一种符号，如果语言失去要表达的内容，也就失去了语言的意义和色彩。我们所说的语境通常是指联想的上下文，包括周围的句子、段落、章节、整部作品等。一位英国语言学家曾经说过，每个新词在新的语境中都会有新的含义，这最能说明脱离了语境，词就是无意义的符号。在翻译过程中，译者必须根据语境来选择许多词语的含义，以达到最准确、最精确的效果。

2. 文化语境与词汇选择

对于一名优秀的翻译者而言，相比于语言学习，了解学习其语言下所深藏的文化习俗更重要、更关键。因为语言是文化的产物，只有了解了文化，才能更加准确深刻地了解语言，才能通过语言将其所指向的文化翻译出来，准确地传达给读者。例如，中国与西方生活和文化的差异：在西方，“你好”通常是“说你好”，而在中国则是“你吃了吗”或“你去哪里”。如果把它们翻译成“你吃了吗?”或“你要去哪里?”就失去了原词的意义和功能。这在西方国家被看作是对人隐私的一种侵犯，是一种无礼的行为。因此，在翻译时，必须使用类似的语言功能，使之易于理解。

3. 情景语境与词汇选择

每一种语言活动都发生在特定的语境中，并与特定的思想或情感相关联，因此每个单词不仅由语言因素决定，而且与语境有关。例如，在小说中，主人公闷闷不乐的行走被描述为 mope round，而不是 walk alone，前者的意思是不安地徘徊，后者的意思是独自行走。从上下文来看，mope round 更适合表达人物的孤独而无助的感觉。

一般来说，语境在英语翻译中起着至关重要的作用。如果翻译内容的语境分析不好，翻译的主题就会偏离原文，失去原文的意义和风格。因此，这就要求译者要丰富自己的文化知识，提高自己的专业知识。

二、语境理论在英语翻译教学中的重要性

在日常生活和工作中，没有特定的语言环境，人们不可能用非母语进行交流。因此培养学生英语听、说、读、写、译的综合能力，就要尽可能地创造出特定的语言环境。

当学生脱离英语课堂的具体语境时，学生的言语行为与语言规则就会发生冲突，语言技能的迁移就无法形成。在传统的英语教学中，教师往往过于注重对语言本身的分析，而忽视了语言的语境和功能的落实，最终导致学生无法使用语言。例如，“我叫他去。”大多数的学生理解“去”为动词，我叫他“去”（而不是叫他到这儿来），因此英语译文应为 I want him to go. 但是，根据不同的语境，也可以把“去”理解为语助词，口头表达时要弱读，意即“我去叫他”。此时，译文应为 l will go to get him. 又如，He loves her more than you. 针对该句话，也要考虑交际行为所发生的语境。如果对话中的 you 为男性，那么此时的 you 便看作主格，其后省略了 do（即 love her），因此，译文应为“他比你更爱她”。然而，假如对话中的 you 是女性，此时的 you 则须看作宾格，前面省去了 he loves，这时，译文应适当地调整为“他爱她胜过爱你”。

这样，不同语境下的语义就有明显的不同，这些差异应该在翻译中体现出来，否则很难达到翻译的目的。为了保证学生正确理解原文和正确呈现译文，英语教学需要与英语的具体语境有机地结合起来。

在翻译教学中，教师的作用是创造和设计生动的语境，激发学生的创造性思维，将对源语言中的信息的感知、分析和重组到翻译实践中，真实地传达原文的风格和意义。由于语境在很大程度上控制和影响着语义，如果不能理解源语言的语境，误解将不可避免地导致翻译脱轨。因此，语境在翻译教学中起着核心作用。英语教师要及时关注和强调学生，逐步培养学生的情境意识。在翻译实践中，不仅要透彻地理解，还要深入分析原文的脉络，确保正确理解，最终选择合适的词语来表达原文的意思，使译文的读者能够理解原文的意思，像原文的读者一样理解和欣赏原文。

（一）有利于教学目标实现

虽然大学英语翻译教学不同于英语其他内容的教学，不需要进行交际，但师生之间应该进行及时有效的互动，提高学生的参与度，增强师生之间的情感共鸣，从而提高学生对英语的深层次学习和理解。大学英语翻译课程所涉及的语境

通常体现在英语材料的历史、文化和宗教背景上，而所涉及的语境对英语材料的翻译极为重要。这样一来，大学英语翻译教学的目的就能更好地实现。英语翻译教学是一种集词汇、句法、语法、文法、逻辑和思维建构能力培养为一体的综合教学模式，这就要求教师和学生具有较强的汉语翻译能力，才能充分理解不同语境中的内容和情感。因此，将语境理论充分运用到大学英语翻译教学中，也能使学生获得新的知识和情感体验。

（二）有利于提高学习效率

语言习得和学习中最关键的是对语言使用过程的深入理解。大学英语翻译教学的目标和要求是实现对人际交流的会话语境和人们在不同语境中呈现的情境及情感的充分理解。在英语翻译的课堂教学过程中，教师要学会引导学生理解和处理英语的文本，并在此过程中准确判断其包含的全部含义和意义。因此，将语境理论与大学英语翻译教学完美结合起来，不仅可以使学生更全面地学习和理解原版翻译的语境，而且可以加深对原版文本的理解和欣赏。当然，在英语翻译教学中也应充分考虑到跨文化的差异，教师应引导学生通过学习和了解不同的语境环境，充分理解跨文化学习的实质和技巧，综合运用自己的经验和方法，达到对不同文化的高度解读。

三、文化语境结合大学英语翻译教学要求

（一）我国历史文化内容的注入

在英语翻译的教学进程中，很多英语教师比较重视向学生介绍英语国家文化、习俗、传统等，往往忽视了对本土文化的介绍，其结果是大量的学生不能用流利的英语表达中国文化的常见现象和事物。他们无法正确翻译“敦煌石刻”和“良渚文化”这些长期以来属于中国传统文化的东西，也无法向外国朋友介绍中国的传统和历史文化。因此，有必要加强汉语—英语和母语的读写能力。

第一，在教学过程中，所选择的教科书，最好包含用英语表达中国文化的内容和具有中国特色文化背景的教科书。这样学生们不仅可以使用英语来介绍中国的传统文化，而且可以加强学生们对本族文化的了解，增强文化自信。

第二，将中国的文化元素融入到西方文化中。教师在向学生们讲解西方文化时，应该通过对比的方式，来适当增加中国类似文化的介绍。例如，教师在介绍西方圣诞节时，可以类比用英文介绍中国的春节，都是各自文化中代表团圆的最重要的节日，并对最常用的与中国文化有关的词汇和短语给学生进行详细的补充

讲解。在课堂外，教师也应尽量引导学生充分利用现在的网络和自媒体，用英语表达中国的传统文化。

第三，教师应积极将中国传统文化的背景知识引入英语教学或翻译教学中，丰富大学生的文化知识，帮助学生在多元文化背景下正确运用英语知识，并在翻译中熟练运用中国传统文化知识，最终达到提高学生学习英语积极性的目的。①

（二）在翻译教学中要注意语境结合

翻译教学的一个重要组成部分是文化素养的培养，因此翻译必须与语境和文化相结合。在大学英语翻译教学中，教师应向学生传授语境翻译的重要性，让学生更深刻地认识到翻译与语境相结合的重要性，从而在他们的脑海中扎根，在未来的翻译中更加注重翻译的流畅性。同时，在大学英语翻译教学中所包含的翻译环节中，教师应结合实例进行讲解，让学生通过不同的语境更深入地了解不同的翻译效果。可见，不同国家的语言体系、社会规范和历史传统有很大不同。中英文表现的差异往往是对同一事物的不同描述和表达，从而导致翻译障碍。

（三）在翻译中体现中国特色

在涉及中国文化的翻译中，最好用体现中国文化的词来传达。翻译成英文时，可以直接翻译文化负载较低的词、短语，即将中文单词直接翻译成英文，这样可以最大程度保留中国文化的特色，例如，饺子（jiaozi），功夫（Congfu）。在涉及英文翻译中文的过程中，例如，Weddings and Funerals（红白喜事），Essential-qualities-oriented Education（素质教育）等，这样能使译文更加贴近中国的文化，直译的优点是增加英语世界对中国特色语言的理解，激发英语国家的读者对中国文化的兴趣。

对于那些中国特有的文化词汇部分，可以采用转移翻译或者音译的方式进行翻译，即直接翻译成汉语拼音。在中国传统文化的汉英翻译中，应遵循忘物忘我的原则，翻译策略应以自我为本。涉及中国文化的专有名字的翻译拼写应使用汉语拼音。这有利于最大限度地保存中国文化特色和语言风格，如 Qin Opera（秦腔）、Mogao Caves（敦煌莫高窟）等。转录或音译是对原文意义和文化最真实的传递及继承，最能保证译文的真实性，忠实地保留中华文化的独特而迷人的神韵。

随着我国经济实力的增强和对外关系的加强，很快就会有更多的词汇加入到

① 赵玉霞．文化多元语境下高职英语翻译教学中的文化导入［J］．英语广场，2021（32）：113-115.

汉语拼音的英语语境中。对于一些有文化特色的词，可以采用扩展的翻译方法，即带注释的直译和带解释的音译。因为这些词如果在直译中没有充分表达，可能会被误解和误读，无法达到通过语言交流的目的。这时就需要对原文中的文化词汇所隐含的文化背景知识进行补充，将文化信息直接提供给译语的读者对象。这种翻译方法是带注释的直译。例如，“春秋三传”直译为 Spring and Autumn Three Biography，英语国家的读者看了会如堕雾中，倘若在译后加注：“The Three Biography of Spring and Autumn” is the collective name of the three ancient works of “Chun Qiu Zuo Shi Zhuan”, “Chun Qiu Gong Yang Zhuan” and “Chun Qiu Gu Liang Zhuan” . “Zuo Zhuan” was originally called “Zuo Shi Chun Qiu”, and was renamed “Chun Qiu Zuo Shi Zhuan” in the Han Dynasty; “Gong Yang Zhuan”, also known as “Chun Qiu Gong Yang Zhuan” and “Gong Yang Chun Qiu”, is a classic that specifically explains “Chun Qiu”; “Guliang Biography” is also known as “Guliang Chun qiu” and “Chun qiu Guliang Biography” . It is a Confucian classic that annotated “Spring and Autumn” . 《春秋三传》是《春秋左氏传》《春秋公羊传》《春秋谷梁传》三本古代作品的合称。《左传》亦称《左氏春秋》,《春秋左氏传》是汉代之称呼;《公羊传》也称《春秋公羊传》《公羊春秋》,是对《春秋》进行专门解释的一部典籍;《谷梁传》又称《谷梁春秋》《春秋谷梁传》,是为《春秋》做注解的儒家经典。只有这样，外国读者才能理解它。这里对“春秋三传”的语义扩展，实际上是一种文化渗透，对那些对中国文化知之甚少的西方读者来说，可以启迪他们加深对“春秋三传”的理解。

第五章　英语翻译教学模式与评价体系

随着经济全球化的不断发展，我国与世界的交往越来越频繁，对外经济发展的范畴也越来越广泛。社会需要更多的翻译人员，对翻译人员的要求也越来越高。这对大学英语翻译教学提出了更高的要求。有关部门需要不断学习国外翻译教学的经验和教训，改革现行的翻译教学形式。在保持传统翻译教学方法优势的同时，要与时俱进，根据时代特点和社会发展积极探索和试验新的教学方法。质量控制与评价体系建设是控制教学质量、完善教学体系、提高教学效果的重要措施。因此，英语翻译教学应重视评价体系的构建。①

第一节　英语翻译教学模式的构建

总的来说，教与学是一项具有挑战性的任务，课程的设计和实施要根据不同的科目进行调整。英语翻译教学当然也不例外。英语翻译教学模式的构建应根据翻译教学的特点，考虑到教学过程中的各个环节，并在英语教学模式的构建过程中考虑到教师和学生的水平，为翻译教学的顺利实施奠定基础。

这种教学形式的最终教学目标是通过合理的教学使学生能够将所学的知识整合成一幅完整的图画或一个抽象的图示。

① 仇桂珍，张娜．英汉翻译与英语教学［M］．成都：电子科技大学出版社，2017.

一、国内常用的翻译教学模式

对于翻译的教学模式的探讨由来已久。在翻译课堂上，应该教什么，如何教，是从事翻译教学工作的教师们关注并且在不断探讨的问题。在对外交流互动如此密集的环境下，对高质量的翻译人才急需的情况下，必须对翻译教学模式进行对比分析，对各种教学模式批判性地吸收继承，在保持传统翻译教学方式优势的同时，与时俱进，根据时代特点和社会发展，积极探索和试验新的教学方法和教学模式，进一步探讨如何培养大学生的翻译能力，努力实现翻译教学的突破，为进一步培养高质量的翻译人才做出贡献。

（一）传统翻译教学模式

传统翻译教学模式的优势在于：加深学生的基础翻译能力，注重学生语言能力的培养，将提高语言能力作为翻译教学的主要教学目标，与英语专业教学大纲中翻译课程的教学宗旨相一致。翻译教学主要是培养学生的基本技能、基本理论、基本方法和基本能力。教师将翻译教学作为一种语言教学方法，通过语言分析，可以巩固和提高学生的语言能力，这在整个英语学习阶段是非常有必要的，有利于教师扮演多重角色，帮助学生发现问题、展示翻译技巧，激发学生的学习热情等。

这种教学模式的缺点也很明显：教师在教学过程中，可能会过于强调微观的语言分析，而对宏观的章法和文化差异的理解强调得太少。学生被动接受、机械学习、缺乏主观能动性。教师只注重对学生最终翻译的评价，忽视对翻译过程的监控，很容易挫伤学生的学习积极性和自信心。

如果将这种翻译模式视为培养学生外语能力的一种方式，那么翻译作为目的和独立学科的影响力必然会被削弱。事实上，翻译作为一门学科的地位已逐渐被中国翻译专家所认识。

（二）对比翻译教学模式

比较翻译教学模式是以两种语言和文化的比较为基础，要求在翻译教学中系统地比较两种语言及其文化差异。

只有通过将我们的语言与其他语言进行比较，才能真正理解我们自己的语言。在翻译教学的初期，对两种语言进行比较和对比是非常有必要的。学生如果了解了两种语言之间的内在差异以及造成这些差异的原因，就会明白翻译实践中的因果关系，进而有意识地培养自己对译入语的认识，主动转变思维方式，努力提高自己的翻译能力。遵循目标语的表达习惯，消除源语言和思维的干扰，提高翻译质量。在文化对比方面，除了语言对比之外，一定程度的理解无疑有助于学生避免误译，尤其是看似正确但含义却截然不同的翻译错误。

当然，这个理想模型有重要的局限性。对于翻译人员来说，迅速熟悉各种系统语言之间的差异并不容易。而且，文化的习得比语言的习得困难得多，换言之，文化比语言复杂得多。如果一个人经过五年的学习最终掌握一门外语，那么至少需要更多的时间才能了解语言背后复杂的文化。由此可见，文化的获得必须经过长期的积累。如果教师利用有限的课堂时间来教授东西方博大精深的文化，显然是本末倒置。

（三）实践翻译教学模式

实践翻译教学模式是指在教学过程中，利用专业的翻译平台，营造一个真实的实践环境，然后在这个所谓的实践环境中进行翻译教学，将翻译教学与实践相结合。这种教学方法力求将翻译教学与翻译市场的需求结合起来，强调翻译的实用性特点，特别突出翻译的服务作用。

翻译教学实践可以与其他教学方法相结合。以案例教学法为例，教师可以将应用性较强的实际学科案例作为翻译材料，让学生讨论分析这些翻译材料的特点和复杂性，培养学生结合实际解决具体翻译问题的能力以期达到社会的需求和要求，从而达到学以致用的目的。

毋庸置疑，这种翻译教学需要翻译教师在学科上投入更多的精力，对翻译行业和其他实践学科有系统的了解，甚至在某些技能上得到进一步的训练，最终成为一名“多面手”。由于教学任务繁重、科研压力大、教学时间有限，这对翻译教师来说是一项非常艰巨的任务。学生也很难全身心地投入到这门课程中，因为除了翻译课程之外，还有很多其他课程要学习，以至于课程可能会仓促结束。

（四）建构主义翻译教学模式

建构主义翻译教学模式注重学生的主观差异，认为学习者是一切教学活动的中心，教师的主要作用是指导学习者的学习。该模式特别强调教师对学生在学习过程中的成功和进步的具体细微差别的评估。建构主义翻译理论认为，翻译过程不仅仅是源语言到目标语言的静态转换。翻译教学的重点应该转向培养能够自我控制、自我调节学习过程、能够自我分析和评价的终身学习者，成为合格的学习者。

建构主义翻译教学模式以其以学生为中心的学习理念，克服了传统翻译教学模式中教师只注重教学而忽视学生个体差异的弊端。这种教学模式要求教师分析每个学生的不同需求，制订有针对性的教学计划，选择满足不同需求、具有自身特色的翻译材料。这种翻译教学可以有效调动学生学习翻译的积极性，挖掘学生的学习潜力，因材施教，促进学生批判性思维和创新能力的培养。

然而，这种看似理想的翻译教学模式的问题在于，很难控制翻译教学中以学习者为中心的“度”，同时兼顾教师的引导作用。另外，对于没有翻译教学经验、不熟悉教学原理、不太了解教学方法的教师来说，以学习者为中心的教学可能达不到既定目标，使翻译教学适应学生需求的目标也很难实现。

（五）人本主义翻译教学模式

人本主义翻译教学模式建立在人文学习理论的基础上。学习者是学习的主体，学习是个体的自我实现。在人类心理发展的整个过程中，人文主义把人的情感和思想放在第一位，强调人的内心世界的重要性。

在人文主义翻译教学模式中，学生扮演的是“参与者”而非“被动接受者”的角色。教师扮演“教师”的角色，而不是简单地传授翻译知识；翻译课程是根据学生的兴趣和能力量身定制的有趣科目，而不是简单的痛苦科目。具体来说，人文主义翻译教学模式包括以下几个方面：

1. 教师的辅助作用

在翻译课堂上，教师起着辅助作用，应在课堂上发挥“脚手架”的作用。在翻译课堂上，教师根据学生的学习水平和兴趣，精心策划翻译内容，在教师的指导下，学生可以自己选择学习的内容和进度以及相应的学习策略。这种模式下的内容是相关的，并允许学生自由和积极地使用他们的认知能力。教师在这个过程中扮演着支持性的角色，即组织和指导学生的独立学习。

2. 肯定的教学评价

人本主义教育模式倾向于对教学的积极评价，应改变“成绩第一”的传统评价观念。在课堂上，教师应尽力为学生提供积极的反馈，这对引导、鼓励和激励学生起到了作用。

特别是当有多种翻译反应，教师不再是翻译的唯一标准时，评估的出发点是关注学习者，包括关注学习者的方法和学习过程以及在这个过程中产生的情感。在评价教学时，学习者应该是评价的对象，除了对所教内容的评价外，还应该对学习者自己的情绪状态进行主观描述，并作出适当的解释和说明。

3. 和谐的教学环境

在翻译教学活动中，师生之间存在着一个合作与交流的互动过程，存在着多方面的情感交流。传统的翻译教学是一种“注入式”教学，其特点是速度快、权威性强、反馈信息少。传统的翻译教学过程是教师向学生进行知识的单向传递，不利于师生之间的交流，容易恶化师生关系，使师生关系变得越来越冷淡和疏远。传统翻译教学模式中师生关系不平等，忽视了建立和谐师生关系的需要。

人本主义翻译教学模式要求教师和学生在教学过程中保持平等地位，逐步建立平等和谐的关系，并在这种教学模式中不断强调和弘扬学生的个性，从而不断提高学生的创造力。

（六）多维信息输入翻译教学模式

信息输入的多维翻译教学模式是指在翻译技能或翻译实践的教学过程中，教师根据教学内容，利用数据库、多媒体、互联网等现代教育技术，进行直观、形象的现场讲授。

具体来说，信息灌输的多维翻译教学模式的教学活动包括以下几个方面：

1. 从以教师为中心转向以学生为中心

英语翻译教学的基本原则是以学生为中心的教与学。在多维信息化翻译教学模式中，教师可以充分利用现代信息技术支持和指导自主学习，进行精心的信息化备课。这些教学设计对于确保学生能够有效地使用这些设施进行独立学习是必要的。

另外，教师要充分发挥引导作用，让学生在教师的指导和建议下选择适合自己的学习内容，使学习内容的选择服务于学习目标的实现。

2. 实现多维互动

交互不仅包括教师与学生、学生与学生之间的交互，还包括人与机器之间的交互。在传统的翻译课堂中，教师与学生以及学生与学生之间的互动很少，通常是在教学练习完成之后。在这个评估过程中，学生之间的交流比较困难，教师无法理解学生在翻译表达上的困难。

在线翻译教学可以实现多维度的互动。教师可以利用多媒体监控整个翻译过程和学生的翻译状态，教师可以随时看到学生在翻译过程中遇到的困难，并可以及时提供适当的指导和帮助。最重要的一点是，教师可以随时进入交流平台，有针对性、有目的地指导学生的交流活动。

3. 创设情景教学

语境对语言的理解和表达有很大的影响。因此，在翻译教学中，能否准确理解原文语境对于翻译的成功至关重要。同样，多维信息传递教学模式也强调情境教学。这种具体、直观、生动的情景解读，可以帮助学生进行比较和反思，克服传统教学方法的弱点，逐步增强学生的感性认识，从而有效调动学生的自主性和积极性，有效激发学生的学习兴趣，这在翻译教学中会取得良好的效果。

另外，对于一些对话，如情景幽默，如果以情景段落的形式呈现给学生，让学生从人物的声音、表情和动作中亲身体验幽默，译文就会充分表达原作的幽默。但脱离语境，就会给译者和读者理解目的语造成一定的障碍，可能就无法欣赏原文的幽默。

（七）过程式翻译教学模式

无论教师采取何种教学措施，翻译活动本身就是一个主动的过程。翻译过程可以分为分析过程和综合过程两个阶段。每个阶段都分为三个不同的领域：句法、语义和语用。在这三个领域中，译者对原文的分析和译文的综合实际上就是跨语言信息的翻译过程。

过程导向的翻译教学模式的出发点是分析翻译能力及其在翻译过程中的作用，从而不断认识和理解译者的行为、思维活动、创造力以及翻译过程中的问题和解决方案。可见，这种模式有助于培养学生的翻译能力，在翻译教学中发挥着非常重要的作用。

翻译教学的过程模式包括以下具体教学活动：

学生接到翻译任务后，应在教师的指导下做好翻译准备。教师应提前确定翻译的状况，包括作者的意图、翻译的目的、文本的背景、截止日期以及待翻译文本的具体要求。此外，教师还应拓宽学生的学习渠道，如词典、网络、百科全书等，以不同的方式分析话题和术语。

教师在给学生布置实际翻译任务时，还应给予相应的指导和告知，特别是及时指导，让学生对翻译中会遇到的问题（如翻译策略、原则、程序等）有心理准备。

在翻译练习中，教师可以以翻译研讨会的形式鼓励学生共同讨论翻译练习，合作完成翻译任务。提交译文时，学生应表达在翻译过程中遇到的任何问题或困难，以便让教师对学生的困难准确把握，为以后的翻译教学指明方向。

灵活考核学生的翻译工作。评估可以由教师或学生对彼此的作业进行评论来进行。教师在提供反馈时，应着重于引导、分析和启发翻译过程。这可以通过互动的方式进行，最大限度地提高学生参与讨论和评价的热情。需要注意的是，评价时不仅要明确指出翻译中的错误，回答学生的问题，还要及时鼓励学生，表彰翻译质量高的作品，更好地培养学生独立思考和创新的能力。

（八）流程图式翻译教学模式

根据功能翻译学派的相关翻译理论，翻译研究应采用从整体到局部的宏观分析方法。在翻译实践中，需要将宏观层面（翻译的目的和功能）与微观层面（词语、句子、篇章）结合起来。这种翻译教学模式类似于工业生产的流程图，因此被称为流程图式翻译教学模式。这种新的翻译教学模式适合激发学生学习翻译的兴趣，提高他们对教学内容的兴趣，从而促进翻译教学目标的实现。

流程图式翻译教学模式（见图 5-1）包括七个阶段，分别是目的分析、功能分析、语域分析、文化分析、策略分析、语言分析和初译稿—校对润色稿—终稿。

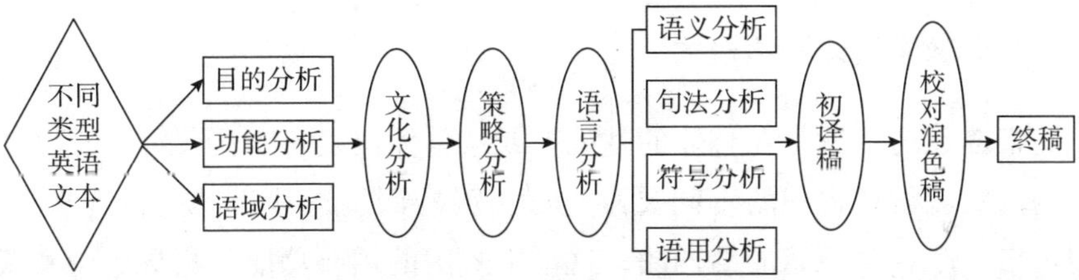

图 5-1　流程图式翻译教学模式

将流程图法应用于翻译教学时，应在翻译教学初期为学生设计严格的流程图，并根据流程图及时完成并提交最终译文，从而不断训练和提高学生的实践能力。当学生熟悉翻译流程并达到一定的翻译水平后，可以省略书面流程图的制作。可见，流程图法在翻译课堂上的应用不是一朝一夕的事情，而是应该逐步运用到翻译教学实践中，最终促进翻译教学目标的实现。

随着跨文化交流和全球一体化的发展，翻译的桥梁作用日益凸显。但需要注意的是，在实际翻译教学中，教师应在了解各种翻译理论的基础上，根据当地教学实际进行有针对性的教学，从而提高翻译教学效果，促进学生翻译能力的提高。

（九）多媒体和网络翻译教学模式

国内部分高校尝试在网络课堂进行翻译互动教学，如首都师范大学和广东外语外贸大学，后者还研发了口译在线教材。这些例子清楚地说明了现代信息技术在翻译教学中的重要作用。多媒体网络强大的信息和丰富的资源使教师大大扩展了翻译内容的选择，同时考虑到学生的个体差异，有针对性地选择翻译材料。另外，多媒体学习平台具有监控功能，可以轻松跟踪学生的具体学习状况，还可以对学生进行逐步评价，及时反馈学习结果。这些都使得翻译教学的便利性达到了其他教学形式无法比拟的程度。

当然，要利用多媒体和网络平台进行翻译教学，必须满足两个条件：一是有相应的翻译教材，二是满足网络平台的素材要求。基于网络平台的翻译教材设计要求翻译教师具备过硬的网络专业知识，这对于语言教师来说是一个难点。

此外，多媒体材料的开发也有赖于相关部门的相应资金支持，一些贫困地区的学校仍需付出巨大努力来克服这一问题。在线教育的另一个弱点是缺乏课堂气氛。从实践和心理学的角度来看，在线环境下的教学会给学生和教师带来一种无形的压力，即所谓的交流焦虑。因此，尽管机器辅助翻译学习促进了翻译活动，但它也会对人类的自然语言活动产生消极影响。

二、翻译教学整体构建模式

所谓整体建构，就是在整体的基础上或从整体出发，对翻译教学模式进行适当的建构，对教学过程中的不同要素进行明智的调整，并对其进行合理的安置，最后拟定出一个相对稳定的结构图，这个模式图的主要功能是指导教学实践。

本书不讨论构建模型图的具体方法，主要讨论在整体构建模型的背景下，翻译教学的原则和准则。

（一）翻译教学整体构建模式下的教学原则

研究表明，整体构建翻译教学的最终目标是将知识系统地转移到学生的大脑中，并形成一个隐喻或抽象的知识体系。

为了保证整体构建模式下翻译教学的顺利开展和正确实施，当然必须遵守以下原则：

1. 教师观原则

在整体构建模式的指导下，教师是翻译教学的主要构建者，这在一定程度上决定了教师在教学活动中的特殊地位。同时，为了达到预定的学习目标，教师还必须在特定的教学模式指导下对学生进行一定程度的指导。教师需要根据整体构建模式的指导，在自己的水平上构建整体知识体系进行翻译教学，这样才能在学习过程中自信地指导学生。因此，教师在教学时要特别关注学生的个性发展和创新能力，充分调动他们的主观能动性，让学生根据具体环境的教育要求构建自己的翻译知识体系。

2. 学生观原则

在翻译教学的整体建构模式中，学习者的角色是教学活动的对象，发展翻译学习的观点意味着整体知识体系的建构。

由于学生在上大学之前已经有了一定的英语学习经验，所以翻译课程的学生应该把以前的经验运用到现在的翻译学习和翻译实践中去，以便从整体上建立自己的专业和知识，最终提高翻译能力。

3. 整体互动观原则

必须说，无论是传统教学模式还是现代创新教学模式，教师和学生之间的沟通都是必不可少的。

在基于整体建构模式的翻译教学实践中，师生互动是实现教学的根本，也就是说，在翻译教学的整体建构模式中，师生互动在实际教学中的所有问题都是根据总体框架确定或设定的。

在课堂上，传统的教学方式只是简单地解释一个词的具体含义，而整体建构模式的教学则不同，它不仅解释了这个词的具体含义，而且还根据当前的语境教给学生最高层次的实用性意义。

当然，这主要是一种引导性的方法，也就是说，教师要彻底改变以往的教学模式，在讨论语用功能对等时，要分别考虑语言和语用的意义，而学生也要从这种综合对等中形成和构建自己的知识体系。

（二）翻译教学整体构建模式下的创新发展方向

课堂教学实践和课外教学实践的应用都是在翻译教学整体构建的基础上，在整体构建的模式下进行的。

在翻译教学课程的实施过程中，教学和学习都完全基于整体性的构建模式。这对翻译教学的质量有积极而深远的影响。

总的来说，在整体模式基础上发展起来的翻译教学的创新发展，主要集中在以下几个方面：

1. 引导教师向翻译教学整体构建模式的方向创新发展

尽管教师是在整体构建模式下发展起来的翻译教学的重要组成部分，但教学发展的重点已经从传统的以教师为中心的方法转移到以学习者为中心的方法。

教师的身份发生了根本性的变化，从知识的主导翻译者变成了知识传播的管理者，此时他的身份已经变成了整体知识的构建者。在进行教学时，把学生作为教学的中心和重点，从学习方向、学习内容、学习实践等方面整体构建学生的知识体系，从而使翻译教学顺利进行。

由于当今社会对译员的要求越来越高，每个译员不仅要对自己的第一和第二语言有很好的掌握，还要有跨语言的能力，以满足社会的需要。

这种超强的语言能力要求教师在整体结构的基础上向更优化的方向发展翻译教学模式，因为只有这样才能使培养的人才适应社会的需要。

2. 引导学生向翻译学习整体构建模式的方向创新发展

在传统的教学实践中，教师是课堂的绝对主宰，完全控制着学生需要学习的内容。在向学生传授相关的知识和理论后，学生的任务是通过大量的实践使知识或技能得到记忆。

整体建构模式下的翻译教学是不同的，当教师的任务是让学生主动参与到整体建构模式的翻译学习计划中，积极引导学生在建立知识的过程中，对这个模式的问题进行相应的思考时，教师的角色就会发生很大的变化。

在这种类型的教学中，学习者的角色从知识的被动接收者转变为主动的拥有者，他们寻求与探索知识和技能，并积极地把它们作为一个整体来构建。这种从知识的被动接收者到主动者的转变，体现了学生在教学实践中的主体地位，不仅能调动学生的学习热情和积极性，而且对于学生知识的积累和翻译技能的不断提高也是有着很大的促进作用的。

3. 引导教学过程向翻译教学整体构建模式的方向创新发展

与传统的强调结果相比，以整体结构的模式进行翻译教学，可以增强学生的个性和教学过程。

这种教学形式要求教师与学生之间、学生与学生之间就相关的教学内容进行非常高质量的交流和互动，而学生本身也应该积极参与到教学的各个实践环节中，这样教师和学生就可以朝着注重教学过程整体组织的模式进行创新。

在整个翻译教学的实施过程中，教师和学生都应该在全球最优的基础上，以整体的方式构建自己的教学或知识模式。

在这种教学形式中，教师必须首先将教学的语义、内容和实践作为一个整体进行建构，并制订相应的教学模型图，而学习者的任务则是根据这个模型图建立和完善自己的知识体系模型图，同时在建立或完善过程中提高自己的实践能力。

总之，只要教育双方都朝着翻译教育的整体模式努力，翻译教育就有一定的创新和发展潜力。

三、翻译教学翻转课堂模式的构建

传统翻译课堂的活动，是教师根据翻译课程的设置，讲授相应的教学内容，主要包括翻译理论、翻译方法以及策略和技巧等，并进行相应的翻译实践以检验课程的教学效果。通常来说，在传统的翻译课程上进行的教学活动是：教师作为主角，在课堂上讲解；学生作为知识的被动接收者，接受知识，并且做练习测试，教师批改练习，进行评价，并在课堂上点评。这是一种自上而下的教学方法，教师是课堂上的主角和权威，学生被动地听讲，师生的交流比较少。

（一）翻译教学翻转课堂的形式

翻译教学的翻转课堂与传统的翻译课堂有很大不同。在翻转课堂的翻译教学模式中，学生首先通过做练习来体验翻译，然后与同学讨论，解决他们面临的问题。在教师的指导和帮助下，他们扩大知识面，进一步解决问题，提高感性认识，最终内化并获得翻译的理论知识。他们学习翻译策略，掌握翻译技巧，提高翻译能力。这是一种自下而上的教学方法。学生是学习的主体，他们应该主动求知，独立思考，互相帮助，合作进步。教师是组织者，是帮助者，是促进者。

以“研讨会”形式进行的小组练习是将课堂和教室变成翻译室的有效方法。这些“研讨会”也称为翻译练习和学习小组。在教师的协调下，学生可以组成3~4人的小组，每个小组由相对优秀和基础相对较差的学生组成，这样他们就可以互相帮助。小组练习可分五个步骤进行：①小组成员单独翻译初稿；②小组成员讨论对原文的理解和翻译表达存在的困难以及问题；③小组内成员之间互相审查每个成员的翻译；④团队整合各个同学的翻译稿件的优点，形成最终最佳的译文，签上各成员姓名，作为集体成果提交给教师；⑤教师反馈，在反馈的过程中，既要对各个小组翻译出彩的地方进行表扬，同时要对存在的问题进行点评，避免以后出现类似的错误。对于教师来说，这样的练习有两个优点：首先译文经过了学生在小组内的讨论和修改，因此质量比学生个人初稿高；其次教师批改的作业数量少了，有更多的精力和时间做细节的推敲和点评。对于学生来说，翻译质量的提高不仅意味着他们在练习过程中的进步，而且在小组内讨论修改，使得学生翻译的分数更高。在一定程度上可以缓解基础差、害怕翻译的学生的压力和焦虑，帮助学生树立翻译信心，培养翻译兴趣。在小组讨论中，学生共同解决理解困难并协商表达自己的最佳方式。此外，成绩相对较差的学生可以逐渐提高理解能力和表达能力，甚至反思自己的语言学习，通过互相帮助学习，有助于增强团队精神并营造积极的学习氛围。

学生与学生之间的互动也可以在更大规模的小组内进行。最终，在小组翻译准备好后，即第4步完成后，各小组将派出一名代表以PPT的形式展示最终小组翻译成果，其他小组的学生可以发表评论或提出问题。这种课堂间的互动更像是一个翻译评论的论坛，展示了学生的知识和智慧，培养了他们参与学术评论和对话的勇气，这对于培养学生成为“全面发展的人”具有重要意义。为了保证更多的课堂讨论时间和空间，两种形式的学生互动都可以在课前进行，然后进行课堂讨论、反馈和总结。两种形式的学生互动都应该在讨论结束时进行总结，以便将在转化过程中获得的感性知识提升为学生能够理解、掌握并最终内化的逻辑知识。

（二）翻译教学翻转课堂构建的条件

1. 教学理念

基于经验哲学和认知语言学的基本思想，构建了认知语言学的翻译模型。认知语言学的模范模型认为，翻译在认知上是基于现实世界经验对认知主体的多重的相互作用。译者应在深入理解源文本所表达的不同含义的基础上，努力将其映射到目标语言中，并试图在译文中推导出作者所意图的真实的、感知的世界。翻译的成功取决于译者的翻译能力，即识别和理解原文的能力以及用目标语言表达原文的能力。翻译教学的重点是培养学生的这种综合能力，这也是翻译教学的核心理念。

近年来，建构主义理论被运用到各种教育活动中。建构主义教学观认为，认知随着经验的发展而发展，知识是经验的重新组合和重构，是一个不断进行的心理建构过程，是一个体验、发现和创造的过程。建构主义教学观倾向于通过互动与合作来建构知识，特别强调通过与环境或同伴的互动与合作来学习，以激活我们内部的不同媒介和知识。孤立的学习不会导致知识和能力的发展。将建构主义教学理念运用到翻译教学中，进一步丰富翻译互动的概念，改变传统的学习者与译者互动的形式。翻译教学中的文本交互转变为学习者与学生的交互，师生交互在学习者—译者—文本交互的基础上协调起来。

翻译教学是以学生翻译实践为中心的教学活动，旨在帮助学生学习翻译理论，提高翻译技能、策略和技巧。为了实现这些目标，学生必须与现实世界、语言和源文本训练环境充分互动。翻译教师应树立“以学生为中心”的教学理念，充分强调学生学习的主动性，鼓励他们积极尝试，不怕失败，勇于体验和探索，积极解决问题。鼓励他们积极配合，参与小组和班级讨论，培养团队精神。鼓励他们积极配合，参与小组和班级讨论，培养团队精神。尽量让他们在翻译实践经验的基础上总结自己的感性知识，使之还原为理性知识和理性方法，从而内化知识，真正提高翻译能力。

2. 师生关系

教学是教师和学生共同进行的活动。建立良好的师生关系是有效教学的关键。翻译教学的翻转课堂是增加师生互动的一种手段。师生关系是组织者和行动者的关系，教师不再是学生唯一的知识来源。学生通过积极参与翻译活动、体验翻译来内化知识。在此过程中，学生如果在讨论实践中遇到问题，应该求助教师，在教师的指导下共同讨论以便解决问题，在师生互信的关系中主动获取知识。学生之间的关系不再是封闭的关系，而是一种合作、协作的关系。通过讨论，他们在解决翻译任务的过程中互动、配合，共同解决问题，互相帮助、互相启发、互相学习。在共同解决翻译任务的同时，体验共同学习知识的乐趣，培养团队精神，树立翻译信心，提高学习翻译的兴趣。

如何构建和谐师生关系，是个值得重视的问题。

第一，加强师德修养，提升个人魅力。教师的人格魅力不仅得益于他们的学术水平，更得益于他们严谨治学的态度和认真执教的精神，在他们的言行中，自然流露着一个高校教师应有的文化素养和人文精神。教师的权威是以其渊博的学识、敏锐的思想、开阔的视野和谦逊宽容的品质所闪现的人格魅力赢得学生的尊敬与喜爱；以其身上体现的智慧、知识、道义的力量直接对学生产生无言的持久的影响；以其乐观豁达的生活态度和对学生的鼓励信任，激起了学生的心灵沟通、思想碰撞。因此，教师必须不断加强师德修养、优化自身的知识结构和能力结构，塑造出教师的个人魅力，才能促进大学和谐师生关系的构建。

第二，确立知识上的实质性权威。教师的权威是一种潜在的无形的教育力量，它是一个教师顺利而有效地开展教育教学活动的必要条件。彼得斯曾把教师的权威划分为制度层面上的形式权威和知识层面上的实质性权威。在教育教学活动中，更为重要的是实质性权威的存在。对于具有自主性、自觉性的大学生来说，往往希望自己的教师知识渊博，讲课深入浅出、生动有趣，学术研究堪称一流，待人平和，具有崇高的人格魅力和完美的形象，所有这些要求都并非制度上赋予的，而是来自知识领域的。只有教师自身的素质水准提升了，学生才会尊重、信赖他，主动与其交往。

总之，教师作为知识和文明的传播者，理应受到学生和社会的尊重，同样，学生丰富的内心世界及独特的情感表达方式，教师也必须给予理解和尊重。随着教育改革的不断深化师生关系已从陈旧的“师道尊严”的堡垒中解放出来，正朝着健康方向发展。平等、民主、和谐的师生关系是实施素质教育的根本保证，是发展教育的基础。只有师生关系和谐健康，学生才会乐于接受教育，才有可能被培养成为符合社会发展需要的高素质人才。

3. 教学设计和教学方法

以学习者为中心的翻译课堂必须提前精心策划和备课。根据课程要求，教师要精心选择活动内容和方式，规划教学步骤，向学生提出明确的翻译任务，让学生在过程中体验翻译任务应该以整个章节的形式组织，而不是单个句子的形式。

章节是一个相对完整的文本，具有七个基本的特征：衔接、连贯、目的、可接受性、上下文、信息和互文性。作者在创作这一章时一定会有一个意图，创造一个情境，向某人传达一个信息。这些信息往往与单词、句型、修辞格甚至章节的整体结构相关，也常常与相同甚至不同体裁的其他章节相关。衔接和连贯是章节最重要的特征，赋予它特殊的文本特征。单词或话语本身的含义应与其在特定上下文中用于表达特定意图的方式区分开来。说话者的意图和词义都包含在特定的上下文中。因此，章节的练习提供了更全面的语言和情境语境，充分反映了课文的特点。章节练习还应包括不同体裁的文本：文学（小说、散文、诗歌、戏剧）、新闻、技术文本、应用文本等。练习循序渐进，以便学生理解与熟悉术语和内容，熟悉每种类型的文本中使用的表达方式。

在选择翻译练习的文本时，首先，要考虑的是原文是否有趣。符合学生兴趣的话题可能会让他们更感兴趣，他们也会更积极地进行翻译。其次，原文的适合性也应该考虑在内。所选材料应该尽量适合学生的知识水平。太难，就会使他们对翻译感到恐惧，并使他们不愿意练习；太容易，则会让他们觉得毫无意义。再次，应该考虑选择的材料是否合适，也就是说，材料的长度应该是适中的。太长，学生会感到疲惫，会影响翻译效果；太短，学生对材料的接触就不充分。一般来说，300 字左右的英文短文比较合适。最后，应考虑多样性，既要考虑社会和就业的需要，又要考虑学习者的兴趣。

在设计翻译课程时，可以按照顺序组织。首先，学生被分成 3 ~ 4 人的小组，每组以工作坊的形式进行。学生拿到练习材料后，小组成员翻译他们的第一张图，然后在课堂上讨论，单独审阅每个成员的第一张图，准备最后一张图，并写下翻译总结。团队派出代表向全班介绍最终稿，未解决的问题在全班进行反映和讨论。同时，教师们答疑解惑，引导学生进行总结，提高感性理解，将所学知识与教材或语料库（包括目的语优秀作品平行语料库和相应优秀翻译语料库）相结合，进一步内化知识。

4. 教学材料

翻译课程的教材不仅应包括传统意义上的书本教材，还应包括以上平行文本语料库、可比文本语料库和网络资源。翻译课程的教材一般都是通过句子来讲解翻译方法和技巧，没有明显的辅助话语，往往给学生留下翻译只是句子层面的语言转换的印象。教科书中的大部分练习都是以章节的形式组织的，但用于评估的参考译文通常位于书的最后。因此，有必要专门为学生准备一个练习库。

平行和可比语料库有着不同的目的。一是为学生提供目标语言的同一主题的常规文本，帮助他们理解该主题文本的表达规则、语气和词汇。二是提供同一原文的不同译文，方便学生探索和学习翻译策略及技巧，掌握翻译的一般规则。双语对应语料库的实验论证表明，学生可以根据自己的观察和总结自己的翻译技巧，并对自己在一定时间内的翻译行为进行评价或反思，有利于翻译技巧的掌握。使用小型通用或专业双语语料库进行以学生为主导的课堂教学，能增加学生对源语言文本的理解并提高他们的目标语言表达能力。总之，这两个语料库都可以帮助学习者猜测和提高表达能力，应相互结合使用。在线资源允许学生查阅词典、背景知识和相关学科知识，以达到对原文的全面理解。

5. 材料条件

良好的网络系统和多媒体教学设备是构建翻译教学课堂建设的必要物质条件。通过良好的网络系统，学生可以快速获取文本信息、作者信息、主题信息等相关内容，创建或搜索平行、可比的文本内容。因此，学生可以提高学习和翻译效率，更多地了解相关主题，增加信息量，提高学习翻译过程的兴趣。通过自建或平行语料库检索，学生可以获得同一主题的目标文本，并学习用标准的行业术语和短语进行表达；通过自建或构建可比语料库，学生可以获得同一原文的一个或多个译文，进行比较翻译研究，研究译者风格和主观性，探索语境和语序的关系，探索与学习不同的翻译方法和途径。多媒体教学设备保证课堂讨论在语言环境中进行。多媒体教学设备保证学生在课堂讨论中能够轻松呈现小组练习的结果，并利用超链接功能进行生动而形象的展示，提高演示效果。

四、翻译教学混合式学习模式构建

（一）混合式学习应用于高校英语翻译教学中的意义

在翻译课堂的教学中，学生需要掌握基础翻译理论的知识和一定的翻译技能，在翻译的实践中不断运用理论，提高翻译能力。在传统的翻译教学课程中，教师通常采用的是传统的知识讲授外加大量的练习的教学方法。这种教学方法存在两大问题：在学习翻译理论时，主要目的是让学生记忆和理解，在讲课过程中自然浪费了大量时间，从而影响了教学效果；在做课堂练习时，学生思考的时间很少，这使得学生很难完成课堂练习，大大降低了教学效果。

1. 提高学习者的自主学习能力

（1）采用真实的情境。教师利用现实生活中的情景，有助于提高学生自主学习的积极性，如在课堂上使用翻译案例，让学生置身于现实生活中。需要注意的是，为了取得好成绩，学生需要在课前学习，掌握相关的翻译理论和技能。

（2）指导学生进行自主学习。对于翻译课程，教师在备课授课的过程中可以将其转化为微课，使学生在自主学习过程中能够得到更多的指导。对于线上课程，教师可以提供多种学习资源，让学生自主选择，鼓励学生多探索不同的课程并且尽快找到适合自己的学习方法。

（3）运用启发式的教学策略。对于活跃课堂气氛，鼓励学生积极参与课堂都有着重要的作用。在具体的翻译教学课堂中，教师可以提供一些生活中的翻译案例让学生进行探讨翻译，并与学生分享翻译成果，取长补短。教师在点评翻译成果的过程中，可以带领学生根据翻译实践来更加深刻地理解翻译的相关理论和翻译技巧，引导学生对翻译进行深入的思考，加深学生的印象，激发学生的翻译热情。

2. 丰富教学资源

随着信息技术的发展，新的教学形式出现了，教师可以将信息技术与翻译教学相结合。如今，大部分领域都被互联网所覆盖，除了在课堂上学习知识外，学生还有很多不同的方式来获取知识。双语知识、翻译技巧和其他相关的学习材料都可以在互联网上找到，学生可以随时随地在网上找到他们需要的相关材料。

3. 评价方式更加多元化

在混合式教学模式背景下，教师不应拘泥于原有的评价方式，而是应该建立新的立体式的全方位的评价方式，真正实现以学习者为中心的目标，从而客观反映学生的学习情况，不断调动学生的学习积极性和热情。

(二) 混合式学习在英语翻译教学中的构建流程

1. 基于 POA 的中西文化对比与汉英翻译混合式教学思路与设计

混合式学习理论在国外实施较早，理论发展普遍成熟，一般采用线上线下相结合的学习方式，让学生可以自主选择适合自己的学习方式。在国内，文秋芳教授经过深入研究，提出了一种新的教学模式——生产导向法（POA）。在课程开始时，教师通常会根据课程选择输出，并在课堂教学中根据学生的实际水平进行有针对性的教学。同时，教师规划一些相关的翻译任务，并给予学生小组交流的机会，以顺利完成任务。

为了巩固所学的知识，形成良性循环，教师以符合情境的方式组织学生并与之交流。在教学管理中，始终遵循以生产为导向的方法，并与多媒体技术相结合，以便在课堂上实施课程，解决问题。

在具体的教学环节中，教师和学生遵循结果导向法，划分教学阶段，在不同阶段提出不同的任务。在对课程进行评估时，不要使用老式的终结性评估方法，而应灵活使用各种评估方法，对学生进行综合评估。

(1) 教学整体思路。对结果导向法概念的分析表明，教师应在教学过程中发挥促进作用，教学活动应以整体方法和正确的教学假设为基础。教师应在教学过程中发挥促进作用。

根据这一教学理论，教师在制定教学计划和安排教学程序时应注意以下几点：第一，应该在网络教学平台上对语言材料进行筛选，并按照教学计划布置教学任务。第二，在布置学习任务之前，最好能为学生提供相应的学习资料和参考材料，在学生完成作业的过程中可以有依据地去查阅资料。第三，学习任务完成之后，就可以在班级内部进行任务的展示。

(2) 教学流程设计。第一，驱动设计。驱动对学生的学习兴趣有很大的影响。根据生产导向法的指导，驱动设计的具体要求是：教师应向学生提供一系列的主题，以供学生选择。让学生讨论并提出具体的交流场景，让学生及时发现自己的语言缺陷，从而产生强烈的学习动力。

驱动任务不能由个人完成，而是由学生小组完成。上课时，教师可以把学生分成几个小组，每组 6~8 人，让小组成员选出一名组长，这样在分配任务时，小组成员可以根据自己的情况完成小组的翻译任务。在遇到问题的情况下，教师应该及时提供建议，以便让学生能顺利及时地完成任务。

驱动可以在自学平台上传相关学习资料供学生查看，并应设定具体目标，让学生保持学习兴趣。任务应在规定时间内完成。教师在开始时应充分考虑学习任务清单，以便为学生提供生动、图文并茂的材料。学生可以根据自己的水平选择教材，自主学习，不懂的地方可以标注并及时向教师反馈。

这样，教师就可以监测学生的学习情况，从而有针对性地进行课堂教学。网上和微课中提供的学习材料非常有利于学生的自主学习。在课程开始时，教师应提供课前指导，并指导学生总结他们遇到的问题，以便教师在课堂上有的放矢。

第二，促成设计。这是教师为学生准备任务清单的部分，并应指导他们自己的学习，以确保成果的实现。

在促成设计的环节中，教师应注意以下几点：首先，教师要关注学生在翻译中遇到的难点问题，并及时分析讲解。在讲解时，应多采用启发式教学策略，引导学生独立思考，并应确认学生是否掌握了相关的关键知识。

其次，教师应给小组成员讨论的机会，让学生根据学习工作表表达自己的观点。这时，教师应发挥好监督作用，密切关注不同学生的参与情况，确保教学质量。

最后，回顾反思课堂。教师应该及时回顾整堂课，评估班级的优势和劣势，总结学生翻译的文本的优点和不足，以便下一堂课能更顺利地进行。

（3）评价设计。这是结果导向法的最后一部分，但它是至关重要的。因此，教师需要认真对待这一环节，在评价时要公开、公正。

教师深入分析混合式学习的特点和相关的结果导向评估后，可以制定科学的评估和测试体系，建立学生档案。首先，教师可以利用网络平台的数据调查学生的学习过程。其次，课堂上应组织一些示范活动，以便教师对小组的整体情况进行评估和总结。最后，在进行学期的总体评价时，应将其纳入小组的评价笔记本和文件夹中，从而将形成性评价与总结性评价结合起来。

2. 基于翻转课堂的混合式教学模式下大学英语翻译课堂的具体设计

所谓基于翻转课堂的混合式学习模式，就是循序渐进地为学习者制定学习策略，下面讨论这种课堂设计的不同阶段。

（1）课前预习阶段。通常来说，教师应该提前布置作业，让学生对于未来一段时间内的学习内容有充分的了解。对于大学英语翻译课程来说，课前预习的内容应该包括翻译的基础理论知识和翻译的基本技能，以及相应难度的翻译练习。

学习翻译必须要辅以相应的翻译练习和翻译实践。根据翻转课堂的教学要求和教学理念，教师可以通过网络或者课本向学生提供翻译练习，让学生课前准备，做到心中有数。教师所提供的翻译资源可以是多样性的。

在信息时代，通过各种渠道收集信息对学生来说是相对容易和方便的。学生在收集信息时，不受时间和空间的限制，有很大的自由度。同时，教师还应该计划和分配实践环节，使学生能够了解不同阶段要学习的理论知识。

（2）课中互动阶段。目前的英语课程没有专门的翻译室以供使用，因此，教师更应该合理安排时间，努力为学生提供足够的时间和精力来进行翻译训练，在有效的时间内，要尽可能地提高翻译的效率，保证翻译的质量。

在学习初期，学生可以进行自主学习。自主学习的时间可以定时为 10 分钟之后，教师还可以对学生所学内容进行抽查，以确定学生对于学习内容的理解程度，为后续教师的讲解提供方向。课程中的互动阶段，也可以让学生分组讨论之前的翻译练习，并通过小组讨论给出最佳答案。然后，教师可以在课堂上反馈评估学生预习的效果。

（3）课后巩固阶段。为了使学生不断提高自身的翻译能力，大量的实际翻译练习是必不可少的。对于没有学过英语翻译的学生来说，练习更为重要，所以课后做巩固练习是大学翻译教学过程中必不可少的一步。教师除了要求学生做一定量的书面练习，还应该鼓励他们在课外多做翻译实践练习。通过实践，学生可以不断总结所学知识，从而更好地将理论与实践结合起来。

在此需要注意的是，教师应向学生强调保持学习日记的重要性，并强调应按时提交日记。

五、以学生为主体的翻译教学模式

长期以来，我国的外语教学方法基本上都是语法翻译教学法，其主要目的是培养学生的阅读和翻译能力。在实践教学过程中，大多是让学生熟悉语法规则和例句，然后通过归纳和翻译练习巩固语法概念。后来，视听法、听力法、交际法、阅读法、情境法、认知法、情感法、理解法等引入我国外语教学。不同的语言教学方法相互继承、相互学习、相互促进。因此，我们可以从多种外语教学方法的发展中感受到其发展的内在规律。

（一）外语课堂教学中心转换模式的提出

近年来，我国对大学语言教学环境进行了大量的研究和实验，取得了一系列的成果。除了突破传统的以教师为中心的教学模式外，还有以交流为中心、以学习者为中心的教学模式。然而，在外语教学模式改革中，我们应该认识到任何教学模式的参与者都是教师和学习者。因此，教学过程中的教学中心应该存在于教师和学习者之间根据教学内容、教学任务、教学方法和学习策略不断变化的过程中。下面将讨论教学模式的层次性、可变性和有效性三个方面。

1. 教学模式的层次性

教学模式的层次性要求语言课堂的教学中心发生转变，现代语言教学有三个不同的层次：①宏观模式（或语言学习模型）。②中间模式（设计层次的草图模型）。③微观模式（课堂教学模式）。每种语言课堂，在本质上都是这三个层次的具体表现。

2. 教学模式的可变性

英语教学模式的多样性，也就决定了其教学模式不是单一固定的，而是多样性的，可变性的。

（1）可变的教学阶段。不同的学习阶段应采用不同的教学方法。每个学习层次的学习者都有不同的要求，教学要有针对性。因此，课堂模式的具体设计应尽可能体现随着学习者水平的提高而在方法和形式上进行不断的变化。第二语言对于学习者来说是外语，没有母语特有的语言环境。在外语教学中，教材是信息输入的主要渠道。然而，教师在决定向学生提供哪些信息以及以什么顺序提供信息方面仍然发挥着核心作用。然而，仅仅教材的输入是有限的，教师需要根据教学的需要，选择、筛选与教学直接、间接相关的信息，经过加工（而不是灌输）后介绍给学生，以培养学生的学习兴趣。学习和扩大学生的信息与知识。因此，在课堂语言输入过程中，在大多数教学中，教师应该是语言信息的传递者，学习者应该是信息的接收者。

（2）教学认知主体的变化。学生和教师是教学活动的认知主体，教材和其他现代教学设备是教学认知活动的手段。由于不同机构的学生和教师不同，即使在同一机构内、不同时期，学生和教师也是不同的。例如，学生在年龄、教育背景、外语背景、学习动机、目标、期望、语言技能强度、学习策略等方面存在很大差异。同时，教师的专业背景、语言水平、教学经验、语言能力、对教学方法的偏好、对教学效果的期望也有很大差异。因此，教学设计并不是一成不变的，从一本教科书到另一本教科书，从一个时期到另一个时期。随着教师理论水平的提高和教学经验的积累，他们会逐渐认识到原来设计的缺陷，重新设计教学方案，从而进一步提高课堂教学质量。因此，在实际教学过程中，教学的中心不是一味地以学生或以教师为中心，而是在教师和学生之间不断转移。

（3）教学中应急性可变。在课堂实践中，经常会出现在课堂计划中无法预见的情况。这就要求教师具有较强的适应性，能够对教学内容和课程计划进行修改；在一堂课中，教学内容当场改变的情况并不少见。

（4）其他教学因素的可变。在教学过程中，其他的教学因素也会导致课堂教学方法的改变，如班级规模、课时数、条件和设备、外语学习者的不同要求等。

3. 教学模式的有效性

知识经济要求我们要关注语言教学的方法和内容，更要注重教学的有效性。树立教学效果的观念，提高外语教学效果是外语教学成败的关键。提高外语教学有效性的关键是根据语言学习的规律建立符合人类认知规律的外语学习课程。在此基础上，确立科学的教学目标，建立有效的教学模式，科学分析外语的教学效果，从而提高外语教学的有效性。外语教学是教师与学生之间的互动活动，要以教师或学生为课堂教学活动的中心。

外语重心转移的教学模式的理论基础、基本原则和教学流程以语言学、心理学、教育学和社会学为基础。众所周知，语言学习的过程一般都会经历语言信息的加工、储存和提取三个阶段：语言转移（从语言的音、形、义和文化背景中）、语言内化和语言使用。因此，在外语教学中，重心转移的教学模式应遵循以下三个原则：首先，对语言知识和技能给予同等重视，没有偏见。其次，语言内化的过程必须导致教师和学生之间的双向交流和互动教学。最后，为了提高语言学习的有效性，需要充分利用课堂时间。

（二）以学生为主体的教学概念

以学生为中心的教学是一种教学形式，在这种教学中，教师必须以各种方式来强调学习者的核心作用，以便在课堂上建立一种新型的师生关系，因为教师作为单纯的知识传播者和引导者的角色已经无法满足教学的需要。这种教学模式认为翻译是对两种语言的创造性使用，因此翻译活动应包括交际背景下的语言、文化和心理活动。这种教学模式强调英语翻译教学的趋势，特别强调翻译教学环境和作为主要教学对象的学习者两个因素。由于翻译教学环境倾向于在课堂上提倡和建立交际性的教学形式，即努力创造一种环境，使学习者能够独立地发展创造性的语言转换和语言交流，因此还应该特别注意社会背景和文化转换在翻译教学中的作用。

此外，教师不应再被视为翻译练习的领导者、翻译材料的展示者或翻译好坏的评判者，而应明确学生是翻译教学过程中的主动创造者，而不是被动接收者。教师应欣赏学生不同的个性、学习风格、学习策略和学习过程及内容的智力因素。总之，以学生为中心的翻译教学意味着应充分重视学生在学习过程中的积极作用，充分调动学生的学习动机和信心，让学生尽可能多地控制学习内容和学习方法，鼓励学生参与教学活动的各个环节，鼓励学生对自己的学习承担更大的责任。

六、“互联网+”背景下英语翻译教学模式的创新策略

近年来，随着信息科技和互联网的迅速发展，互联网的运用已经渗透到社会各个方面和不同的领域。面对“互联网+”时代的到来，大学英语翻译教学的改革创新迎来了新的方向和技术支撑，这也符合高等教育的发展趋势。因此，在“互联网+”的背景下，思考大学英语翻译教学的创新策略具有重要意义。

（一）转变思想并改革翻译课程设置

随着中外交流的日益增多，高素质翻译人才必然成为劳动力市场的核心，大学英语翻译教学的改革与创新势在必行。在“互联网+”背景下，高校有更多机会了解社会需求和就业趋势，帮助高校认识到培养翻译人才的重要性。积极推进翻译教育改革创新。为了改变翻译教学被忽视的状况，课程优化和增加翻译课程的比例是关键环节，因此高校和教师应积极改革翻译课程。首先，在英语教学中应开设专门的翻译课程，包括理论课程和实践课程，全面、系统地向学生讲解翻译的理论知识和功能技能，使学生构建稳定、丰富的知识体系和实践能力。为今后提高自己的综合翻译能力打下基础。其次，教师通过英美文学、电影、报纸等方式引导学生了解英语文化、学习沟通技巧，不断提高学生的翻译水平。

（二）不断丰富英语翻译教学内容

教学内容是翻译教学的基础和出发点，教学内容的科学与否直接影响翻译教学的效果和翻译人才的水平。当前，高校英语翻译教学内容相对来说比较陈旧落后，偏离社会的需求，亟待更新翻译教学内容。互联网蕴藏着大量的信息和资源，翻译教材也非常丰富。学校和教师应提前关注和推广优质翻译教学内容，不断更新英语翻译教学内容。首先，翻译教材要及时更新。教材是翻译教学的主要

依据。教师应及时审查教材内容是否满足学生和社会发展的需要，及时删除过时的内容，并在网上查找内容进行补充。同时，教师应通过网络了解翻译教材的更新情况，定期更换最新的翻译教材，确保教学内容跟上时代的发展。其次，创新翻译教学的内容不应局限于书面内容，教师还可以在网络上搜索有关翻译的电影或视频资源，并将其引入到教学中。

（三）创新英语翻译教学的方法

以往的英语翻译教学方法比较单调枯燥，学生的主体性没有发挥出来，教学效果不佳。因此，高校应在“互联网+”的基础上积极利用互联网创新英语翻译教学方法。首先，利用网络资源来丰富翻译课的教学活动。大学生对枯燥、死板的翻译教学有抵触心理。互联网的使用可以丰富教学活动，激发学生的兴趣。例如，在翻译教学中，不再采用通常的纸笔翻译，而是使用多媒体设备向学生播放电影或视频。先播放带有中英文字幕的电影，边看边向学生讲解翻译技巧，然后播放仅带有英文字幕的电影，让学生尝试翻译。在翻译过程中可以让学生分组讨论，这将极大地提高学生的学习主动性，凸显学生在课堂上的重要作用。其次，可以从网上收集翻译场景或案例，然后组织学生在课堂上进行模拟练习，增强学生对翻译教学的兴趣。最后，应利用网络更新翻译资源，加强与学生的交流，科学地将翻译辅助工具引入教学，可以建立班级微信群，通过课堂微信交流群等，询问学生日常学习生活中遇到的翻译问题，培养学生的自主学习能力。

（四）利用先进信息软件丰富学生学习方式

在网络环境下，学习者有更丰富的自主学习方法。他们可以通过各种视频网站下载或观看一些在线学习视频，还可以利用信息软件进行自我检查，学习别人的学习经验。网络环境下的英语翻译教学方式应充分利用信息软件的优势，帮助学生形成良好的自主学习习惯。这样可以进一步节省课堂教学时间，丰富教学内容，提高学生的英语翻译能力。

在现今的网络环境中，有很多类型的学习应用，教师可以为学生拓展更多的优质学习应用，将网络技术融入学习中。例如，谷歌、Trados 等。这些都可以为大学英语翻译教学提供良好的教学环境，帮助教师解决学生课后的翻译问题。在信息时代，教师可以建立微信公众号、QQ 群、微信群，让学生互相分享和交流英语翻译的经验。

教师可以在网络环境中使用各种教学方法来扩展学生的英语翻译知识。教师应在必要时提供指导和帮助，以解决学生面临的问题。例如，在教授英语翻译时，教师可以分享一些学生感兴趣的著名英语电影，如 *Before Sunset*、*Before Sunrise* 和 *Before Midnight*，它们都以 before 开头，分别被翻译成 Love at Sunset、Love at Dawn 和 Love Before Midnight。《爱在日落黄昏时》《爱在黎明破晓前》《爱在午夜降临前》这三部电影的翻译因汉语独特的意境和节奏而变得更加优美，符合中国人的审美和语言习惯。①

（五）拓展英语翻译实践渠道

学生只有通过实践训练，才能将所学的理论知识和技能转化为实践能力，满足就业的需要。互联网的发展为学生英语翻译实践提供了新的渠道和平台，有利于培养学生的实践翻译能力。首先，高校应重视英语翻译的实用性，在课程中开设专门的翻译实践课程，增加实践教学的比重。同时，鼓励师生在校园内组织形式多样的翻译活动，如举办线上或线下的英语辩论、模拟场景翻译等。此外，高校应鼓励和支持学生开展校内翻译活动，组建英语翻译协会，教师也应该指导和帮助协会定期组织活动或比赛，不断锻炼学生的翻译技能。借助互联网开展线上活动，可以节省准备活动的时间和成本，而且不受地点限制，是学生练习英语翻译的良好平台。其次，高校应重视学生的社会翻译实践，通过网络获取外部社会活动的信息，并积极联系和协调，让学生参与其中，锻炼翻译能力。

第二节　英语翻译能力的认知与培养

一、英语翻译能力的含义

（一）抽象能力与交际能力

乔姆斯基提出的“语言能力”的概念是一种抽象的理念，与语言的实际使用关系不大。而语言学家海姆斯提出的“交际能力”的概念，它的定义却与语言的实际使用有关，因为交际能力不仅涉及正确使用语言结构，如词汇和句法，而且还需要遵守社会规则，以便在特定的交际场合实现交际目标。在翻译领域，人们越来越认识到，在逐渐强调研究翻译过程中的社会和文化因素时，翻译行为

① 王俊．网络环境下高校英语翻译教学模式构建思路探索［J］．海外英语，2023（4）：105-107.

不能脱离最初的纯语言学研究，翻译行为不能脱离具体的语境。后来的研究者普遍认为，翻译能力是交际能力的一种特殊形式。可见，翻译能力的含义与传统语言教学中语法翻译教学的含义有着本质的不同。传统的语法翻译教学的目的是提高学生的语言能力，其目的不是进行具体的交际活动，而是帮助学生掌握词语知识、句法等语言知识，是外语教学的一种手段。相反，现实生活中的翻译活动源于语言间信息传递的需要，这就要求译者不能局限于语言结构本身的因素，而要充分考虑交际活动的要素，如交际意图、交际对象、交际情境等，以达到交际目的。

（二）知识与技能

翻译能力既包括翻译的基础理论知识，也包括翻译技能。换言之，如果翻译能力是交际能力的一种形式，那么它不仅包括翻译知识，还包括译者将这些知识运用到翻译中的技能。由此，大多数“翻译能力”的定义都包括知识和技能。

（三）专家能力与一般能力

翻译能力与交际能力，两者之间存在着一定的差异。有人认为，交际能力是一个语言社区的人所共有的，而翻译能力却不是这样的。简而言之，每个人都有交流沟通的能力，但不是每个人都有翻译的能力，翻译的能力是随着经验的积累而发展的。西班牙翻译能力获取与评估过程专业研究小组（PACTE）一致认为翻译能力是交际能力的一种形式。当然，这种专业能力并不是译者首先具备的。能力是一个相对的概念，是程度的概念。不同的翻译人员的熟练程度不同，但这并不意味着初学者没有翻译能力，只是不如专业翻译人员。

（四）语言能力与翻译能力

虽然上述三种能力对于翻译能力至关重要，但更重要的是语言能力，即理解双语关系的能力。尽管大多数研究者并不反对翻译能力是一种交际能力，但从根本上来说，他们均认为翻译能力还应包括知识和技能。

二、翻译能力的研究途径

过去，关于翻译能力的研究主要集中在理论方面。近年，翻译能力的研究逐渐转向实证方法。翻译能力的实证研究大致可分为两类：一是过程研究，主要是研究译者在翻译过程中不同层次的差异，对译文的研究相对较少，可称为翻译能力的过程研究模型；二是最终产品研究，通过分析译文质量和相互比较来确定翻译能力的不同水平。

（一）过程研究模式

基于翻译过程的翻译技巧研究包括以下两个主要场景。

1. 观察性研究

研究人员需要观察译者在正常工作环境中的行为特征，并对翻译过程的一个或多个具体方面进行描述和分析。这类研究通常会观察专业翻译人员，目的是深入了解他们的翻译过程，发现其规律特征，确定专家翻译技能的表现。例如，研究者在不干扰翻译人员正常工作的情况下，研究了公共部门专业翻译人员的日常翻译任务。除了比较原文与译文的差异外，还通过翻译过程中的停顿等特点来考察译者的翻译策略。此类研究的主要问题在于是否有愿意参与研究的专业译者。因此，关于翻译能力的研究很少有结论。大多数研究采用了另一种方法，即实验研究。

2. 实验研究

在实验研究中，研究人员需要经常对一个或多个变量进行控制。例如，要求不同类型的期望在相同的条件下完成相同的翻译任务，以便通过经验数据了解译者的翻译过程，并比较不同水平的翻译任务的相同点和不同点。以往的实验研究大多从以下三方面着手：新手级译员（初学者）、中级译员（有一定能力的学习者）和高级译员。在实验中，研究人员使用 Talking Minds TAP、表格和量表、Translog 和 Proxy 软件、观察表、Camtasia 视频软件和眼球追踪以及大脑神经的生理学研究来收集各方面的数据。

（二）文本研究模式

翻译能力研究从文本分析开始，与过程研究模式相比，文本分析相对简单。收集数据的方法有两种：一是使用现有翻译测试的数据。例如，专家们利用澳大利亚国家笔译和口译员资格管理局（NAATI）的数据来分析不同母语和英语背景的考生的翻译技能。二是进行实验性研究，研究者根据研究目的确定合适的受试者，要求受试者在受控的实验条件下完成翻译任务，以获得相关数据。第一种方法不容易复制，因为大规模翻译试验的数据通常不公开，特别是在中国，这使得普通研究人员很难获得相关数据。第二种方法相对容易进行，但实验研究对取样、实验材料的选择和数据收集程序有严格的要求，而且以往的研究在实验设计上往往有很多缺陷。

收集数据后，研究人员可以根据经验或建立数据主体后进行分析。研究人员利用专业知识来调查翻译质量的研究，通常侧重文本特征的一个或多个特定方面。例如，一系列特征或衔接模式。利用语料库技术，可以进行不同层面的分析，如词汇特征、句法特征和文本特征。但由于语料库工具本身的性质，一般不涉及语义。

三、译者的素质与能力培养

译员的整体素质对翻译的质量至关重要。所有的翻译理论和技术只能通过人，即译员来实施。显然，翻译理论和技术的实施不能靠译员的素质来支撑。了解译者的作用一直是国内外翻译理论界的重要问题。译员能力是一个动态而非静态的结构，与翻译过程直接相关。翻译人才的培养必须以译员的素质为最终目标。合格的译员对语言以外的内容有广泛的了解，对知识的结构和外部世界的组织原则有积极的理解，对不同类型的知识有独立的认识和实践能力，能够获取、分类、处理、重组、使用和管理不同类型的知识。虽然译者没有必要什么都懂，但必须对什么都懂一点。

为了使译者具有敏锐的感知力和判断力，必须能够在自己的知识和外部知识之间保持一致，能够解释、判断和评估现有的知识和经验信息，并有能力做出正确的见解、决定和翻译控制。合格的译员拥有承诺和勤奋的社会品质，这种品质应该与自我决定、社会网络中的协作关系以及翻译环境中一定程度的社会责任相一致，译员拥有自我定位、项目管理、协作学习和专业监管的技能。

在高校中，英语翻译人员的培养模式存在一定的问题，主要表现在：

第一，课程体系的安排缺乏科学性。传统的复合型外语翻译人才是指具有扎实的外语语言和翻译的基础知识及技能，同时掌握其他学科知识技能的人才。一方面，现有的课程体系体现出翻译专业课程体系结构严密、知识专而深、精而窄的特点。另一方面，过分强调市场对于复合型翻译人才的需求，在课程设置方面，学校会减少部分外语专业的学时，增加了市场所需的其他专业的课程，严重忽略了外语教育特别是翻译需要大量的基本功训练和语言需要实践的特点。同时，在有限的学时内，从零开始的新增专业知识的学习无法深入，容易培养出英语翻译专业不精通，其他专业不扎实的“四不像人才”。

第二，强调知识性翻译课程的教育，忽略人文性熏陶。在传统的复合型翻译人才培养过程时，只注重在课程中新增人力资源、金融、法律、新闻等跨学科界限的知识性课程。新增专业的教学，依然是以应试为主，很难激发学生寻求新增专业领域知识的积极性。

第三，缺乏教育的前瞻性和长久性。传统的复合型翻译人才的培养，忽视了人才培养的系统性和务实性的特点。由于过分强调市场的需求，急功近利地不断调整专业，从而使得翻译人员的外语知识结构单一、补充专业杂而不精，同时缺乏逻辑思维能力、创新能力与解决问题的能力。

真正的复合型翻译人才具有哪些特征，又该如何培养就成为亟待解决的问题。首先，复合型翻译人才要具有知识的多学科集成性。“专业+外语”复合型人才，既具有深厚扎实的专业知识与技能，又具备熟练的外语综合运用能力，在新的领域培养新的综合能力，从而实现多学科的交融，培养多学科多技能的综合性人才。其次，复合型翻译人才的能力多元综合化。“专业+外语”复合型人才能将语言的学习运用能力与专业能力相融合，取长补短，形成综合能力，在实践中发挥综合功能。通过不同学科知识和能力的融合而达到对原有知识、能力的超越，从而具备较强的创新能力。最后，复合型翻译人才应该具有职业规划明确性和实践的灵活性。培养的“专业+外语”复合型人才，应该具有强烈的就业意识、明确的职业规划和职业理想，在生存型、就业型教育理念的体系下，他们在学习过程中能有的放矢地培养和提高自身职业素质。就业后，对专业与外语相结合的工作，如案例分析、撰写行动计划、涉外商务谈判等具体分工能很快适应，融合职业能力和特定行业能力于一身，是社会和经济发展真正需要的复合型翻译人才。

随着学科的进一步发展，外语专业的工具性与应用性特征更加明显，而外语的专业性则在弱化。但如何培养“专业+外语”复合型翻译人才涉及教学的具体环节，包括培养目标与方案、课程设置体系、师资队伍建设、教材建设及教学内容、方法等。首先，明确培养目标与方案。“专业+外语”复合型翻译人才的培养目标，一方面，要深入扎实地学习专业课程，在专业上有造诣出成果；另一方面，外语作为工具性学科，充分发挥其应用性与实践性，努力培养学生跨学科跨文化交际的能力。总的培养方案在于瞄准市场需求，培养具有良好的道德、扎实的专业基础、熟练的语言应用能力、广阔的知识面的复合型人才。其次，调整课程体系设置。课程体系设置是将培养方案落到实处的关键，改革和优化课程体系设置，目标之一就是要把内容和要求转移到“应用型”、“综合性”的方向上来。根据时代的要求和学生的反馈，适当地、有计划地、逐步压缩公共必修课的课时，使公共课变得少而精。同时，加大选修课的课程科目和比例，特别是跨学科的选修课，为学生涉猎不同领域的学科知识提供有利的条件。最后，加强师资队伍建设既有专业学科领域的专业知识，又同时具有丰富的外语语言文化知识的复合型教师队伍，是“专业+外语”复合型翻译人才培养所必需的。以双语教学为导向师资队伍建设，也是中国大学国际化的一个改革方向。在教学过程中，以语言迁移理论为基础，重视外语与母语之间的语际对比，使语言正迁移得以发生。

四、英语翻译能力培养的重要性

（一）大学生翻译能力欠缺的主要表现

虽然学生在大学学习英语多年，但他们缺乏基本的翻译知识和技能，翻译水平普遍不高，特别是在以下三个方面：

1. 缺乏扎实的英语知识，无法深入理解原文内容

翻译要求译者透彻理解原文，然后用目标语言准确表达。正确的理解是翻译和表达的基础。翻译要正确表达其意思最基本的要求是对原文的理解。为此，译者必须具备良好的英语知识。由于学生英语水平不高，对原文理解不透彻，错译、误译问题十分普遍。

2. 翻译的基本功不扎实，硬译死译现象严重

所谓硬译或死译，是指学生在翻译实践中虽然能够理解原文，但缺乏相关的文化背景，缺少基本的翻译技巧，译文与原文的形式方面的结合过于紧密，一味追求形式化而忽视翻译结果，使译文没有清楚表达原文的含义甚至无法理解。

3. 缺少严肃性，有明显的拼写和语法错误

严格来说，翻译人员从事翻译工作，成为合格的翻译人员，必须具备一定的条件，才能胜任翻译工作。特别是在全球化的今天，翻译是涉外工作的重要组成部分。为了更好地培养与世界各国人民的友好关系，吸收国外先进的科学技术和文化财富，以及国外企业的成功管理经验，高质量、高水平的翻译工作至关重要。翻译工作的质量和水平将直接影响对外交流的各个方面。因此，一名合格的翻译不仅要有扎实的英语基础和基本的翻译技能，还要有认真的工作态度。

翻译是一项看似简单易行的工作，但实际上是一项复杂而困难的工作。要完成翻译工作，勤奋和认真是必不可少的。懒于翻译，不愿意勤于查阅字典，不愿意深入研究问题，不愿意研究文本的含义，不愿意避开熟悉的内容，不愿意任意删减，在较轻的情况下可能导致笑话，在较严重的情况下可能导致巨大损失。

上述要求主要针对专业翻译的学生而言。在翻译教学的课堂上不难发现，很多学生对待翻译练习的态度不严谨，翻译作品时存在很多明显的错误或问题，如

常用单词的拼写、标点符号的使用、基本语法的应用等方面的错误或问题。这反映出对翻译过程不严肃，对明显的错误或问题不愿意思考、检查和纠正，以及完成任务和提交工作马虎的情况。培养认真的翻译态度对于学生们从事翻译工作是非常必要和重要的。

（二）翻译能力在大学英语教学中的重要性

加强翻译教学在英语教学的比重，重视英语翻译教学，是非常重要的，主要原因如下：

1. 可以激发学生学习英语的兴趣

在当今的英语教学中，由于交际法的过度影响，建议课堂教学完全用英语进行，不对课文中难懂的句子进行解释，然后将其翻译成中文，而是采用意译法，用英文定义来解释单词和短语。这种方法对大多数非英语母语的人来说是很难理解的，而且英语中存在大量的谚语、成语、俚语和口语，学生很难理解，久而久之不能激发学生的学习兴趣和积极性。因此，在教学中，正确运用翻译方法，理解英汉对比分析的要点，教授学生理解能力和表达能力，可以强化正迁移，克服负迁移，不仅有利于学生学地道英语，提高他们的思维能力，同时也可以逐步巩固他们的语言知识，激发学生进一步学习英语的兴趣。

2. 可以提高学生对词汇的理解和记忆能力

英语的词汇量较大，其含义广泛，部分词汇的词性多变。日复一日地记住常用用法和典故可能会存在一定的困难，通过翻译，可以通过复制单词的含义并将其发送回大脑来提供帮助。另外，为了尽可能准确地翻译原文，学生需要在理解的基础上进行词汇选择，并进行一些近似练习。

这些词经过比较和过滤，学生们会接触到大量的词汇，不仅扩大了词汇量，而且加深了理解。从这个意义上说，翻译练习在一定程度上补充了精读练习和泛读练习。

3. 可以加深学生对原文的理解

翻译是以阅读和理解为基础，这需要一定的语法和词汇知识基础。翻译需要准确的理解，通过翻译活动，加深学生对原文的理解，直至吸收、完全同化。一篇英文文章仅仅读几遍是不可能完全理解的，因为英语的部分句子结构复杂且词汇丰富。学生在做翻译练习时，首先要对翻译对象进行分析，其中对语法进行分析是翻译过程中极其重要的一步。只有分析正确，才能得到正确的理解。正是这个分析过程，进一步加强了学生对英语包括汉语语法知识的理解和应用，巩固和提高了学生的语法知识和分析能力，从而使学生对原文的理解更加深刻和透彻。

4. 可以培养学生的语言表达能力和修辞技巧

在翻译过程中，不仅要有正确理解源语言的能力，还要有用母语准确表达的能力，这样才能翻译出准确而流畅的译文。在翻译实践中，通过对翻译对象的分析和缜密思考，通过母语与英语的对比分析，学生可以对语言的内部结构及其表达形式有更深的印象，建立词法与语义之间的默契，将他们对语言表达的理解从初级使用发展到理性运用。这一发展过程的结果使学习者的语言表达能力大大增强，内在素质得到强化。此外，在翻译过程中，学生要了解翻译对象的语境、语义和语言风格，根据自己的理解选择最准确、最恰当的语言表达形式。实现这一目标的关键在于学生的修辞能力。翻译练习是培养学生修辞能力的好方法。

总而言之，翻译是语言学习过程中的基本技能之一，也是大学英语教学过程中必不可少的重要组成部分。如果大学英语教师能把培养翻译能力作为讲课的一个组成部分，就能培养学生的五项基本英语能力，为更好地适应社会需要打下良好的基础。

第三节　英语翻译能力的测试

翻译测试是英语测试的重要组成部分，它能在一定程度上反映英语教师的翻译能力，也能对英汉翻译的教学产生积极的弥补作用。下面将讨论翻译测试的定义、形式及内容、分类和原则。

一、英语翻译能力测试的定义

不同的研究者对翻译测试给出了不同的定义，下面列出了一些被广泛接受的定义。

通常理解的翻译考试，是对翻译知识、理论和技能的测试。

翻译测试是测试一个人的翻译实践知识的手段，涉及对答案内容的评估，因此与翻译批评、翻译评价或评估和语言测试有关。

翻译测试是翻译培训的重要组成部分，它可以帮助评估翻译培训的质量，确定学生是否学会了他们需要掌握的翻译培训内容，以及他们是否具备翻译能力。

综合以上定义可以看出，翻译测试的关键是了解和分析考生的翻译能力。翻译能力是完成翻译任务能力的主观状态。因此，翻译测试的过程就是对反映学习者翻译能力的各个环节进行评价的过程。

翻译测试是一种语言测试，通过考察学习者的行为特征来推断他们的翻译能力。在特定的翻译测试中，测试设计者必须将翻译能力分解为一组可供测量的行为，并由此推断出应试者的翻译能力。

二、英语翻译能力测试的形式及内容

在中国，有记载的翻译技能测试始于清朝的皇室测试，其形式相对简单。据记载，同文馆翻译测试的最初测试内容是将外国纸币翻译成中文，时间为一年，随后的测试内容是将条约中的一段话翻译成外国语言。近年来，翻译测试在中国得到了一定程度的发展，但很多人表示对目前翻译测试题的设计现状（包括内容和形式）不满意。

其结果是，这种“有译无我”的心态会导致学生盲目开展难以有效适应相关教学阶段的实践活动，没有将理论和技术知识融入考试过程中，没有系统、清晰地测试理论知识水平和学生的运用能力。

没有达到培养学生自觉运用翻译理论和技巧的目的，学生会认为不懂理论也能通过考试和翻译，翻译理论和技巧的教学就会失去吸引力。

测试题太难或太容易，基于段落或章节的翻译以及简化的命题方式，很难反映分步教学的内容，在这两种情况下导致了不恰当的测试题，缩小了学生的成绩差距。这样的测试结果不能反映学生的实际水平，可靠性低。

20 世纪 90 年代以前，大多数大学的翻译考试基本上是一两篇短文的翻译，虽然 90 年代以后，翻译考试开始逐渐“变身”，增加了其他题型，但调查显示，只有 20%的学校仍然保持着只有一种题型的现状。

因此，有必要改变翻译考试的内容和形式。在内容上，应体现课堂教学的内容；在难度上，应注重分级，体现低、中、高难度，低难度题占 60%~70%，中难度题占 10%~20%，高难度题占 10%~20%；在形式上，既不能太单一，也不能太多样，以形成考题的多样性。

保持适当的考试形式，不仅可以检验学生的知识深度和综合运用能力，而且可以拓宽考题的覆盖面和考试的重点，更好地发挥翻译考试在翻译教学中的检验、监督和评价作用。

一般认为，翻译考试确实是为了测试翻译学生的翻译实践，主要涉及对原文和目标语言的理解和分析能力、使用和转换能力，以及跨文化知识和跨文化交际的能力，特别是对词汇、句法、体裁和文化知识以及话语构建等因素的运用。

对于这种学术成就测试，应该包含客观题和主观题，其中客观题可以是判断题、选择题、填空题等。主观题包括问答题、句子翻译、段落翻译、翻译评论等。此外，纠错题、转换题、匹配题和句法题也是翻译技巧测试中的可选题型。无论哪种题型，重要的是这些题目的内容是否能真正考出学生的翻译能力和水平，是否科学，是否有针对性。可以有一系列不同类型的试题，但应明确翻译的目的和重点以及学习者的水平等因素。

三、英语翻译能力测试的分类

根据考试目的的不同，目前的英语翻译考试大致分为针对外语和翻译专业学生的翻译课程考试、研究生入学考试、译员专业水平考试（如译员认证考试、专业评估考试或招聘比赛）、各种翻译比赛和各种译员专业培训课程。

（一）翻译专业本科教学的测试评估

翻译专业学生的考试测试应以全国翻译（水平）专业资格考试英语专业三级（试行）考试大纲摘要（以下简称三级大纲）为基础进行。详细大纲要求见我国人力资源部颁布的《翻译专业资格考试二级、三级（水平）实施办法》和《全国翻译专业资格考试（水平）英语笔译、口译三级、二级考试大纲汇总（试行）》。

（二）翻译专业硕士学位口译、笔译的测试评估

口译测试包括交替传译技能的测试——口译的短期记忆、口译笔记、阅读口译笔记、理解交替传译的原则、分析语言类型、识别主题、重组目标语言的信息、数字口译技能、处理口译的策略、口译技能、口语技能、跨文化交流技能、口译员的专业准则，还包括同声传译技能，如分心技能、记笔记、理解技能、重复、简化、概括、描述、综合、口译技能、预测技能、口译前准备技能、视译技能和对翻译错误的反应。语音、语调、重音和节奏、数字翻译技巧、接力翻译技巧、团队合作和同声传译设备的使用也应成为硕士生培训的重要组成部分。

翻译笔试要求学生翻译难度较大的文学和非文学类文章，要做到可靠、流畅、贴切。要求考生运用多种翻译技巧，如词语转换、重新排列、顺序转换、时间转换、合译分译、正译倒译、处理长句、翻译成语等，每小时翻译 300 个汉语

单词或500个英语单词，无漏译和错译。

翻译硕士的口译和笔译测试的评估也可以根据翻译专业资格考试（水平）的英语笔译和口译二级考试（以下简称二级考试）的教学大纲（供考试用）的摘要进行。二级考试一般翻译技巧和翻译实践使用纸笔进行。二级口译实践测试交替传译和同声传译采用现场录音的方式进行。二级考试不要求同声传译技能，但将在以后的考试中测试。

将专业译员培训与专业译员测试相结合，是检验培训效果的重要途径。将专业译员培训与全国翻译技能测试（水平）相结合，可以统一和规范测试的考核标准，提高培训质量，培养出适合国家发展需要的译员。

四、英语翻译能力测试的原则

在英语教学中进行翻译测试的主要目的是通过这种形式掌握学生的翻译能力，并及时进行分析，最终促进课程的顺利进行。同时，测试对学生也有一定的影响，通过测试结果，学生可以了解自己的实际翻译水平，从而不断调整自己的学习，确定今后的翻译努力方向。在进行翻译测试时，应遵循以下两个基本原则。

（一）效度原则

在评估一项语言测试的好处时，首先要考虑的是有效性。有效性是指测试是否有效，是否能维持下去。在语言测试方面，效度也被称为有效性。换句话说，语言测试的有效性是指测试是否基于有效的语言观，它是否测试了设计者想要测试的东西，或者在多大程度上测试了他或她想要测试的东西。

不同的语言检查者以不同的方式对有效性进行分类。如果把不同的分类方法放在一起考虑，有效性可以分为以下五类：

1. 表面有效性

表面有效性，即文件是否看起来控制了它想要控制的东西。

2. 结构效度

结构效度是指一项测试是否基于有效的语言观。结构效度指的是测试结果在多大程度上能解释一个人的语言技能以及与这些技能相关的心理特征。

3. 内容效度

内容效度指的是测试是否涉及课程所教授的内容，或测试问题在多大程度上代表了要测量的目标。

4. 同期效度

同期效度是指将一个测试的结果与另一个同期或类似测试的结果或与教师对学生的判断相比较而得出的系数。

5. 预测有效性

预测有效性指的是测试的预测能力，即测试结果能在多大程度上预测未来发生的事情的可能性，或预测学生未来行为的程度。

（二）信度原则

语言测试的可靠性是语言测试的第二个重要原则。可靠性是指测试结果的可依赖性和稳定性。例如，在同一张试卷上对同一组学生进行两次或多次测试，且结果稳定，则该测试的可靠性很高；如果不是，则可靠性低。一般来说，有三种方法可以检查测试的可靠性。

1. 平行测试法（parallel forms method）

平行测试法是指设计一套与原测试难度相同的后测试题，让学生再次参加测试。需要注意的是，平行测试的问题应该在学生参加完原始测试后立即或很快提出，不要有太长的停顿时间。根据平行测试的结果，教师可以对学生的实际情况有一个总体了解。

2. 测试后复测法（test/retest method）

测试后复测法是指在测试后相对较短的时间内，用同一套试题对同一组学生进行复测，然后将应试者的成绩在两次测试之间进行排序，计算出两者之间的相关性。

3. 试题分半法（split-half method）

试题分半法是指将一道测试题按照偶数和奇数分成两半，然后由教师计算出两半所得到的最高分和最低分。试题分半法很容易实施，因为它只需要使用一次。

可靠性和有效性原则是衡量翻译测试质量的重要标准，两者之间存在着依赖和排斥关系。在进行翻译测试时，测试人员旨在确保高标准的可靠性和有效性。然而，需要注意的是，翻译测试过程本身很复杂，测试人员很难同时保证有效性和可靠性。因此，测试设计者应最大限度地将两者结合起来，不要忽视任何一个方面，以提高测试结果的有效性。

五、翻译能力测试评分标准和效度

翻译测试的评价标准应以翻译测试的内容和形式为基础。

（一）填空题

对于中国的短篇小说翻译题，原则上是客观题，错就是错，对就是对。但要注意的是，如果出现拼写错误，也被视为错误，所以可以鼓励学习翻译的人认真书写。

（二）句子翻译和篇章翻译

翻译实践测试，如句子翻译和篇章翻译，具有很强的主观性，因此其评价标准不可避免地受到人为干预。

1. 人为因素的干扰

毫无疑问，每个指标都有个人的认知。在实践中，教师对这部分考试应该有明确可行的标准，每个评分段都有明确的描述词，这就是评分的可靠性或考试评估的可靠性。

对翻译实践的评价不应以某一作者的译文为唯一标准，而应充分考虑主题的实际水平，特别是要考虑预期中级水平的候选人的译文质量，如果有两个以上的可能译文，应尽可能按成功顺序列出。评价结果可以分为优、良、中、及格与不及格五个等次，也可以用数字等级表示。

2. 具体客观评分

至于翻译句子的标准，可以更具体，毕竟句子较短，这种题型与翻译能力有关。在每题 3 分的评分基础上，英译汉和汉译英都有具体的评分标准。

语篇翻译的评判标准不可能像句子那样详细，分数可以是每个分值略微上移或下移。在每题 20 分的基础上，英译汉和汉译英也有具体的评分标准。

第四节　英语翻译教学评价体系的构建

受到中国传统的教学理念和考核方法的影响，目前高校在英语翻译教学的考核评价体系中，考核的形式和考核的内容相对来说比较单一，忽视了学习过程，主要以机械的评价标准为主，不利于学生翻译能力的全面发展，难以形成良好的教与学的动力。因此，建立健全教学评价体系十分重要。

一、英语翻译教学评价体系构建的原则

大学英语翻译教学评估是保证教学平衡有序发展的基础，其原则主要包括以

下六个方面：

（一）真实性原则

真实性原则，是指教师在对学生学习结果的反馈和对教学结果的科学评价的基础上，不能违背教学的基本原则。对学生学习结果的反馈具有一定的参考价值，而不是形式意义上的反馈，其最终目的是为了更好地促进科学教学，方便教师在教学过程中修改教学工作，因此其信息应该客观、准确，从而真正体现了务实科学的教学认识。

真实性评价原则在教学中的应用具有以下特点：①由于不同文化背景造成学习者文化素养和综合素质的差异，真实性评估原则没有统一标准，不排除针对不同个体采取不同评估标准，不同的评价标准和评价策略是为了适应不同的学习方式的学习者。②真实性评价原则强调要跳出传统的内部循环，进入现实生活情境。这不仅检验学生积累和掌握信息的程度，而且检验学生对所学内容的理解、所学知识的运用，展示多种测试机制，包括综合性、复杂性和不确定性问题，以便对学生进行全面、全面的评估。③真实性评价是发生在教与学的过程中的评价活动。学习者摆脱了传统被动接受者的角色，成为整个评价过程的核心参与者。作为一种新形式的教学评价机制，真实性评价将成为日常教学过程的一部分。④进行真实性评价之前，需要制定具体的评价标准，最终达到科学、客观、清晰的评价，体现真实性评价的效果。⑤真实性评价更加注重有效反馈和评价建议，强调对学习过程和结果的系统评价，充分凸显评价机制对学生学习的诊断和服务功能，实现有效评价。

（二）目的性原则

作为教学活动的两大主体，教师和学生都会受到教学评价的影响。所以，教学评价的目的应该是明确而清晰的，即更好地为教学服务，不断提高教学的质量，真正实现师生受益，互相促进，提高教学效果。因此，可从教师和学生的不同角度探讨教学评价的目的原则。

从教师的角度来看，不同的教学评估有不同的目的和不同的侧重点，其基调也不同。教师通过了解不同的评估标准，可选择适合自己班级和年级的评估方法。此外，不同的评估方法有不同的技术和结果，因此，教师在选择评估方法时应注意这些问题。

从学生的角度评价教学。学生应了解教学评价的过程，对各种评价方法及其目的有较明确的认同，促进教学评价功能的有效性、完整性和科学性。

（三）过程性原则

在以往的教学评价中，教师往往过于强调最终评价的结果，而忽视了评价的过程，这将导致教学评估的许多细节丢失。过程性原则要求教师改变传统的教学评价观，在评价过程中有效记录学科的发展变化过程，进行多阶段评价和多角度评价，保证教学的持续稳定性和科学性。

过程性评价是针对教师和学生的，强调教学评价应着重于监督教师的教学过程和学生的学习过程。它与常规的期中、期末考试不同，后者更注重过程的连续性，要求教学评估应定期、规范地进行，使教学过程的双方在任何时候都能达到监控的目的和一致性，充分保证教学质量的统一性和完整性，以达到科学规划的目的。

（四）可变性原则

可变性原则可以理解为灵活性原则，即教学评价的过程中，既要考虑标准化的统一性，又要考虑个体的多样性。在实际教学中针对不同的人和学习对象，当学习者的具体情况发生变化时，重点应放在不同教学方法的适应性和灵活性上，教学方法也应相应调整，如在教学评估中，应根据学习者的具体情况调整教学方法。

（五）发展性原则

任何事物都是在不断地发展变化，对于教学评价亦是如此。教学评价机制也应该适应时代的发展，面向未来的趋势，在不断地发展中努力寻找自己的突破口，以期找到最佳平衡点，实现合理而精准的教学评价。在普遍提高教学质量的基础上，以实践为主，促进和鼓励师生转变教学观念，适应社会实践。从根本上说，教学评价是一种客观依据，反映了教师和学生的情况，教学双方都可以参考，以便对教学进行及时修正，根据发展原则的特点，可以分为以下几个方面：①强调个性化、差异化评价。个性化、差异化评价要求对教学的内容、教学不同层次的评价标准进行全面而系统的判断，充分尊重差异化的价值判断，从整体上开展评价任务。②尊重教育以人为本的基本原则，注重人的内在意志、教育与内在素质的和谐发展。③强调更广泛的评估主体，使评估主体本身成为评估对象，使评估主体能够客观地认识自己，从而为自己的教学或学习成果提供自我反思、自我调节和自我提高。④注重教学评价的质量和数量。教学评价不仅要重视数量，更需要注重评价质量，只有质量达到了，才能保证教学的顺利开展。但无论是定性评价还是定量评价，都需要熟知关键点的威力，不能过分强调某一部分，以免在评价中忽视一些无法量化判断的因素，有失公平和客观。⑤强调教学过程的动态性，强调课堂教学由于师生情感互动而具有的偶然性和动态性等。

（六）反馈性原则

作为教学评价的重要组成部分，反馈原则是为了更好地实现评价的目的，其作用是对目的原则的补充。反馈原则主要包括以下三个方面：①课堂评价作为一种反馈的手段，可以适当量化。有学者建议课堂评估不应评分，但一些研究表明评分形式的评估可能更有效。在评估教学质量时，不应将评分作为唯一的工具或者手段。为了更清晰地表达反馈，不应盲目判断和量化，而应具体情况具体分析。②及时向教学过程双方反馈考核信息。教学评价包括对教师和学生的教与学的评价。因此，在收到评估信息后，及时反馈给教师和学生，让他们充分理解评估的真正含义，这对于以后的课堂教学和深化改革都具有重要意义。此外，反馈还可以让教师和学生更加认识到自己的弱点，从而能够改进。还需要注意的是，在向教师和学生提供反馈时，应根据具体情况对收到的信息进行分析和整理，并将部分信息返回给学生和教师，以便让师生通过这种反馈性评价的方式对课堂教学活动获得更好的认知，不断改进完善自我，从而真正提高课堂的教学效果。③在一个班级评价阶段结束后，对学生的常见问题进行深入分析，在对双方现象的完整分析中找出现象的本质，从而总结出所有的信息，为下一阶段的教学提供指导。

二、不同类型评价模式构建

（一）同伴互评的翻译课堂评价模式

与传统的翻译教学方式相比，互评课堂教学模式强调以学生为中心，避免限制学生学习翻译的积极性、主动性和创造性，增强了翻译认知过程中的内因和外因，有助于优化课堂教学环境，形成多维互动的教学过程，有助于优化课堂教学环境，形成多维互动的教学过程，促进学生之间的沟通和交流，激活学生的思维，提高课堂的教学质量，激发学生的学习热情。

为了促进合作观点和团队创新意识，优化学习环境，提高同伴评价的有效性，确保同伴评价的有效和高效开展，有必要考虑以下三个方面：

1. 教学内容的选择

为了最大限度地发挥学生的主观能动性，同伴互评的教学方法改变了原来由教师选择翻译材料的做法，无论是教材的选择还是课后练习，都是如此。

在同伴互评中，教师和学生根据课程、学生的需要、兴趣、优势和劣势以及学科的实际情况，在教师的指导下收集材料进行个人或小组作业。

2. 加强翻译实践

学生之间互相审阅译文，鼓励学生勇于创新，定期组织集体翻译交流会，敢于挑战权威，充分调动学生参与修改的积极性。这些方法超越了教学的主观性，在翻译过程中训练学生的组织和协作能力，这是一个学习和改进的过程。

同伴互评模式强调培养学生的研究和创造能力，使别人得到提高，自己也能发挥主动性。

3. 使用在线平台

在互联网发达的今天，教师可以通过建立 QQ 和微信学习群来完成讨论过程，充分发挥主动辅导的作用。

互评互动式的翻译教学模式，是指充分利用互联网提供与学生交流的平台，提高学生语言学习的积极性和兴趣。通过帮助学生提高翻译质量，让学生积极参与相互评价的过程，将课堂教学与课外实践相结合，有效减轻了教师的校对工作量。在这个过程中，通过不断增加学生的翻译实践，实现了翻译水平的质变。

（二）CIPP 评价模式

采用 CIPP 评估模式可以促进课程的改进和完善，改变传统的单向教学模式，评价大学英语翻译的空间教学，为大学课程改革提供更先进的教学手段。

以毕业生、企业专家、教授、学生、讲师和空间教育专家为评估主体，用 CIPP 模型对四个方面进行分析：背景评价（C）、投入评价（I）、过程评价（P）和结果评价（P）。本书介绍前三种评价。

1. 背景评价

对课程的评价是基于情境评估，这是对课程设计的可行性、合理性和科学性的检验。在情境评估过程中，大学英语翻译是一门典型的实践课程。学校可以派出课程组，通过深入调研，明确大学英语工作的任务。

（1）社会能力。需要有团队精神，有良好的职业道德，认真对待工作，等等。

（2）方法能力。包括分享和征服并分析问题的能力，独立工作并判断和评估，自我检查和反思，收集信息和解决问题的能力。

（3）专业能力。包括普通名片的翻译、英语大学翻译的基本理论知识、跨文化交际能力，能够制作简单的商业演示文稿、简单的广告语、常见商品、基本的商业信函等。

2. 投入评价

在评估大学英语翻译课程的投入时，要考虑到教学团队、教学设施和设备以及整体课程设计。

（1）教学小组。

兼职教师来自知名外贸公司和翻译行业，能够为课程提供专业指导，主要负责课程的开发和实施。

全职教师，具有较强的计算机教学能力和丰富的专业经验。

（2）教学设施和设备。

网络平台，校园被局域网覆盖，学生可以随时随地上网，教师和学生可以通过校园账户进行地理上的互动。

一体化教室，教与学的一体化硬件保障，可以实现文件传输、在线学习、广播教学等功能。

（3）整体课程设计。教学资源，有一个丰富的教学资源库，通过课程组和第一手翻译材料等资源，收集了内容丰富的视频、网站、文本和其他相关资源。

教学内容以商务翻译和学习情况为基础，如企业介绍的翻译和名片的翻译。

设置学时，制定具体的学时，如对于一个为期 10 周的班级，可以每周创建 2 个学时，通过大学平台实现与教师和同学的交流及互动，此外，学生可以通过平台获取学习资料。

评价方法，形成性评估，在课堂教学和班级教学之间取得平衡。

3. 过程评价

正式的过程评价问题主要与课程实施的速度和程序以及教师的教学技能有关。

（1）培训课程的时间表和程序。为便于学生事先学习，教师应在上课前将教案和课件张贴在专用区域。将专用空间的课程与面对面的教学相结合，严格按照教案进行教学，为学生提供真实的情景。

（2）教师的教学反映出的特点。教师使用不同类型的优质在线资源，应用混合教学模式，注意引导学生，将课堂教学与现场教学相结合。

三、英语翻译教学评价体系的意义和功能

总的来说，评估在英语翻译教学中的重要性和作用可以概括为以下几点：

（一）有利于促进传统教学模式的改革

在传统的翻译教学评价形式中，评价的对象主要是教师及其课堂教学。在大学英语教育教学深入改革的背景下，大学英语教学部门越来越重视大学英语师资队伍建设，将日常教学中的听力、翻译考核制度化，规范听课、观赛，不断加强教师专业发展，改革教学模式。

（二）有利于提升高等学校教育质量

英语翻译教学评估在提高高等教育质量方面发挥着重要作用，为了最大限度地发挥翻译教学评估的作用，有必要制定适当的翻译教学评估标准。在这方面，传统的教学模式总是更注重教师的“教”，忽视了学生的“学”。针对这一现象，结合现代英语教学的要求，大学英语翻译教学评价模式应突出大学英语课程的特点，对教师翻译教学进行科学有效的评价，从而促进教师专业发展，提高大学英语教育教学质量。运用科学的评价技术、手段和方法，在实践中对教学方法和教学目标做出基本判断，从而达到指导的作用。

（三）具有评定、改进、激励等功能

在大学英语的教学改革中，教学主管部门应充分发挥听课的教学评价的功能，以改进教学模式，提高教学质量为指导。实践证明，科学、公正、合理的教学评价可以使教师充分认识到教学目标是否达到，并能及时而准确地发现和改进学生实际教学活动中存在的问题，有利于提高教学水平。这对于教师队伍建设，促进教学工作健康顺利发展，具有重要的意义。同时，对于提高教师教案意识和水平，积累经验，以便更好地完成今后的教学任务，不断提高教学质量也具有纠正意义。

第六章　英语翻译教学的改革与发展

在英语教学改革的进程中，英语翻译的教学方法也应该在实践中探索改革和创新，从而赋予翻译教学新的活力，调动学生的积极性，提高教学效果。在世界各国知识文化交流日益频繁的背景下，有必要充分认识英语翻译教学的重要地位和意义，以培养学生英语的综合运用能力为目的，不断地改革和发展大学英语翻译教学。大学英语教学改革的目的在于要彻底改变其费时低效的问题，培养学生英语综合应用能力，培养适应社会需求的复合型英语人才。①

第一节　英语翻译教学的本体

一、英语翻译教学主体中教师与学生的关系

目前，中国大多数翻译课程的教师都是外语课程的毕业生，接受过传统的翻译培训。传统的翻译课堂主要是以教师的讲授为主，大多数情况下学生只是被动地做笔记。教师通过例子解释英汉之间的差异，以及如何从这些差异中提取模式来进行句子之间的转换。此外，教师通过教义讲解抽象的翻译理论，然后用这些理论来比较译文，分析为什么这个译文比其他译文好，好在哪里。

学习的影响是什么？当学生在课堂上解决翻译任务时，他们可能不知道到底应该使用哪种技巧，仍然根据他们的感觉在英语和汉语之间转换。课堂上通过例子

---

① 王竹香．推进大学英语翻译教学改革发展的途径探索［J］．校园英语，2017（22）：26-27.

总结的规则似乎并不实用，他们凭感觉解决任务也没有错误。翻译课上所学的东西似乎没有什么用处，自己取得的学习成果比较低。大多数学生对抽象的翻译理论也不感兴趣，不知道如何将其应用于翻译实践。当学生提交自己的翻译时，教师可能会指出其中的许多错误和不足，学生的挫败感与日俱增，似乎完美的翻译只有一个标准，无论他们如何努力，都无法达到教师在课堂上讲解的完美翻译标准。

这些教师在学校时接受的是传统的语言教学，毕业后与真正的翻译公司接触不多，没有翻译实践经验，加上学科教育背景和职业经历，这些教师仍然以传统的方式教授翻译课程。这种以教师为中心的翻译教学方式，不符合翻译行业强调实践的要求，这样培养出来的学生与翻译市场的实际要求相差甚远。为了使翻译教学有质的飞跃，适应以培养翻译能力为目的的翻译研究的要求，要改变这种教师对师生关系的认识。

为了明确翻译专业学生在课堂上应该保持什么样的师生关系，先要明确翻译专业学生的教育目标，这决定了师生互动的发展方向。翻译课程培养的是高级翻译人才，为实现这一目标，翻译教学应注重培养、评价和发展学生的翻译能力。

虽然在对翻译能力的定义上，学界尚未达成共识，但很多学者都发表过自己的观点。有学者认为翻译能力是一种交际能力：The ability to interact appropriately and adequately as an active participant in communicative translation tasks，“作为交际翻译任务的积极参与者，具有适当和充分的互动能力”并将翻译能力细化成三个要素：①a translator's awareness of the situational factors that may be involved in a given translation task（translation expectations constructed from contexts of situation）；②the translation-relevant knowledge that the translator possesses，including，for example，linguistic knowledge of L1 and L2（syntactic，lexicosemantic，sociolinguistic，and textual），cultural knowledge of the L1 and L2 cultures，and specialized knowledge of the topic under consideration；③the translator's ability to initiate appropriate intuitive and controlled psycholinguistic process to formulate the L2 text and monitor its adequacy as a translation of the source text（translation-relevant skills）。①译者对特定翻译任务中可能涉及的情境因素的认识（从情境语境中构建的翻译期望）；②译者所拥有的翻译相关的知识，包括，例如，第一语言和第二语言的语言知识（句法、词法语义、社会语言学和语篇），第一语言和第二语言的文化知识；③译者启动适当的直觉和可控制的心理语言学过程来制定二语文本并监控其作为源文本翻译的充分性的能力（翻译相关技能）。由此可见，译者需要做的不是孤立地接

触原文，而是围绕一些因素进行成功的交流，如原作者、原文、原文文化、原文读者、译者、翻译、译语文化和译文读者。传统的翻译教学如果缺乏交际互动和脱离语境的双语实例，显然不能培养学生的翻译能力。

还有学者也定义过翻译能力：The knowledge and ability possessed by the translator that permit him/her to create communicate acts - discourse - which are not only (and not necessarily) grammatical... but socially acceptable（译者所拥有的知识和能力使他/她能够创造交际行为—话语—这些行为不仅（也不一定）符合语法……但是可以被社会接受）. 从这个定义可以看出，翻译能力不仅是一种语法知识和技能水平，而是一种话语水平，译者要在话语水平上进行交流，而不是写出语法上正确的句子。孤立的、没有上下文的双语句子例子显然不能培养学生的话语意识。

关于翻译能力还有很多其他的定义，这里就不详细讨论了。简而言之，翻译能力是一种交际能力，它考虑到了影响交际的一些因素。为了培养有语境意识和交际意识的译员，教师要明确自己的定位。传统的以教师为中心的片面灌输式教学并不适合翻译能力的培养。现代翻译教师需要成为课堂的组织者、学生进步的引导者和学生表现的评估者。

（一）组织者与参与者

翻译教师是课堂活动的组织者，学生是课堂活动的参与者。组织者与参与者的概念听起来与传统课堂中的师生关系相似，但它们在本质上是不同的。

首先，传统的翻译课堂是以教师为中心的，教师是课堂上的主导和决定性的权威。学生处于被动地位，只能学习教师在课堂上教给他们的东西；其次，教师是知识和真理的保管者，是决定和评判一切的人；最后，在传统课堂上，教师和学生之间缺乏互动，师生之间的交流基本上是单向的。即使有少量的互动，也是单向的交流——学生回答教师的问题，学生之间通常很少交流。

另外，在现代翻译课堂上，教师必须是组织者。教师要为学生的翻译学习创设各种情境，组织、安排和控制翻译教学的各个环节。同时，学生在各个教学环节中不再是被动的，而是成为主动的参与者，可以积极参与教学活动的各个环节。首先，为了解决学习活动中提出的任务，他们必须主动获取知识，找到解决问题的不同方法。其次，为了解决学习任务，学生可以选择自己想要获取的知识，当问题出现时，教师不是唯一的求助对象，也不是只有一种解决问题的方法。教师可以帮助学生解决问题，引导他们找出自己的弱点，但他们不再是最后的仲裁者。最后，教师组织课堂活动，鼓励教师和学生相互学习，通过交流和合作，共同进步。教师与学生之间、学生与教师之间的交流不是单向的，而是双向的。教师应根据邻里成长区理论来计划翻译教学活动，同时要求学生通过沟通和合作来实施这些活动。

教师是组织者，学生是参与者，课堂以学生为中心而不是以教师为中心。以学习者为中心的课堂注重培养学生的交流能力，因为翻译活动本身就是一种交流形式，译者需要有交流意识，并考虑到影响交流的各种因素。以学习者为中心的课堂并不意味着让学生自己动手；教师仍然是课堂的组织者，他/她的任务是确保翻译课程的各个环节顺利进行并能达到预期的效果。如果出现了偏差，教师必须让课程回到正轨。

（二）引导者与学习者

教师监督学生的进展，并负责指导他们。虽然学生是翻译课堂上的主角，但他们作为学生的地位并没有改变。他们仍然处于学习过程中，需要教师的科学指导来完成学习任务。

教师作为传播者，需要了解翻译能力的相关理论，如近似发展区理论，以及翻译能力的构成要素、理论模型、获取顺序和阶段，并根据理论和学生的特点设计合适的教学内容和任务。

（三）评价者与进步者

翻译教学的组织和学习过程的管理不是静态的，而是动态的过程。教师计划的教学内容和课堂活动不是固定的，也不一定对所有学生都有效。教师需要根据学生的成绩，对下一节课进行及时调整。科学的调整是基于对学习过程的正确评估，然后将结果及时反馈给学生，以帮助他们继续进步。

教师主要从以下四个方面进行评价：①内容是否适合学生的翻译能力发展水平；②学生完成任务的质量是否达到预期水平；③学生出错的原因是什么；④帮助学生纠正错误的指导内容是否适合他们。

科学技术的发展促进了翻译教学的改革，学生的教学场所不再局限于课堂，教师也不再是学生的唯一知识来源。传统的以教师为中心的课堂对学生的吸引力越来越小，培养翻译人才不再是知识的灌输，而是提高翻译技能，这迫使教师改变自己的角色。

现代翻译教师应该是课堂教学的组织者，为学生设计各种互动的学习任务，使学生在师生、生生互动中掌握各种知识，提高翻译能力。现代翻译教师应该是课堂教学者，设计各种教学环节，培养学生的翻译能力，密切关注翻译课的实施过程，帮助学生完成学习任务；现代翻译教师还应该是学习成果的评价者，科学地评价学生的表现，及时提供反馈意见。

二、英语翻译教学与汉语文化素养

翻译是一种语言替代另一种语言来表达源语言的思想内容的过程。语言传递的是信息、知识、文化和思想，而这些所传递的内容要素是一种层层递进关系：最基本、最根本的是外语信息和知识的准确传递，进而是文化和思想的培养。虽然翻译教学是双语教学的一种形式，但它不仅是学习如何通过语言符号的转换来传递信息和知识。翻译教学的最高要求是准确传达语言符号转换所承载的思想和文化内涵。

翻译要能够以最恰当、最自然的相互表达方式传达源语言的信息。翻译不仅是文字的简单转换，更是文化信息的传递。但是，在翻译过程中，由于对中国文化缺乏了解，在英译汉的过程中误译或者错译的现象并不少见。

鲁迅在《为翻译辩护》中曾经论述，“或曰‘硬译’，或曰‘乱译’，或曰‘听说现在有许多翻译家……翻开第一行就译，对于原作的理解更无从谈起’，所以令人看得不知所云”。鲁迅论述了理解在翻译过程中的重要作用。中国文本背后的文化内涵博大精深，提高文化素养是理解力的重要支撑。

英语翻译包括英译和汉译两个方面。从英译的角度来看，直译现象非常严重，译文无法传达原文的真实含义。例如，中国传说中的“玉兔”曾被译为 jade rabbit。译者只翻译了“玉兔”的基本字面意思，却没能从译文的角度传达文化内涵。尤其是在这个知识和信息爆炸的新时代，新一代的年轻人缺乏处理信息和玩转文化的能力。他们往往只知其一而不知其二。就其文化渊源而言，将“玉兔”译为“月兔”似乎更合适，也更能传达其真实含义。就中文翻译而言，译者的语言表达是非常简单、直白和片面的。对于中文译者来说，要真正达到交流的目的，正确传达意思，仅仅掌握英语是不够的，还必须辅以相应的中文标准。翻译过程本身，往往不是英语“扎手”，而是由于缺乏汉语能力，难以将英语翻译成准确、优美的汉语，这至少会导致沟通不畅，或者说“取而代之”结果是缺乏沟通。因此，不管是文化植入、文化阻隔、文化阐释、文化归化还是文化整合等关键的翻译策略，中国文化技能的基础作用都是不可低估的。

无论以何种形式进行语言间的交流和转换，对交流双方的语言要求都应该是一样的，都应该取得某种平衡，使翻译后的语言连贯、准确，从而确保交流顺利进行。有学者指出，我们所谓的跨文化交际也仅仅停留在对英语文化的介绍上，缺乏对母语文化的介绍和中西方文化的比较及融合。英语的教学已经掩盖了母语及其文化的教学。这种语言在交流中的不平衡是一种普遍现象，实际上是对英语教学目的的挑战——不平衡的语言结构，使交流的预期目的难以实现。

英语翻译教学不仅让中国人通过英语了解世界，也让世界通过英语了解中国。我们不仅要把外国的先进思想和知识介绍给中国人民，而且有义务向外国人展示中国博大精深的文化。特别需要指出的是，一直为学术界所诟病的"失语症"现象，在当今高校英语翻译教学实践中逐步得到重视并着力解决。一方面，这种"失语症"表明对汉语的文化理解有待提高；另一方面，与"汉语失语症"并存的"中国文化失语症"在不断恶化。一些研究者生动地描述了对外交流和互动过程中令人震惊的"失衡"现象。这种"不平衡"和"缺失"从不同角度为英语教学敲响了警钟，并提出中国语言文化素养的实用价值不应局限于自身。

为了达到交流和互动的目的，英语翻译的教与学必须注重教学的语言结构，保持一定的平衡。现在经济飞速发展，中国实力日益增强，我们需要深刻地意识到，英语如果不能服务于自己的语言，不能翻译成真正的准确的中文信息，不能实现英文与中文的平衡，那么英语教学的真正价值必然会大打折扣。因此，高校英语翻译教学的实践和课程应着眼于实现母语与英语的平衡，并应着力解决翻译教学中语言结构不平衡的问题。造成这种不平衡的主要原因是，长期以来，翻译教学只强调"英语优先"，甚至在翻译学习中，对汉语、中国文化、国学等基础知识也基本处于"零态度"。这种课程结构下培养出来的英语翻译人员对汉语和中国文化知识非常薄弱，很难实现真正意义上的跨文化沟通和交流。换句话说，他们只能以英语作为工具进行纯粹技术层面的翻译，而没有任何文化交流，这不可避免地会造成跨文化交流障碍。

三、英语翻译教学改革

（一）英语翻译教学改革的方法创新

1. 制作个性化的翻译教学视频

在进行培训时，教师可以提前为学生制作视频，并对教学内容进行调整，使每个视频都围绕特定的知识点展开，如翻译理论和翻译技巧。同时，在制作视频时，应强调重、难点，明确学习目标，为线上、线下学习做好准备。此外，教师应考虑翻译课程的连贯性，努力实现整体学习目标。

在课程开始前，教师创建一个视频，设定任务，并将其发布在在线平台上供学生阅读。教师总结并回答学生提出的问题，让他们观看视频。在课堂上，教师回顾视频中描述的技术和理论。协作学习的组织，让学生真正内化知识。在课程结束时，教师还可以安排学生在翻译时写下笔记，这样就可以了解他们有哪些问题，并调整自己的课程计划。

2. 利用多媒体展开翻译课堂教学，增加英语习得

在翻译教室里，教师可以使用随教材提供的多媒体光盘来辅助教学，不过教师需要注意分寸，因为各学校的多媒体设备情况不同，随教材提供的光盘往往缺乏系统的内容。最好的办法是教师根据课本的内容自己制作教学材料，然后用多媒体进行复制。制作多媒体课件的过程相对费力，需要综合考虑具体的教学程序、教学内容、教学目标、教学媒体等。只有把这些条件综合起来，体现互动性原则，才能制作出优秀的多媒体教材。当然，这样的教材对于提高学生的翻译能力也是非常有利的，可以在不同程度上促进学生翻译能力的提高。

在开展翻译教学活动之前，教师可以利用声音、图片、动画等教具来激发学生的学习兴趣，使他们在学习过程中始终保持更多的兴趣，使枯燥的翻译理论变得生动有趣。在具体的教学过程中，教师不仅要教给学生英汉翻译的技巧，还要补充中西文化的背景知识，使学生形成具体的翻译理论体系。虽然教师在翻译教学中采用的教学方式比较老套，但在内容和形式上与传统的翻译教学有很大的不同。这种差异主要体现在：一是不再是单调的黑板形式，而是以多媒体形式呈现，这样可以节省大量时间；二是内容是针对不同层次的学生制订的，以教师为主导，由学生在课堂上选择，这有助于改善课堂气氛。

（二）英汉翻译教学新方法

在大学英语翻译课程上，教师要对翻译过程进行简单的讲解，并提出翻译过程中需要注意的一些问题，让学生对翻译活动有系统的认识。同时，教师要在翻译练习或者翻译实践中，不断地讲解翻译技能的运用。翻译技能是翻译顺利进行的有效保障。

翻译不仅是语言之间的翻译，更是文化之间的交流与沟通。甚至可以说，语言之间的翻译就是文化之间的翻译。学生在翻译中遇到的许多问题都是由于缺乏对语言背后的文化知识的理解。由于教学时间有限，翻译技巧较多，教师不可能面面俱到。因此，教师更重要的是给学生一把文化的“钥匙”，让他们了解不同语言背

后的文化，理解翻译的本质，并非简单地传授翻译知识和技能。总之，让学生了解不同语言背后的文化和翻译的本质远比单纯传授翻译知识和技能更重要。

1. 语言的实际训练

在博大精深而复杂的中国文化中，成语是其精华。成语蕴藏着丰富的文化内涵，体现着劳动人民的智慧，因此成语翻译的难度较大，但通过成语翻译，学生可以对文化有更深刻的理解和认识。因此，教师在具体翻译教学过程中，应有意识地加入一些文化知识，并注意引导学生练习翻译英语习语。例如：

You cannot expect the man in the street to enjoy Beethoven's music.

译：你不能期望一般人欣赏贝多芬的音乐。

句中的 the man in the street 这一短语的翻译十分关键，如果按字面含义翻译为“街上的行人”，显然不符合语义。

上述例子说明了习语的特殊性，即除字面意义外，还蕴含着丰富的文化内涵。因此，教师应在翻译课堂上通过具体例子来引导学生学习英语习语并掌握其含义，从而灵活应对不同类型的翻译。

2. 让学生掌握同一事物的不同联想

由于不同民族生活在不同的地理环境中，有不同的历史背景、风俗习惯、思维方式和价值观，对同一事物的联想也会有所不同。不同民族对同一事物的不同联想对翻译影响很大，直接影响翻译的准确性。因此，在翻译课上，教师应向学生解释不同民族对同一事物的联想，使他们能够准确理解，从而帮助他们正确面对类似的翻译问题。

例如，在西方的神话中，dragon 是一只长着翅膀、身上有鳞、拖着长尾、口中喷火的大蜥蜴。在中世纪时期，dragon 是罪恶的象征，如 The Dragon 指的是“撒旦”“魔鬼”。而在现代英语中，dragon 也常用来代指凶悍之人。例如：

Her mother is a real dragon.

译：她母亲把她看管得真够严的。

She's a bit of a dragon around this place.

译：她是这里很跋扈的人。

然而，在中国，龙是中华民族的象征，是民族精神的象征，具有非常崇高的地位。龙体现了中国古代对自然的尊重，象征着皇帝和至高无上的皇权、权威、力量、才华和吉祥。例如，中国人常称自己为“龙的传人”“龙的后代”。此外，中国还有许多吉祥的龙谚语，如“望子成龙”“龙凤吉祥”“乘龙快婿”“卧虎藏龙”等。

这方面的例子很多，从上述情况可以看出，要想更准确、更有效地进行翻译，不仅要理解语言的字面意思，还要理解语言的深层文化内涵。

（三）汉英翻译教学新方法

英汉翻译和汉英翻译之间存在一些相似之处和不同之处。按照同样的翻译标准，翻译的关键在于理解。在翻译过程中，只要理解了原文的意思，了解了原文的句法关系和语音形式，并具有一定的汉语表达能力，通常就能表达汉语。然而，在汉译英时，情况恰恰相反，能否准确、恰当地翻译不仅取决于对原文的理解，更重要的是取决于译文的表达。翻译不仅要准确地表达英语的意思，而且要符合英语的表达习惯。这就是为什么学生普遍觉得中译英比英译中更难。

因此，在汉英翻译的板块教学中，教师应有意识地丰富学生的英语词汇，加强练习，使学生在不断的实践中掌握汉英翻译。在具体的翻译实践中，学生通常在数字的表达、被动句的释义和英语词汇的生动运用三个方面存在较多的问题。对此，教师可以从这三个方面入手进行汉英翻译教学。

1. 总结关于英语数字翻译的实例，保留地道的英语表达

从古至今，从国外到国内，数字无处不在，并且在翻译中非常活跃。中英文表达差异如此之大，让很多学生学起来困难，甚至不知所措。因此，教师应在翻译课上总结各种有关数字和倍数的地道表达方式并呈现给学生，使学生能够系统地理解和掌握准确的英语表达方式，并不断鼓励学生进行实践，从而提高学生的翻译能力。

中文的基本数、序数数、小数都可以直接翻译成对应的英文，通常不会出现大问题。但翻译倍数相对复杂，一不小心就可能导致误译。因此，为了能够正确翻译倍数，需要掌握与倍数相关的各种表达方式。例如，“一半”、“双倍”、“三倍”等。例如，

汤姆的年龄是他爸爸的一半。

译：Tom is half as old as his father.

这个镇上的人口增加了三倍。

译：The population of this town has increased by three times.

由于文化和表达习惯的差异，很多中文数字表达在英文中找不到对应的单词，尤其是一些成语、谚语。若不可能找到对应的词，那就应该丢弃数字来传达其内在含义。

2. 转译被动句

汉语和英语中均存在被动句，但汉语和英语的被动句在表达形式、使用范围、使用频率等方面存在明显差异，增加了翻译难度。因此，教师在翻译课上应系统地分析和讲解被动句的翻译，让学生熟悉中英文被动句的差异，掌握被动句的翻译。

首先，从表达形式上来说，英语的被动句是由 be 动词+及物动词的过去分词组成。汉语没有固定的语法形式，被动句主要由介词或助词组成，如“被”、“把”等组成。从语法上来说，很难区分哪些句子是被动句，这给学生的翻译带来了困难。在这种特殊的翻译中，必须先理解句子的深层含义，再进行相应的翻译。

其次，英语被动句的出现频率远高于汉语，而且英语被动句的范围也远大于汉语。

最后，英汉被动句中的主语也是不同的，汉语的被动句一般有主语，而英语的被动句大多没有主语。例如，

这个小孩被你吓哭了。（被动句，有施动者）

译：The child was frightened into crying by you.（被动句，有施动者）

这个小孩吓哭了。（主动句）

译：The child was frightened into crying.（被动句）

开会时大家问了他许多问题。（主动句）

译：He was asked a number of questions at the meeting.（被动句）

他忙着修理电视机。（主动句）

译：He was occupied with the repair of TV sets.（被动句）

从上面可以看出，英汉被动句存在很大的差异，这对翻译有一定的影响。因此，在教学中，教师要让学生系统地理解英汉被动句的差异，然后在准确理解的基础上引导学生进行正确的翻译。

3. 理解汉语单词并充分利用英语单词

从汉语到英语，最关键的问题是理解和表达。许多人认为理解母语很容易，但事实并非如此。由于汉语词语的含义非常简单，有时候甚至笼统而模糊，这就要根据上下文来理解，确定其含义的准确性。

词义的正确选择取决于对原义的正确理解，而对原义的理解，又取决于对上下文的仔细研究。有些单词在英文中很容易找到其对应的翻译，但它们的英文对应词可能无法准确表达其中文翻译。

第二节 跨文化视角下的英语翻译教学

一、跨文化交际的发展前景

跨文化交际在高校英语教学中发挥着重要作用，不仅符合现代社会发展背景下的教育要求，而且有利于实现高校英语教学的目标，同时也符合我国的国情，所以下面重点讨论跨文化交际在高校英语教学中的重要性。

（一）符合经济发展的需要

改革开放以来，中国发生了巨大变化，从一个贫穷落后的农业国发展成为世界第二大经济体。中国还有更高的目标，希望改善自己的经济状况和在国际舞台上的竞争力。归根结底，国际市场的竞争力就是人才的竞争力，而大学作为培养和输送国家人才的主要基地，也必须适应我国经济发展的需要。英语作为高等教育的核心学科，影响着学生的职业生涯和可持续发展。英语水平不仅体现在对英语语言技能的掌握上，还体现在对文化背景的理解上。对此，高等教育英语教学背景下的文化教育至关重要。

（二）迎合跨文化交际的需要

在各国交往日益频繁的今天，在校的大学生应努力学习与掌握语言和文化技能。世界是一个地球村，经济全球化导致各种跨文化交流的出现。因此，教师在进行跨文化交际教学时，不仅要让学生提高语言能力，更要提高学生的跨文化交际能力，以应对交际中的各种变化。

此外，随着多元化社会的发展，要求从事文化传播的工作者具备一定的合作能力和意识，无论身处何种文化背景，都应该为社会进步而努力，树立自己的文化意识，运用积极的态度去认识世界。跨文化交际教学强调充分发挥英语语言的价值，学生的跨文化交际知识与社会发展相辅相成，这是东西方文化交流不断发展的需要。

（三）符合高校英语课程的内在要求

高等教育英语课程标准对英语交际能力有明确的要求。英语文化和汉语文化是两个不同的文化体系。因此，英语交际能力是跨文化交际能力的体现。提高跨文化交际能力，不仅要求学生了解自己的文化，还要能够熟练地理解其他文化，并通过现实生活的交际不断受到考验。因此，高校的英语教学必须在一定程度上通过文化教学来提高学生的跨文化交际能力。

（四）解决“中国文化失语”问题的有效路径

为了适应国家改革开放和对外语人才的需求，各级语言教学都过分强调语言学习的工具性。长期以来，社会存在过分重视考试的现象，而忽视对学生道德人文教育的倾向。大学英语教学中对人文方面的教育比较少，导致英语教学中人文教育失去支撑。此外，外语教学只是学习以英语国家文化为代表的西方文化，而与中国文化相关的内容长期被忽视。在应试教育目标指导下，英语教师的中华文化意识淡薄，认为培养学生英语应用能力是唯一目标。同时，从人才培养的角度来看，我国英语专业缺乏对中华文化和中国传统文化的系统了解，直接导致英语教师中华文化修养和教学能力的缺乏。因此，培养优秀国际外语人才的前提是教师首先要有足够的中国文化知识。

二、跨文化视角下英语翻译教学的原则

为了在大学英语翻译教学中取得良好的教学效果，教师应遵循一定的原则，并在此基础上灵活运用不同的教学方法。具体来说，大学英语翻译教学或者跨文化教学过程中，应遵循以下原则。

（一）循序渐进原则

翻译能力的提高不可能一蹴而就，而必须是经历一个循序渐进的过程。因此，翻译教学不宜操之过急，应遵循由浅入深循序渐进的规律。在翻译过程中，所选的翻译练习应先易后难，使学生的翻译能力逐步提高。根据主题，学生应从自己最熟悉的内容开始；学生应根据原文的语言，逐步从较简单的练习过渡到较困难的练习。这样，学生对翻译就会更有信心和兴趣，翻译能力也会相应提高。

（二）精讲多练原则

精讲多练的原则包括两个基本层次，翻译培训只采用传统的教学方法，即先教后练，就很难培养出优秀的翻译人才。因此，翻译教育教师在课堂上不仅要教，还要练，把两者完美结合起来。

（三）注重文化原则

语言学习本身就是一种跨文化活动，就像翻译一样，需要学生了解不同文化背景国家的政治制度、思维方式和风俗习惯。因此，在多元文化背景下进行翻译

教学时，教师应始终牢记这一原则，努力将学生置于文化背景中。

（四）题材丰富原则

当今社会急需实用型、综合性的翻译人才。因此，翻译实践的教材应该多元化、系统化，才能更好地满足社会对翻译人才的需求。在教学中，教师应遵循学科丰富性的原则，让学生接触不同类型的课文，并进行有针对性的教学。特别是翻译体裁应涵盖多种实践体裁，如广告、新闻、法律、影视、科技、文学等。此外，教师还应意识到，每种体裁的实践并不是孤立的。教师可以总结学生翻译中常见的问题。如果某类练习中出现较多的某类翻译问题，教师应统一解决，以帮助学生更顺利地完成翻译训练。

（五）学以致用原则

在翻译教学中，教师应遵循学以致用的原则，尽可能为学生创造实践机会，如让学生参与真实翻译项目。翻译的质量最终取决于目标读者的反馈，而翻译的接受程度则取决于是否满足客户的需求。这意味着翻译培训不是封闭式的，而是以实践为主的课程。因此，学生在正式开始翻译工作之前进行一些社会实践是非常有必要的，这将有助于他们快速融入社会环境，为毕业后的工作做好准备。

三、跨文化视角下英语翻译教学的方法实践

（一）扩大学生知识面

翻译是一项跨学科的活动，不了解翻译的基本原理，就很难理解文章的内容，也很难正确翻译。到目前为止，我国许多高校的英语翻译教学过于注重翻译的基本知识，而忽视了翻译技能的培养，尤其是文化知识的介绍很少，导致学生在遇到与文化相关的翻译内容时常常感到尴尬，甚至出现翻译错误。因此，应将文化知识融入英语翻译教学中，拓宽学生的知识面，培养学生对文化知识的理解和欣赏能力，帮助学生培养翻译技能。

（二）提高学生语言功底

翻译是一项复杂的活动，需要学生具有掌握语言的双语能力。换句话说，英语和汉语的知识对翻译者来说是必不可少的。因此，在翻译教学中，教师不仅要教给学生英语语言技能，还要培养学生的汉语表达能力，让学生熟悉英汉语言国家的表达习惯，以提高翻译质量。

（三）注重文化对比分析

由于教学环境的原因，英语文化的渗透也是以翻译教学为基础的，其中文化

比较分析是比较重要的方式。在进行翻译教学时，教师不仅要讲解教材中的文化背景知识，还要对文本中的中西方文化进行比较和阐述，帮助学生在翻译内容时掌握文化知识。此外，在文化比较分析的帮助下，学生可以建立一个完整的文化体系。

（四）重视归化与异化结合

就翻译策略的选择而言，归化策略和异化策略是两种重要的翻译策略。由于英汉之间的差异，在翻译实践中如果只采用一种策略，就很难实现整个翻译内容。只有将这两种策略结合起来，灵活处理，才能保证译文更加完美。

（五）媒体教学与课外活动相结合

为了帮助学生更好地发展翻译，教师应鼓励学生多学习英美原版作品，如教师可以引导学生多看原版电影，从电影字幕中教学生翻译技巧。此外，教师应要求学生在课外多收集一些有关生活方式和文化背景的资料，以了解更多的阅读和翻译知识，为今后的翻译工作铺平道路。

四、英语翻译教学跨文化转型的路径

从跨文化交际的角度来看，大学英语翻译教学应本着科学教学的原则，不断地优化教学方法，引进创新性的教学方法和教学手段，提高教学质量，从而增强学生的翻译能力。

（一）文化导入法

在大学英语翻译教学中引入文化是很有必要的。教师可以通过系列主题活动来导入不同的文化，让学生了解不同文化风俗习惯等，增强学生的文化意识，为提高学生的翻译能力奠定文化基础。

1. 比较法

比较法对于英语翻译课堂教学特别是涉及文化教学很重要。从课堂的具体教学来说，教师可以采用比较法进行文化对比分析，探讨文化的相同点和不同点，将英语运用能力与跨文化技能相结合，让学生既掌握语言技能，又掌握文化知识，从而在翻译实践中培养学生的跨文化意识和技能。例如，在教授有关动物的翻译时，教师可以引导学生比较英汉动物的文化内涵，从而在丰富文化知识的同时避免误译。

2. 课外补充法

学生获取知识的主要场所是课堂，但是翻译课堂每周每学期的教学时间是有限的，教师要向学生传达一种观点和意识，那就是不仅要重视课堂教学，从课堂教学中获取知识，更要重视课外学习，充分利用课外时间进行自主学习。学生通过课外时间进行翻译实践活动，充分运用课堂所学习的基础知识和翻译基本技能。教师要在学生的课外学习中起到引导作用，指导学生在课后自主学习的内容或者学生的翻译作品。同时，教师可以鼓励学生在课外阅读原版的书籍、观看原版电影或通过网络查找相关资料。这不仅可以培养学生的独立研究精神，还可以增强学生的文化意识，提升学生的翻译能力。

（二）翻译技巧介绍法

1. 词汇翻译

在翻译常用词时，一般要考虑到词的组合、词的词性、词的语境条件、词的正负意义和文体色彩。下面对这些方面进行分析。

（1）词汇关联的识别。受各自本族文化、历史、传统和风俗等不同方面影响，英语和汉语都有自己的习语和搭配。因此，译者在翻译时应更加注意这些用法。例如，

heavy crops 丰收

heavy road 泥泞的道路

heavy sea 汹涌的大海

heavy news 令人悲痛的消息

strong tea 浓茶

thick cloud 浓茶

heavy eyebrows 浓眉

（2）弄清词性。英语部分词具有多个词性，可能同时兼备动词、名词的性质。因此，在翻译过程时，译者需要首先确定该词的词性，然后选择适合的词义。例如，like 作为介词，意思为“像……一样”；作为动词，意思为“喜欢、喜好”；like 作为形容词，意思为“相同的”。

（3）结合上下文。语境和上下文之间存在着密切的关系，这就构成了特定的语言环境。正是这种特定的语言背景帮助读者确定单词的含义并评估所选择的含义是否正确。事实上，不仅一个词要根据上下文来确定，很多时候一个句子或短语也必须根据上下文来确定。例如，

Fire!

译：火！

上述例子是一个单词。脱离语境，很难准确翻译。在没有上下文的情况下，可以翻译为“起火了!”设想的语境就是在发生火灾的情况下，有人大声地呼救。也可以翻译“开火，开枪”，设想的语境就是上级领导发出的一种需要执行的命令。所以，英语的翻译必须要置于上下文当中，才能准确翻译。

(4) 分析词义褒贬与语体色彩。词义不仅包含情感色彩，如喜欢和讨厌的情感等，还包含文体特征，如高雅、粗俗或者正式等。因此翻译时需要根据上下文来确定原文所表达的情感，以及翻译出目标语所应该使用的问题。例如，

An aggressive country is always ready to start a war.

译：好侵略的国家总是准备挑起战争。

An aggressive young man can go far in this firm.

译：富有进取心的年轻人在这家公司前途无量。

上述两句的翻译，对 aggressive 的情感色彩是完全不同的。第一个翻译中，agrresive 是贬义的，是充满斥责情感的；而第二个句子中 agrrestive 则具有积极的色彩，是充满欣赏鼓励的情感的。

因此在翻译句子时，首先，要了解英语和汉语句子的不同，理解其原来的情感和问题。其次，要运用正确的翻译技巧，这是保证有效翻译的基础。

2. 句子翻译

(1) 顺译。指按某种顺序进行翻译，这种顺序可以是时间顺序，也可以是逻辑顺序。顺序法并不要求每个词的翻译顺序都必须与原文相同，而是在词的顺序上存在着轻微的局部变化的空间。当英文表达的顺序与中文表达的顺序大致相同时，通常会使用顺序法。例如，

As soon as I got to the trees I stopped and dismounted to enjoy the delightful sensation the shade produced: there out of its power I could best appreciate the sun shining in splendor on the wide green hilly earth and in the green translucent foliage above my head.

译：我一走到树间，就跳下车，享受着树荫带来的美妙感觉：有了它的力量，我才有心情去享受灿烂的阳光照耀在开阔的、绿色的、起伏的山丘上，以及我头顶上晶莹的绿叶。

翻译中，译文自然是遵循原句的顺序，但不是逐字逐句，而是略有不同。同时，译文体现了中国人表达独立子句的习惯，也易于中国读者理解。

(2) 逆译。指按照与原文相反的顺序进行翻译，通常从原文的最后部分开

始翻译。当英汉表达顺序明显不同甚至完全颠倒时，通常采用倒序法。例如，

A great number of graduate students were driven into the intellectual slum when in the United States the intellectual poor became the classic poor, the poor under the rather romantic guise of the beat generation, a real phenomenon in the late fifties.

译：20世纪50年代末，出现了一个谁也无法忽视的现象：贫穷的知识分子，他们是以“垮掉的一代”这种相当浪漫的形式出现的贫穷的美国人，在那个时候，伟大的学者们被赶进了知识分子的贫民窟。

3. 修辞翻译

修辞是语言的一种艺术。语言，作为表达思想和沟通交流的重要工具，在运用的过程中，修辞起着非常重要的作用，它不仅能使句子更加完善，引起共鸣，而且能使语言表达更加清晰、生动。由于英、汉语言历史悠久，各自的修辞格也非常丰富，但由于思维方式和习惯的不同，修辞格的使用也有异曲同工之妙。下面详细讨论这些相似或不相似的修辞模式的翻译技巧。

（1）直译法。在英、汉两种语言中，明喻（simile）、隐喻（metaphor）、拟人（personification）、夸张（hyperbole）等修辞格是常见的修辞格，对于这些修辞格的翻译，可以采用直译的方法，这样才能做到神形的相似。例如，

In his dream he saw the tiny figure fall as a fly.

译：在他的梦中，他看见那小小的人影像苍蝇一般落了下来。（明喻修辞）

The red flower smiles to the sun.

译：鲜红的花冲着太阳微笑。（拟人修辞）

从以上例子可以看出，这些修辞格在英汉语言的使用中有相似之处。

（2）意译法。由于英语和汉语在思想和行为模式上存在差异，所以在修辞模式的使用上也会存在差异。具体来说，可以采用以下技巧：

第一，修辞模式的转换。所谓转换修辞，是指译者在翻译过程中要将某些修辞格转化为另一种修辞格，以利于读者的理解和掌握，同时有助于提高语言表达的交际效果。这一类的修辞类型主要有矛盾修辞、押韵等。此外，还有一些修辞形式在汉语中并不存在，不能机械地直译，而要用其他合适的修辞形式来翻译。

矛盾修辞是将意义相反或看似矛盾的词语连在一起，形成一种修饰关系，强调事物的复杂性和矛盾性。虽然读者乍一看会觉得很荒唐，但仔细分析后就会觉得有道理。例如，

bad good news 既坏又好的消息

bitter-sweet memories 苦甜参半的回忆

这种修辞模式在中文中并不常见，因此必须有一个灵活的翻译方法，以确保文本的流畅。

押韵是指一组词或一个句子的首音的重复，是英语中常见的修辞形式，用来加强语言的节奏，美化语言的旋律。在现代英语中，头韵常出现在谚语和散文中。在翻译过程中，应根据不同情况选择。例如，应根据情况选择语言的韵脚：

Money makes the mare go.

译：有钱能使鬼推磨。

第二，要改变隐喻画面。不同的民族有不同的隐喻形象的内涵，有些事物有自己独特的典故，所以在翻译英语修辞格时，译者可以改变隐喻形象，避免出现偏差。例如，

as timid as rabbit 胆小如鼠

在中文中，兔子是一种敏捷的动物，但西方人认为兔子是害羞的，所以在翻译时，需要理解这种形象，澄清英汉文化中对兔子的不同看法。

第三，通过添加词语。在翻译过程中，往往需要从原文的意思和语法考虑，增加一些词语或短语，以确保它们符合原文的思想。例如，

Success is often an idea away.

如果这句话直接翻译，可以译为成功往往只在一念之间，但这种表达方式不如中国的成语，所以可以加上“或不”，译为“成功或不成功往往只在一念之间”。这样的表达方式更能让读者理解文章内容。

五、跨文化视角下的文化翻译策略

（一）隐喻和跨文化翻译语言是交际的主要手段

受不同文化影响的人有不同的认知和思维方式，而隐喻的使用会增加这些差异，因为隐喻随着社会的发展渗透到社会的各个角落。许多人可以在不知不觉中巧妙地使用隐喻。隐喻翻译是两种文化之间的一个自然转化过程。无论是英汉翻译还是汉英翻译，都必须了解相关国家的文化，确保句子的翻译在逻辑上是正确的，并将隐喻和文化元素充分融合，以达到最高的翻译水平。

理解和认识是比喻的基础。只有打下坚实的基础，跨文化翻译才能顺利进行。人类通过语言表达反映对世界的认识，隐喻是人类认识世界的一种方式。在翻译中，应充分理解隐喻，使译文读者在保障原文意义的基础上准确理解译文内

容，拥有与原文读者相同的阅读体验。

随着翻译的发展，人们对隐喻的理解和认识也逐渐加深。每个民族都有自己独特的文化，文化差异在语言表达上相当明显，在翻译外来语时自然会造成地域特色。同时，读者在阅读译文时也会有不同的感受。随着文化对读者的影响，他们可能会对隐喻有新的理解。随着认知水平的不断提高和读者对不同文化的认识，文化融合是必然的，不同国家的读者之间在理解和认识隐喻方面的阻力就会很小。

（二）以隐喻为基础的跨文化翻译策略

翻译活动由来已久，但翻译从来不是一件容易的事。要在不同的文化之间做好翻译，先要了解什么是翻译，翻译的原则是什么。翻译是将原语中的信息转化为译语中最接近和最自然的对等物，其定义清楚地表达了要翻译的内容并考虑了可接受性，为当今的功能对等理论铺平了道路。功能对等是跨文化翻译的主要指导原则。翻译应该是文化模式的转换，而不仅仅是语言符号的转换。翻译与其说是语言问题，不如说是沟通问题。语言特别是视觉语言，应该植根于文化和思维方式。因此，在翻译过程中，应注意语言符号和文化内容的转换，本书提出了以下翻译策略：

1. 对等翻译

在英语和汉语中，大部分词汇是相似的，源语言和目标语言之间存在类似的匹配关系。语言翻译的过程可以看作是隐喻理解和认知重译的过程。这个过程包含了源语言文化和目标语言文化的特点。从宏观上看，翻译是两国读者思维方式的交流和改变。

事物是客观存在的，即使在不同文化的影响下，人们对客观事物的认识也不会改变，由此产生的隐喻理解和认知也会有很多相似之处。翻译的关键是了解不同文化的共性，将相同的概念应用于目标区域的映射，并在隐喻理解和认知的基础上利用映射在不同文化之间进行翻译。它将时间与金钱等同起来，并建立相应的映射。时间是一个抽象的概念，为了显示时间的价值，将其等同于金钱，因为金钱在生活中无疑是重要的。时间与金钱的搭配有效地说明了时间的重要性。在汉语中，时间和金钱也用来对应，俗话说“一寸光阴一寸金”。在这两种语言中，都有充满文化的词汇。这种情况下翻译就比较简单，直接使用对应的文化词汇即可。

通过相互映射，充分揭示原作，突出隐喻、语言和文化，加深不同文化群体之间的理解。文化差异是不可避免的，双方翻译不可能做到完全对等。但译者应尽力修改和完善译文，以保证译文与原文最大限度的对等。

2. 转型战略

由于宗教和习俗的原因，世界各地的人们对交通有着不同的认识和思考方式。如果直译后发现隐喻的含义发生了变化，可以采用转换策略，改变隐喻主题，保证原文和译文的相似性。中国文化中隐喻形象的转换是广泛而深刻的，涉及许多文化习语和方言。大多数西方人不能准确理解这些表达，如“落汤鸡”是指落入水中或被浸泡的鸡，但实际上是指被雨水打湿的人，如果直接翻译，外国读者会感到困惑。例如，英语中有这样一句话：Unfortunately，Tom like a drowned cat in the rain.（不幸的是，汤姆就像雨中溺死的猫）；英语文化下的人们经常用动物猫来描述在雨中或落水的情况。但是在中国文化中，人们经常使用小动物鸡来描述受到雨水淋湿或者落水情况。因此，在翻译中，译者可以考虑翻译成“落汤鸡”，从而使目标受众读者在描述下雨的情况时能更有效地理解文本。

翻译的目的之一在于将源语言的文本信息准确无误地传达出来，要能合理地去处理源语言中的隐约意向，以便让目标语的读者充分理解源语言表达的意图。但是如果翻译过程中使用的隐喻在文化上与来源地有很大差异，而译者没有合理处理，没有找到目标语对应的文化来阐述，那么读者就会觉得摸不着头脑或者干脆难以理解，这就会影响读者的阅读和理解。因此，译者可以根据具体情况删除隐喻，使译文符合西方读者的阅读习惯。

例如，to carry coals to Newcastle，Newcastle 是美国的一个地名，那里产煤较多，如果直接翻译成“把煤运到纽卡斯尔”，显然是不合适的，会使中国读者感到困惑。因此，译者可以删除“纽卡斯尔”的隐喻形象，代之以类似的中文表达，就能让中国读者理解原文的意思。又如，“一朝被蛇咬，十年怕井绳”，如果直译，西方读者很难将蛇与井绳联系起来。因此，译者可以把它翻译成 When something or someone has hurt you once，you tend to avoid that thing or person（当某物或某人伤害了你一次，你避开那物或人十年）。这种翻译，去除隐约，使目标语的读者对于作者要表达的观点能清楚地理解。

3. 异化策略

异化策略是指在翻译的过程中，要了解源语言的特点，吸收其外语表达方式，然后用与原文相近的语言来表达作者所传达的内容，即采取以源语言为目的地的文化。译者要尽量让读者能够理解原文的文化。当原文中的隐喻表达具有特定的文化内涵，而对应的目标语言中没有相对应的文化，直接翻译会导致目标语言失去其文化内涵，这时候异化的翻译策略就会起到一定的作用。

汉语中有很多词是直接从英语中借用的，其中大部分是会议、战争等的名称。例如，“峰会”一词是直接从英文 summit meeting 中移植过来的；Waterloo 被译为“滑铁卢”，非常具有异国情调。而中国文化正在向其他国家传播，外国读者知道一些中文关键词，所以可以直接用拼音表达，西方人能准确理解。

4. 隐喻形式

隐喻是一种语言现象，但是从本质上来说，更是一种认知现象，通过对世界不同事物的感知，找到不同事物之间的相似点和关联性，进而形成隐约。例如，Jane’s uncle is an old fox，up to all kinds of evils. 无论在中国的传统文化中还是西方的文化中，狐狸在一定程度上都是狡猾奸诈的形象和代表。因此，这句话可以翻译为“简的叔叔是一只老狐狸，他准备了各种邪恶的东西”。这种翻译不仅能表达原文贬义的情感，而且在两种语言中句子的结构也相同。

第三节　英语翻译教学的互动

一、英语翻译教学中的文化导入

随着全球化的发展，国际间的交流和互动越来越频繁，对翻译的需求也在不断增加。翻译是语言交流的一种重要的表达形式。翻译不仅是语言符号的转换，更是两种不同文化的相互交流和碰撞。翻译涉及的不仅是语言，更是文化。语言是文化的载体。不同国家之间的文化贸易和交流离不开翻译，语言翻译也离不开文化交流。一名优秀的译者必须具备基本的跨文化翻译意识和能力。从当前大学英语翻译教学来看，从文化角度实现翻译教学，强调翻译教学中文化的引入，是大学英语翻译教学的必然选择，也是培养实用型翻译人才的基本保障。

（一）加强对英语翻译跨文化教学的重视

任何语言的翻译教学都离不开文化背景，有效的翻译活动必须在语言和文化背景下进行。因此，英语教师应更加重视跨文化翻译教学，有针对性地培养学生的跨文化意识和翻译能力。

一方面，教师应改变现有的教学理念，在各类翻译课中加入英语文化教学，培养学生的跨文化意识。例如，在词汇翻译教学中，应让学生了解词语在中外不同文化背景下的不同含义和用法，从而对英语词语背后的文化知识有更深入、更全面的了解，实现中英文词语在翻译实践中的科学化、规范化运用。另一方面，教师可以将英语文化学习纳入学生翻译学习评价体系，设定相应的评价内容和具体目标，将英语文化作为学生英语翻译学习的一部分进行调查，并将调查结果纳入学生翻译学习评价体系中。对学生的翻译表现进行全面评价，激发学生对英语跨文化学习的关注，减少负面影响。

此外，教师可以通过英语翻译文化教学，有意识地加强学生专业知识的有机融合，让学生更真切地感受到跨文化学习的重要性，了解专业知识中文化差异的历史渊源和文化背景，从而提高学生的翻译工作的适应能力。

（二）促进学生英语跨文化知识的积累

大学英语翻译教学的知识面很广，知识点相对分散，所涉及的文化要素多种多样而复杂。这就要求学生在平时的英语翻译学习中注意不断积累英语跨文化知识，从而实现跨文化翻译能力的不断提高。鉴于此，高校可以专门开设英语文化选修课，在文化课中培养学生的翻译能力。由于课堂上传播的英语文化知识不能满足学生在翻译实践中的特殊需要，选修课程是增加跨文化教学课程灵活性和多样性的好方法。教师可以开设与文化相关的课程，通过多种手段各种活动，让学生充分了解西方文化，增进文化积累。

同时，教师应鼓励和引导学生在翻译课之外多阅读英语材料，拓宽翻译学习的渠道，拓宽学生跨文化知识的学习视野。教师可以向学生推荐一些英国文化、历史、地理、社会习俗等方面的相关书籍，帮助学生更全面、更有针对性地了解英语国家的文化，尽量减少负面文化传播的影响。

（三）科学运用中西文化对比开展翻译教学

翻译的目的是沟通和文化交流。因此，无论是在大学英语基础教学还是在具体的翻译教学中，都需要引导学生加强中西文化的比较研究。跨文化视角下的英语翻译教学是两种文化共存背景下的对比翻译教学。它要求师生充分尊重中西文化，认真对待差异，并在翻译实践中科学运用。例如，在对某一方面的汉英翻译进行比较时，教师应引导学生观察和思考中英两国在词义、表达方式、文化习俗等方面的差异，在此基础上，了解中英翻译的差异。相关英语知识要在翻译实践中熟练、准确地运用，不断提高学生的跨文化翻译能力。

（四）为学生创造良好的跨文化翻译学习环境

在学习英语翻译课程的相关知识和技能后，为了保证学生在不同文化背景下的翻译过程的规范性和高效性，要鼓励学生将所学到的知识和技能运用到跨文化翻译的具体实践。因此，学校和教师应为学生创造尽可能多的跨文化交流和学习的平台，为他们提供更贴近社会对翻译人才需求的跨文化学习环境。例如，可定期组织翻译竞赛，让学生在良好的英语学习氛围中不断锻炼翻译能力，借助竞赛活动，了解中外文化差异，实现中西文化的交融，不断提高跨文化翻译能力。

（五）提升英语教师的跨文化素质与能力

教师作为大学英语翻译教学的组织者、监督者和实践者，其水平、作用和地位非常重要。英语教师的跨文化素质和能力直接影响翻译教学的效果。因此，从跨文化视角开展大学英语翻译教学，不仅要培养学生的跨文化意识和能力，更要注重提高英语教师的跨文化素质和能力。一方面，教师应通过自学、听课、讲座等多种方式学习英语文化知识，丰富和完善自己的跨文化知识结构，提高跨文化素养，从而在教学中为学生提供更加丰富的翻译和文化学习来源。另一方面，教师应转变思路，避免中国文化思维模式对学生翻译学习的影响，让学生在英语文化背景下学习翻译，培养正确的思维习惯。

二、翻译教学语境中的互动

（一）译者与翻译语境的互动

概念是通过身体、人脑和实践经验形成的，只有通过它们才能被理解。语言被认为是经验性的，认知和意义是基于经验的，心灵是经验的产物，即一个人的理解能力与其经验直接相关。将这一视角运用到翻译教学中，可以让我们从新的角度重新审视翻译过程和译者的认知能力。在翻译教学中，要特别注重认知体验的过程，即翻译实践的过程，从而真正培养译者的翻译能力。

学生做翻译练习必须与所练习文本的语言和情境语境进行互动，即理解原文、表达原文、修改原文。为此，教师需要仔细计划翻译练习，从而实现学习目标。设计翻译练习通常有两种方法：一是教师根据学生的兴趣设计，二是学生在教师的指导下根据自己的兴趣选择翻译材料。第一种方法易于控制且实用，是大多数翻译教师使用的方法。第二种方法对于一些翻译教师来说也被证明是可行的。

在实践过程中，学生作为译者要理解原文的含义，包括理解和分析原文的语言与语境。理解语言语境涉及理解词语的含义，分析文本的功能、衔接和语境。理解语境包括分析原文的文化背景、作者的意图、目标受众和时代背景。理解的过程包括重读原文、查找词典来解决语言问题、查找背景和主题的参考资料，直到理解和澄清。学生在理解原文的过程中，还必须考虑翻译中的表达，理解和表达往往是相互关联的。

（二）师生互动

师生互动主要是指翻译教师对翻译理论、翻译方法、翻译技巧的讲授和讲解，以及与学生就上述话题的讨论，还包括教师对学生翻译的评价、反馈和指导。翻译练习是一种传统的翻译教学方式，其特点是以教师为中心的互动，对翻译结果的评价有限，不太重视翻译过程。相比之下，在翻转课堂翻译教学中，师生之间的互动侧重翻译教学的认知过程。在这里学生是教学过程的主要参与者，而教师通常充当促进者和协调者。

（三）生生互动

翻转翻译课堂中以学生为中心的生生互动体现在翻译实践过程中。虽然刚接触翻译的学生已经经历了语言学习的基础阶段，但完成翻译的练习仍然有一定的难度，特别是对于语言基础薄弱、知识有限的学生来说。如果让他们自己独立完成翻译练习，可能会产生两个后果：第一，翻译的质量不高。第二，很容易对翻译产生恐惧，从而失去学好翻译的信心。为了避免这两种情况，除了教师的帮助之外，他们还需要同学的帮助。因此，学生与学生之间的互动符合学生的认知特点，使学生在实践中共同分析、解决问题，增强学习的自信心，提高学习的兴趣，培养团队合作精神和良好的学风。

三、交互式翻译教学模式的应用

在美国高等教育协会组织制定的高等教育七项原则中，促进师生接触是最重要的原则之一。在翻译教学中，师生互动对于活跃课堂气氛，提高学生对于翻译的兴趣尤为重要，这也是教学活动中经常使用的互动形式。在我国的大学英语翻译教学中，交互式的翻译教学模式还没有充分运用到课堂中，其潜在的价值尚未得到充分挖掘。

（一）师生交往互动

良好的师生关系是影响大学生成长的重要隐性资源，它既是教育教学成功的开端和保证，也是教育教学追逐的目标。师生互动教学的最大收获在于培养学生的思维能力和综合翻译能力。不断地师生互动改变了以教师为中心的教学模式。因此，师生互动应贯穿整个翻译课堂。

传统师生关系及传统教育思想存在一定的问题。我国高校师生关系的现状是建立在传统教育思想的基础上的，是适应传统教育方式建立起来的，在我国的教育走向现代化之时，传统教育思想中出现了与社会发展和现代教育思想发生历史性冲突的地方，主要表现在如下几个方面：

第一，学习观和教学组织形式。在传统的教学观中，学生只是被灌输，缺乏主动积极性，他们在教师的决定作用下亦步亦趋地达到某种知识体系标准。同时，教学组织形式的观念是封闭的、保守的，它把教学活动的最佳环境限制在课堂上，采取呆板、固定、划一的授课形式。这种学习观和教学组织形式难以达到师生之间的沟通和共识，容易导致师生关系的淡漠化。

第二，教师的地位。在我国传统教育中，教师在教学过程中具有绝对权威和至高无上的力量，教师根据自己的知识水准去修正学生的学习行为，以期更好地将知识灌输给学生。这种绝对的权威弱化了大学教师之于学生的教育影响。

第三，教学方法观和教学目的观。我国传统教学方法中往往把教师的讲授法作为学校最有效的教学方法，“填鸭式”教学是这种教学方法观的典型体现。而传统的教学目的和人才观要培养唯唯诺诺、顺从听话、缺乏个性的学生。这种教学方法和教学目的观，把本应该丰富多彩的师生关系窄化为单一的知识授受关系。

现代和谐的师生关系是指师生在人际交往中，双方能够相互理解、相互尊重，师生共处于一个和谐的统一体中。在和谐的师生关系中，学生亲其师，信其道，勤于思考，大胆质疑，才华和能力得到教师的充分肯定；教师在教学和科研活动中求精、求实、求善、求美，勇于探索、大胆实践，以科学严肃和认真负责的态度对待自己的工作。师生互相促进、互相启迪、教学相长。现代和谐大学师生关系的特征主要体现在如下几个方面：

首先，互尊互爱。新型师生关系在既肯定尊师又肯定爱生的基础上，提倡平行的、双向的行为，充分体现师生之间平等的关系。互尊才能把学生从一个无论何时何地都处在被“传道”，被“解惑”的角色解放出来，变为具有主观能动性，有独立质疑能力的人。教育成功的法则——只有尊重人、尊重人的文化存在，教育才为教育，教师才为教师，学生才为学生。

其次，民主平等。这是对传统师生关系的反思与挑战。其核心是要求教师把学生看成是完整意义上的“人”，而不是“物”；师生之间只有价值的平等而没有地位高低之分。具体而言，师生关系的民主平等性表现为：①教师对学生作为“人”的价值的承认；②教师对学生人格的尊重，不歧视、讥讽学生；③教师对所有学生的平等对待和一视同仁；④教师对学生的理解与信任；⑤在教育过程中，师生双方言论自由，不搞一言堂，推崇对话，崇尚差异性，倡导多元化，反对中心主义；⑥师生民主平等，意味着教师激励学生积极主动思考，积极探索与创新。

最后，对话共享。所谓对话，是指师生在相互尊重、信任和平等的立场上，通过言谈和倾听而进行双向沟通的方式。这种关系体现在大学教学中，就意味着教师和学生都为教育活动所吸引，共同参与，真诚合作，全心全意地创造相互的交往活动，从而达到师生之间平等的交流对话。所谓共享，是指师生共同在教育中摄取双方创造的经验和智慧。师生之间所产生和形成的一切，既是师生交往的结果，也是师生共同面对和分享的成果。师生之间通过对话和交流达成主体间的理解，相互影响、相互作用、相互渗透，彼此之间互惠、互补，共同获得发展。

在实际的教学过程中，在教学前，教师应认清学生在翻译教学中的专业地位，了解学生学习翻译的需求和动机，让学生有机会参与翻译教学计划文件的制定、教学内容的确定、翻译教学的选择。同时，教师应尽量选择大多数学生熟悉的教材，最好就当前比较有趣的话题和问题与学生进行互动。这样，学生就有机会积极提出自己的想法。此外，教师应注意选择与翻译课程内容相关的话题并与学生进行互动，使学生能够快速融入学习环境，从而更快地进入翻译情境，为翻译创造良好的过渡，新知识的传授。

师生的交往互动不仅是局限于课堂上的互动，课后师生互动也是整个教学过程的重要组成部分。课后批改作业时，对学生的翻译作业进行评价、提出指导意见并进行反馈，这就是课后师生互动的一种形式。在对学生翻译作业进行校对的过程中，教师要注重对学生的启发和引导，可以通过相互提问、共同讨论的方式帮助学生克服翻译过程中遇到的困难，与学生共同探讨如何运用翻译技巧和方法。同时，教师还应指出学生翻译中的问题和错误，对取得进步的学生进行表扬，肯定其翻译价值，以鼓励学生独立思考，走得更远、更好。

总之，翻译课堂上的师生互动应贯穿于课前、课中和课后的翻译教学过程。

（二）生生交往互动

除师生互动外，学生和学生之间的互动活动在翻译教学中起着重要的积极作用。学生可以对同学的翻译提供有效的反馈，帮助他们提高翻译的质量，即使他们没有接受过专门的培训。显然，学习翻译的学生可以利用同学的反馈来提高自己的翻译能力，增加学习自主性。

学生与学生之间的互动应该延伸到课堂之外，并贯穿于整个教学过程。在翻译教学中，为了互动的目的，对学生和学习者进行分组很重要。在对学生进行分组时，应考虑到学习者的翻译能力的差异和同一小组不同成员之间的差异，以便更好地学习合作，提高学生相互交流和翻译的能力。一般来说，小组合作翻译可以产生质量较高的翻译作品，并促进学生之间的互动，创造积极的学习环境和氛围。

总之，在生生互动中，教师是计划者、组织者、管理者和促进者。周密的计划、周密的组织、严格的管理是学生与学生互动的必要条件。在学生与学生的互动中，教师应充当催化剂，激发学生的好奇心，适当的帮助会促进学生与学生的互动顺利进行。此外，教师还应承担起监督者和评价者的职责。教师的监督和评价可以保证生生互动的效果，凸显生生互动的效益。当然，要根据具体情况进行分析，使不同的互动方式相辅相成，优化教学效果。

（三）师生与翻译市场的交往互动

当前，大学英语翻译教学面临的首要问题是教学与翻译专业的市场需求严重脱节。学生对翻译市场的需求和活动以及进入该行业的规则和规定知之甚少。同时，翻译练习材料与翻译市场关联性不大。因此，翻译教学需要摆脱这种纯学术性的脱离市场的教学模式，应该以市场为导向，适应社会的实际需求。只有沉浸在翻译市场中才能进一步激发学生对于未来的期待，和对于翻译知识翻译技能的渴望。师生与翻译市场的互动主要包括与翻译市场合作开展翻译项目、创造与翻译市场类似的翻译情境、学生进行与翻译市场相关的实习、聘请翻译市场相关教师等。

在翻译市场接轨的起步阶段，教师应注意翻译课程教学内容和教材的选择，使其适应社会和市场的需要。教师应选择实用性的材料来准备教学，考虑如何在课堂上使用所选材料，让学生积极互动、参与学习。教学结束后，教师应帮助学生创设一些类似翻译市场的实际情境，密切关注学生的翻译实践，了解其动态。此外，让学生参与翻译项目也是与翻译市场互动的一种方式，有助于学生了解翻译市场的运作，在实践中培养翻译能力，培养翻译职业道德，掌握翻译规则以及翻译市场的法规。总之，教师应积极创造与翻译市场相似且相关的环境和社会实践。

第四节　英语翻译教学的实效性和艺术性

一、英语翻译教学的实效性

（一）翻译评判上：翻译无定本

在翻译课程中，许多学生希望自己的翻译文本尽可能地接近翻译的范文。这和翻译课上教师提供的标准的翻译文本，即翻译的范文有很大关系。虽然教师提供范文的目的是为了帮助学生课后学习，但也在一定程度上产生了误导。它让学生相信总有一个标准的示范文本可以使用。因此，学生在翻译过程中依赖于教师提供的模型，并试图模仿模型的翻译方法，对自己的翻译信心不足。这极大地阻碍了学生创新能力的发展。就语言本身而言，标准化的范本本质上是有问题的，这与语言学的本质是相悖的。与数学问题的解决方案不同，翻译语言没有单一的答案。翻译不可能与原文一模一样，因为译者代表了其对各种不同事物的理解和感受，而译者自己的理解取决于其自己。翻译本质上是以译者为主体的两种语言之间的翻译。翻译会受到译者的经验、文化差异、心理素质和语言知识的影响，这就是为什么长期以来人们都认为不存在明确的翻译的原因。在实践中，为了向学生灌输这种思想，我们可以翻译原文，识别翻译作品中的不同译文，并让学生评价翻译的结果。不同的翻译有各自的优缺点，因此，大学应该鼓励学生发展自己的翻译风格。这将有助于学生开阔视野，消除标准范文的概念。

（二）翻译取义上：原文词典为蓝本

在翻译过程中，译者需要正确使用英语词典，这是译者的基本技能。在进行翻译活动时，许多学生喜欢使用双语词典，以便可以清楚地从一种语言翻译成另一种语言。作为教师，应该多引导学生使用英文词典。从语言学角度来说，某些单词在某些语言中没有对应词。因此，双语词典的使用，可能会对学习者产生一定的误导和惰性，不愿意更进一步寻找合适的词语来表达。原版英文词典的主要优点是可以用英文来解释原文中单词的含义，避免不当的解释。使用原版英文词典可以让译者更好地理解原文表达的含义，它还可以避免学生直接根据词典选词翻译，缺少了独立思考的能力。

在实践中，可以要求学生先用原文词典找出单词的本义。在许多经典翻译中，译者可以从上下文中捕获单词的含义，或者创建上下文含义。教师应该让学生习惯使用原版英文词典，但不能盲目地把它当作权威。

（三）翻译体例上：文本类型规范化

在翻译教学中，经常存在各种认知的问题，其中文本类型的界定和翻译策略就是其中之一。学术界一般将文本类型分为信息性文本、纪实性文本和工具性文本三种类型。专业译者针对不同的文本有不同的翻译策略。文本应以源语言文本为中心，评价翻译质量的标准是是否与原文等效。对于工具性文本，应重点关注受众群体对译文的理解，判断译文质量的标准是否与功能相当。在翻译策略上，一是着眼于原文本身，二是着眼于受众者。两种文本的翻译策略是不同的。

（四）翻译技法上：翻译技能全面化

在翻译课程中，很多同学认为只要学会课程所涉及的知识点，就可以学会翻译技巧，这是完全错误的。由于翻译教育的目的是培养合格的翻译人才，因此学生的翻译技能必须与实践相联系。学生只有通过大量的翻译练习才能掌握翻译技巧。学生的翻译能力是应用知识的能力，翻译教学应立足于实践是学术界的共识。学生只有通过长期的翻译实践，才能发现翻译的经验，将感性认识提升为理性认识。因此，要达到较高的翻译技巧，学生需要不断练习，才能达到实用翻译能力的水平。只有这样，才能消除两种语言之间的翻译障碍感。

二、英语翻译教学的艺术性

（一）英语翻译的艺术性

英语翻译中的各种体裁反映了自然和社会现象，记录了人们的社会、政治和经济活动。参与这些活动的人们生活在特定的社会环境中，有他们的信仰和偏见、偏好和态度、感受和欲望。从现代修辞学的角度来看，诗人和科学家都是解释者，尽管解释的内容和方法不同。当人们表达对社会、自然或科学的看法时，可能会使用不同的修辞手段来表达他们的想法。从功能语言学的角度来看，形式本身也很重要。

科学和艺术有着不同的原则和方法，但它们对自然和人类的奥秘有着共同的探索。当代文学越来越多地含有科技内容；而很多科技作品都具有说服力和修辞性，很多文学媒介也成为阐释科技的工具。

赫胥黎关于天体演化的论文是一部科普作品，杨福的译文写得很好，其文学性和艺术性得到了普遍认可，它的开头是这样一段话：

赫胥黎独自在英格兰南部的一个房间里，背靠大山，面朝荒凉。门槛外的境界在他面前一览无余，仿佛就在一瞬间。我想知道在两千年前，在罗马将军凯塞到达之前，这个地方是什么样子。我所能想到的是，当时天空还没有被创造出来，唯一用来征服人类领土的是一些散落在山坡上的荒芜的坟墓。毫无疑问，丛生的森林，山的边缘地带，是没有被砍伐的。愤怒生长的草和藤蔓，以及相互交融的藤蔓，就像竞争的雄性动物，各自追逐着一杯黏土，在夏季与太阳的恐惧和冬季的霜冻竞争而贯穿四季的风狂吹，或自西向西，或自东向北海，正午时分穿越扇面，没有休息的时间。

原作的艺术性是客观的。译者的艺术表现具有依赖性，片面强调主观艺术性是不科学的。我们不能忽视原文的形式，应该努力创造出源语言所没有的形式美。对于译者来说，原文的艺术表达必须体现在源语言的艺术表达中。原文的艺术风格各异，有的如碧波荡漾般清澈委婉，有的如波涛般宏大豪放，有的如山峦绚丽多彩，有的如秋夜繁星深邃含蓄。译者必须在原文中反映这些不同艺术特征的客观存在。

翻译的科学性来自原文，而翻译的艺术性则来自审美对象——原文的艺术性。译者必须努力再现原文的艺术性。对于不同技能的译者来说，同一文本的不同译文具有不同的艺术价值。

近年来，主要通过使用各种文学媒介，使所使用的文体表达人性化的趋势更加明显。下面从不同角度研究应用翻译的艺术，包括图像、典故和辞格的翻译。

1. 图像的翻译

文学需要图像，科学同样也需要图像。王佐良先生在《现代英语的多种功用》一文中引用哥本哈根学派的创始人波尔（Niels Bohr）的观点：

Niels Bohr's taste also ran to poetry. He said to Heisenberg, "When itcomes to atoms, language can be used only as in poetry. The poet, too, is not nearly so concerned with describing facts as with creating images." That is an unexpected thought: when it comes to atoms, language is not describing facts but creating images. But it is so. What lies below the visible world is always imaginary, in the literal sense: a play of images.

译：科学的最高境界和诗歌的最高境界一样，只能用图像来表达。在图像中，可以找到文学与科学的交汇点。因此，无论是诗歌还是科学作品（如果作品有图像）的翻译都可以通过图像或图像的变换来表达。

解释性翻译的方法需要将解释（即翻译）的内容同时融入到译文中，巧妙地传达原文的含义和风格。解释性翻译一般用于两种语言之间存在明显文化差异，且译者的语言难以直接表达的情况。

2. 典故的翻译

典故一直以来被认为是文学殿堂中的一颗明珠。事实上，某些应用文本，如科技文本，它们利用文学作品中的人或者事物，使文本变得栩栩如生，增加其历史和文化的关联性。典故体现了一个民族的深厚文化底蕴和历史传统，为了正确理解和翻译中外典故的寓意、隐喻或内涵，译者要做的就是学习了解相关的文化习俗历史等。

为了给文字添彩，增强文章的效果，作家们使用经典的引文来揭示或表达他们的思想和感情。当然，典故经常用于旅游文本、广告和通信，但它们也出现在科技作品中，特别是在文章或书籍的导言中。

可以采用意译的方式，就是把典故的内涵翻译出来，从而形成与原文形式不同的文字，例如：

(The new frontier in research in the field of fiber-optic transmission is to create integrated optical circuits on a chip. The goal is to put light sources, modulators, photodetectors and amplifiers on a single chip.) The Lilliputian city of tiny laser lights winking at each other would process and store information just as silicon computer chips today.

译：那些微小的激光发光体就像小人国城市的灯光闪烁，相互照耀，并且像今天计算机硅片那样处理并储存信息。

The Lilliputian City 是《格列佛游记》中的小人国城市，这里不译为“利利普兴市”，而译为“小人国城市”。

3. 辞格的翻译

现代功能修辞学研究各种类型的修辞学。应用文体中很少使用修辞，但是在商业、政治话语、新闻、旅行文本以及科学论文、技术散文和科普文章中有不同程度的使用。

押韵是话语的修辞手段之一。英语的押韵方式有很多种，如首韵、尾韵、助韵等。由于两种语言的语音差异很大，很难做到对称押韵，所以翻译时常常需要进行调整。

Solar System Search from Space. 这是一则标题，可译为“从太空探索太阳

系”，但头韵尽失。

又如，有一首有关相对论的打油诗：

There once was a young lady named Bright，Who could travel much faster than light. She set out one day，in a relative way，and came back the previous night.

韵律是诗的重要特征之一，尽可能把它们翻译出来。可以处理如下：

译：有位女郎叫靓亮，奔跑速度赛过光。今日奔命“相对”路，回家却是昨晚上。

译诗中“亮”、“光”、“上”押韵。

（二）艺术性翻译教学的实施

为了保证大学英语翻译教学的有效性，需要采取一定的教学策略。对于大学英语翻译教学来说，要关注重点要素，如特定目标群体的水平和动机，以及最终设计的一些实施翻译课堂教学的工具和活动设计。

首先，可以建立专门的视频库，提高学生的学习兴趣，提高学生翻译的乐趣，拓展学生的校外知识面和视野。对于翻译课，如以游戏的方式生成相关的翻译问题，旨在丰富具体的教学过程。游戏模式可以是由单词、短语、句子、段落组成的渐进式游戏，由简入难逐步在活动中进行翻译。这样既完成了翻译课堂的教学任务，又激发了学生翻译的热情。

其次，大学英语翻译教学方法改革，可设计一系列竞赛来检验教学效果。如单词比赛、句子比赛、作文比赛等，这些活动不仅会带来教学方法的改变，还会提高学生的学习积极性。

最后，利用电子媒体等现代科技手段，加强对学生课后学习的监督和指导。例如，可以建立专门的在线交流小组，教师发布相关翻译材料，小组成员实时在线讨论。这种教学策略不仅可以打破传统的课堂教学方式，而且在时间上也可以相对灵活。

总之，在大学英语翻译教学艺术方面，课堂应努力按照“教材教学+网络教学+翻译实战培训”的设计进行。从总体方针上看，大学英语翻译教学应遵循“渗透—产生—训练—巩固”的一般规律和基本发展过程。无论是教学设计、教学方法还是教学设备，教师在规划和选择大学英语翻译教学的艺术策略时都应考虑到学生的主体性。在具体实施过程中，大学英语翻译教学的艺术策略应以调动学生学习积极性、提高教学质量为目的。

参考文献

［1］［德］乔治·冯·德·甲柏连孜．普通语言学［M］．北京：商务印书馆，2020.

［2］阿日贵．高校英语翻译教学研究［M］．北京：北京工业大学出版社，2019.

［3］白雅，岳夕茜．语言与语言学研究［M］．昆明：云南大学出版社，2010.

［4］包懿．应用语言学理论与应用［M］．北京：原子能出版社，2021.

［5］陈定刚．当代中国翻译教学与翻译能力培养研究［M］．沈阳：辽宁教育出版社，2017.

［6］陈平，林昊，周静海．言外之意翻译的语境视角［M］．沈阳：东北大学出版社，2018.

［7］陈秀春．英语翻译理论与应用型翻译人才培养研究［M］．北京：北京工业大学出版社，2018.

［8］楚军．语言学通论［M］．成都：电子科技大学出版社，2021.

［9］樊洁，崔琼，单云．语言学与英语翻译教学研究［M］．长春：吉林人民出版社，2021.

［10］高华丽．翻译教学研究［M］．上海：上海交通大学出版社，2020.

［11］胡丹．英语语言学及应用语言学研究［M］．长春：吉林人民出版社，2021.

［12］胡亚辉．基于翻译能力培养的高校英语教学改革研究［M］．北京：北京工业大学出版社，2019.

［13］黄丹丹，王娟．翻译能力的构成以及培养研究［M］．西安：西北工业

大学出版社，2020.

［14］江婷婷．目的论视角下的大学英语翻译教学［J］．宜春学院学报，2010（1）：125-126.

［15］井凤芝，郑张清．语言学［M］．昆明：云南人民出版社，2012.

［16］康春杰，陈萌，吕春敏．基于错误分析理论的英语翻译教学研究［M］．长春：吉林文史出版社，2017.

［17］李冰冰．英语教学与翻译理论研究［M］．北京：北京理工大学出版社，2017.

［18］李美霞．“互联网+”背景下大学英语翻译教学模式的创新探索［J］．陕西教育（高教），2020（2）：21-22.

［19］阮桂君．语言学概论［M］．武汉：武汉大学出版社，2021.

［20］凌勇，赵永红，余爱菊．现代英语语言研究与教学［M］．北京：中国商务出版社，2012.

［21］刘爱玲，魏冰，吴继琴．英语语言学与英语翻译理论研究［M］．长春：吉林出版集团，2020.

［22］卢璨璨．英语翻译教学方法理论研究［M］．天津：天津人民出版社，2019.

［23］马予华，陈梅影，林桂红．英语翻译与文化交融［M］．长春：吉林人民出版社，2017.

［24］彭兵雄，肖陶，亢连连．英语读写结合教学理论与翻译研究［M］．汕头：汕头大学出版社，2021.

［25］祁岩．商务英语与跨文化翻译研究［M］．长春：吉林人民出版社，2020.

［26］任玲玲，张婷婷．高校英语翻译有效教学研究［M］．长春：吉林人民出版社，2020.

［27］孙悦．英美文学翻译与商务英语教学研究［M］．北京：知识产权出版社，2019.

［28］佟丽莉．语言学与英语翻译教学的多维度探析［M］．西安：陕西科学技术出版社，2020.

［29］王德春．语言学通论［M］．北京：商务印书馆，2020.

［30］王冬竹．语境与话语［M］．哈尔滨：黑龙江人民出版社，2004.

［31］王华，崔俊影，经芳．语言学［M］．延吉：延边大学出版社，2018.

［32］王乐洋．翻译课程教学研究［M］．北京：对外经济贸易大学出版社，2020.

［33］王树瑛，翁玉莲，林玉山．理论语言学纲要［M］．合肥：安徽大学出版社，2010.

［34］王远新．语言学教程（3版）［M］．北京：中央民族大学出版社，2017.

［35］王振昆，谢文庆．语言学教程［M］．北京：外语教学与研究出版社，1998.

［36］魏雪超．文化融合思维与英语教学研究［M］．北京：中国商务出版社，2019.

［37］吴为章．新编普通语言学教程［M］．北京：北京广播学院出版社，1999.

［38］吴燕侠．语言学理论实用教程［M］．成都：西南交通大学出版社，2020.

［39］夏荥．跨文化教育与翻译能力的培养［M］．长春：吉林人民出版社，2020.

［40］向星蓓，谢韵颖，李璐．语言学和现代语言艺术［M］．芒市：德宏民族出版社，2018.

［41］邢嘉锋．认知翻译学理论与应用［M］．苏州：苏州大学出版社，2019.

［42］严明．大学英语翻译教学理论与实践［M］．长春：吉林出版集团，2009.

［43］颜秋静．大学英语翻译教学中文化语境的限制效力［J］．海外英语，2021（11）：95-96.

［44］杨公建．英语教学与第二语言学习［M］．长春：吉林人民出版社，2019.

［45］杨莉．语境理论下大学英语翻译教学模式探索［J］．产业与科技论坛，2022，21（3）：129-130.

［46］于明波．当代高校英语教学与混合式学习模式探究［M］．北京：中国纺织出版社，2019.

［47］余玲．文学翻译与大学英语教学［M］．北京：原子能出版社，2019.

［48］张富庄，董丽．当代高校英语翻译教学研究［M］．长春：吉林人民出

版社，2019.

［49］张晶，张建利，刘英杰．英语教学改革与翻译实践研究［M］．长春：吉林美术出版社，2018.

［50］张萍．商务英语翻译中存在的问题及对策［M］．北京：中国商务出版社，2018.

［51］张献丽，曹瑞敏．翻译中的语境《呐喊》英译对比研究［M］．青岛：中国海洋大学出版社，2017.

［52］赵红卫．大学英语教学模式与跨文化翻译研究［M］．延吉：延边大学出版社，2022.

［53］赵义森，李广荣，常爱民．英语教学与翻译研究［M］．北京：光明日报出版社，2016.

［54］赵友斌．语境与翻译［M］．长春：吉林出版集团，2017.

［55］周榕，郭沫，秦波．英语翻译与语言学［M］．合肥：安徽师范大学出版社，2019.